DEMUT DES HERZENS

P. GAETANO M.ª DA BERGAMO
Cappuccino

P. Kajetan Maria von Bergamo

Demut des Herzens

Renovamen-Verlag

Hinweise zur vorliegenden Neuauflage

Die vorliegende deutsche Übersetzung des in italienischer Sprache verfaßten Buchs erschien im Jahre 1853 mit kirchlicher Druckerlaubnis.

Eine teils erhebliche stilistische und orthographische Bearbeitung erwies sich als notwendig; diese wurde vorgenommen im Abgleich mit der italienischen Ausgabe *L'Umiltà del cuore*, Monza 1846. Die in der deutschen Übersetzung fehlende Abhandlung des Pater Kajetan von Bergamo über das Rosenkranzgebet (als Anhang der italienischen Originalausgabe vom Verfasser beigefügt) wurde aus dem Italienischen ins Deutsche übertragen von Hw. H. Paolo D'Angona, Priester der Diözese Roermond.

Impressum

Bibliographische Informationen der Deutschen Nationalbibliothek, abrufbar unter
http://dnb.ddb.de

Umschlaggestaltung: Marcel Hagmann, www.keilergrafik.de
Satz: Editora

P. Kajetan Maria von Bergamo
Demut des Herzens
256 Seiten, Bad Schmiedeberg 2024

1. Auflage 2026

Aus dem Italienischen übertragen durch einen römisch-katholischen Priester

ISBN 978-3-95621-170-6

Die Einladung Jesu

»Kommet zu mir alle, die ihr mühselig und beladen seid, und ich will euch erquicken. Nehmet auf euch mein Joch, und lernet von mir, denn ich bin sanftmütig und demütig von Herzen; so werdet ihr Ruhe finden für eure Seelen!« (Mt. 11, 28–29).

Zum Geleit

Über die grundlegende Beutung der Demut[1]

Es ist von alters her gebräuchlich, die Demut das Fundament und die Wurzel aller Tugenden zu nennen (vgl. Rodriguez, Alvarez). Schlechthin das Fundament alles Christenlebens verdient freilich nur der Glaube zu heißen. Aber die Demut geht doch allem Dienst Gottes und selbst dem Glauben als Voraussetzung voran, indem sie den Widerstand des Stolzes wegräumt und die Geneigtheit gibt, Gott und Mitgeschöpfen gegenüber am rechten Platz zu stehen, sich an den rechten Platz zu stellen und das gesamte Verhalten nach dem wahren Grad des eigenen Wertes einzurichten (S. Th. II II, qu. 151, art. 5). Demut ist etymologisch Dienmut, und in Wahrheit erweist keiner Gott oder Mitmenschen die vollkommene Unterwürfigkeit, der nicht in sich selbst zuvor die Willigkeit hat, sich seiner Niedrigkeit gemäß zu benehmen. (Die drei Grade der »Demut« in den Exerzitien des hl. Ignatius sind Grade der Unterwürfigkeit unter den Willen Gottes.) Ferner sucht sie, der eigenen Unzulänglichkeit bewußt, die

1 Entnommen aus: Otto Zimmermann SJ, *Lehrbuch der Aszetik*, Freiburg 1931, S. 451 ff.

starke Gnade Gottes, und sie macht uns würdig der Gnade, die Gott, den Hoffärtigen widerstehend, den Demütigen gibt (Jak. 4, 6), ja nur ihnen zum wahren Heil, ohne Gefahr hoffärtigen Mißbrauchs, geben kann. Auch strahlen von der Demut Beweggründe und Hilfen in fast alle Tugenden aus. Endlich hütet sie die reine tugendliche Absicht, also das Mark der Tugend. Darum meint Augustinus (Epist. 118, 22), wohl wissend, daß es auch andere Tugenden gibt: »Der erste Weg ist die Demut, der zweite die Demut, und sooft du fragst, würde ich dies sagen.« Ja sogar: »Das ist unsere Vollkommenheit, die Demut« (In ps. 130, 14). Die Demut umstrahlt jeden wahren Christen wie einen Stern sein Licht (Hesychius).

Es ist der Mühe kaum wert, auf die Bedenken einzugehen, als ob die Demut dem Hochsinn, dem Wagemut usw. schade. Denn alle diese Tugenden wollen nichts anderes als das rechte Maß, nur von verschiedenen Seiten her (S. Th. II II, qu. 161, 1, 2). Auch schafft die Demut, indem sie falsches Selbstvertrauen bekämpft, erst recht den göttlichen Kräften freie Bahn. Daß es Zweifelsfälle gibt, wo man nicht weiß, wo das rechte Maß liegt und ob man ausgreifen oder zurückhalten sollte, ist unser Los auch in anderen Dingen. Die Erfahrung zeigt, daß die wahrhaft Demütigen hoch streben; sie beten in einem Atemzug: »Mache mich klein; mache mich stark.«

Kurzbiographie

des P. Kajetan Maria von Bergamo[2]

Der Kapuzinerpater Kajetan Maria von Bergamo war einer der berühmtesten Ordensmänner und Schriftsteller Italiens. Er wurde am 27. Februar 1672 in Bergamo, einer Stadt der Lombardei, geboren und erhielt in der hl. Taufe den Namen Markus. Seine Eltern waren Markus Millorini (Migliorini) und Lucia Millorini, geborene Maffeis, die beide aus ehrbaren Familien stammten.

Von Kindheit an zeigte Markus einen lebhaften Geist und wissenschaftliche Veranlagung. Sobald er der mütterlichen Obhut nicht mehr bedurfte, nahm ihn sein Onkel Stephan Millorini, der ein Kolleg leitete, zu sich; hier begann Markus seine Studien. In ihnen machte er so glänzende Fortschritte, daß er schon im Alter von 15 Jahren den Kurs der Philosophie beendet hatte. Im nächsten Jahr widmete er sich dem Studium des kanonischen und weltlichen Rechts; in seinem

2 Entnommen aus: P. Kajetan Maria von Bergamo, *Die Ordensperson in der zehntätigen geistlichen Einsamkeit*, Trier 1865, S. VII ff. (bearbeitet).

18. Lebensjahr verteidigte er in einer öffentlichen Disputation juristische Thesen. Danach begab er sich an das Studium der Theologie. Während seiner Studien bewahrte er sich durch stete Frömmigkeitsübungen vor den Gefahren, die seinem Seelenheil drohten.

Lange schon fühlte sich der junge Markus vom Ordensleben angezogen, und so faßte er auch den Entschluß, der Welt gänzlich zu entsagen. Allerdings war er sich nicht darüber im klaren, in welchem Orden er sich Gott weihen solle. Er fragte deshalb seinen Beichtvater, einen Pater aus dem Orden der Theatiner, um Rat, und dieser trug ihm auf, eine Novene zu Ehren des hl. Kajetan zu halten, um durch Vermittlung dieses Heiligen den Willen Gottes in dieser Frage zu erkennen. Am achten Tag der Novene, der auf das Fronleichnamsfest fiel, sah Markus bei einer feierlichen Prozession, an der er teilnahm, Kapuzinerpatres, die das Allerheiligste begleiteten. Da war es ihm, als ob eine innere Stimme zu ihm sprach: »Das ist der Orden, zu dem dich Gott beruft.« Er zögerte nun nicht, dem göttlichen Willen Folge zu leisten, obwohl er dazu zahlreiche Hindernisse seitens seiner Eltern und seines Onkels zu überwinden hatte.

Er trat in das Noviziat der Kapuziner in Trengano ein, und nach dessen Vollendung legte er am 3. Mai 1692 im 20. Lebenssjahr die feierliche Profeß ab, wobei er den Ordensnamen Kajetan Maria erhielt.

Zu dieser Zeit hatten die Kapuziner der Lombardei die Mission übernommen, in Graubünden der dort aufkommenden protestantischen Häresie entgegenzuwirken. Deshalb widmete sich P. Kajetan besonders dem Studium der Kontroverstheologie. Seine Oberen indes wollten ihn als Prediger in Italien einsetzen. Seine Geschicktheit im Ausdruck, sein angenehmes Äußeres und die ihm eigene sonore Stimme machten ihn dort bald berühmt.

Zu Beginn seiner apostolischen Tätigkeit bediente auch er sich des mitunter weniger geeigneten, rhetorisch überladenen Predigtstils der Zeit, wovon er aber durch Gottes Hilfe bald abkam: Er war eng befreundet mit Pater Gabriel von Udine, den er häufig predigen gehört hatte, und zwar im zeitüblichen Stil. Als er Pater Gabriel acht Jahre später erneut predigen hörte, war sein Stil völlig verändert, und so fragte er ihn, was ihn zu dieser Änderung veranlaßt habe. Er antwortete: »Ich mußte eines Tages einem Prediger auf seinem Sterbebett beistehen. Jetzt, an seinem Lebensende, verzweifelte er, weil er sein heiliges Amt zu weltlicher und eitler Rhetorik mißbraucht hatte. Als ich das sah, warf ich all meine Predigtkonzepte ins Feuer, um nicht selbst einmal im Feuer der Hölle brennen zu müssen. Sogleich verfaßte ich andere Predigten, die des apostolischen Amtes würdig und geeignet waren, die Seelen zu bekehren.« Diese Worte machten auf Pater Kajetan einen so tiefen Eindruck, daß er den Entschluß faßte, seinen Freund nachzuahmen. Er verbrannte sofort alle Predigtnotizen, die auch nur im geringsten vom Stil weltlicher Eitelkeit beeinflußt waren, und bemühte sich, sie im Geist des Evangeliums neu zu schreiben, damit das Brot des Gotteswortes allen Volksschichten in geeigneter Form dargereicht werden könne: Nur die Ehre Gottes und das Heil der unsterblichen Seelen wollte er suchen.

Von nun an wurde Pater Kajetan Maria ein wahrer Apostel seines Landes. Wo immer er Volksmissionen hielt, begleitete die Gnade Gottes sein Wirken, und zahlreiche Bekehrungen waren die Folge.

Die Zeit, die ihm bei seiner apostolischen Tätigkeit übrigblieb, widmete er dem Studium und dem Verfassen nützlicher Schriften.[3]

Welches Ansehen er genoß, erhellt aus einer Bemerkung des hochgelehrten Papstes Benedikt XIV.: »Pater Kajetan Maria von Bergamo gehört zu den wenigen Schriftstellern, die aufgrund äußerst seltenen Talentes das Geheimnis ergründet haben, wie man durch seine Schriften dem Geist und Herzen seiner Leser genügt; ihre solide Lehre schadet in keiner Weise der Zartheit der Frömmigkeit, und ihre zarte Frömmigkeit in keiner Weise der Solidität der Lehre.«

Auch die Päpste Klemens XIII. und Klemens XIV. schätzten Pater Kajetan sehr hoch. Ersterer führte, als er noch Bischof von Padua war, lange Zeit einen Briefwechsel mit ihm und beriet sich mit ihm über die schwierigsten Fälle, mit denen er in seinem bischöflichen Amt zu tun hatte. Besondere Hochachtung hegten für ihn auch die Bischöfe von Bergamo, die ihn näher kennengelernt hatten.

Pater Kajetan war ein musterhafter Ordensmann. Demütig verbarg er seine Talente, soweit dies unter Beachtung der Pflichten der Gerechtigkeit oder der Nächstenliebe möglich war. Gern ließ er sich auf seine Fehler aufmerksam machen; Kritik an seinen Schriften

---

3 »In allen seinen Werken zeigt sich Kajetan als scharfsinniger Analytiker, Kenner der Heiligen Schrift, der Patristik und von höchster Umsicht. Er nahm Anteil an den moraltheologischen Kontroversen seiner Zeit. (...) Er wandte sich gegen den Laxismus; aktiv bekämpfte er den jansenistischen Rigorismus. In der spirituellen Theologie ist Kajetan ein ausgezeichneter Lehrer der Demut und der Nächstenliebe. (...) Als Philosoph ist Kajetan weit weniger bekannt; jedoch verdient seine Abhandlung *Über die Erkenntnis Gottes* (...) Beachtung« (*Enciclopedia cattolica*, Vatikanstadt 1950, Bd. 5, Sp. 1874). Außer wissenschaftlich-theologischen Abhandlungen verfaßte er »sehr zahlreiche kleinere aszetische Werke« (Hugo von Hurter SJ, *Nomenclator literarius*, Innsbruck 1879, Bd. 2, S. 1474), von denen einige ins Deutsche übertragen wurden, z.B. *Gedanken über das Leiden Jesu Christi*, Innsbruck 1889 (2 Bde.), *Evangelische Sittenreden*, Augsburg 1770 (3 Bde.).

nahm er höchst bereitwillig auf und verbesserte dann deren Mängel. Standhaft wies er das Amt eines Oberen, das man ihm mehrfach übertragen wollte, zurück, denn er war davon überzeugt, daß es sicherer sei, selbst Gehorsam zu leisten, als zu befehlen. Letztere Tugend war ihm überaus teuer. Nie unterließ er die Betrachtung und blieb in beständiger Geistessammlung mit Gott vereint. Auch noch hochbetagt hielt er an der Strenge gegen sich selbst fest; bestimmte etwas nahrhaftere Speisen, die man ihm zukommen lassen wollte, wollte er nicht genießen.

Schließlich hatten ihn seine unausgesetzten Arbeiten gebrochen und eine tödliche Krankheit zehrte ihn auf. Mit Ruhe sah er dem Tod entgegen. Wohlversehen mit den hl. Sterbesakramenten starb er am 10. September 1753 in Gegenwart der gesamten Kommunität seines Konvents im Alter von 82 Jahren, reich an Verdiensten vor Gott und hochgeschätzt von allen, die ihn kannten.

Vorwort

des Verfassers

Zum leichteren Erwerb der sittlichen Tugenden pflegt man allgemein zwei Mittel anzugeben: Das erste ist die Betrachtung, die uns anleitet, die Gründe zu erwägen, die uns von der Notwendigkeit und Nützlichkeit der Tugend überzeugen, und die uns die Beweggründe vorhält, die am besten dazu geeignet sind, in uns das Verlangen nach Tugend zu erwecken, und uns dazu ermutigen, beharrlich nach ihrem Besitz zu streben. Das zweite Mittel besteht in der Übung und Anwendung. Die Seele kann sich nämlich keine Gewohnheit, sei es eine gute oder böse, anders aneignen, als durch öftere Wiederholung der betreffenden Handlungen. Da es aber sowohl innere als auch äußere Tugendhandlungen gibt, ist es notwendig, mit der Übung der inneren anzufangen, um sich die Übung der äußeren zu erleichtern. Darum habe ich, in der Absicht, die Tugend der heiligen Demut zu fördern, die von unserm Heiland Jesus Christus besonders eindringlich geboten und empfohlen wird, aber leider unter den Christen viel zu wenig gekannt und geübt wird, im vorliegenden kleinen Buch verschiedene Gedanken, Anmutungen, Empfindungen und Beweggründe dargestellt, um die wahre Demut, ihre Vortrefflichkeit, Notwendigkeit, Nützlichkeit und Wichtigkeit zu zeigen, damit jeder, der es liest, Liebe zu dieser Tugend gewinnen und sich dazu entschließen möge, sie zunächst und vor allem mit dem Herzen zu üben, um sie dann auch später bei bestimmten Gelegenheiten leichter im Werk üben zu können. Ich habe ohne strenge Ordnung geschrieben, die ja bei einem Werk von so geringem Umfang nicht erforderlich ist; dann auch deswegen, weil eine öftere Abwechslung der Gedanken angenehmer ist und in gewisser Beziehung größeren Nutzen gewährt. Jedoch einzig und allein die Hoffnung auf den größeren der Nutzen der Seelen hat mich zum Schreiben bewogen.

Beigefügt ist eine Gewissenserforschung über die Übung der Demut und eine Unterweisung über die Hoffart; denn Tugend und Laster können nicht besser erkannt werden, als wenn man sie mit ihrem Gegenteil vergleicht, so wie es unmöglich ist, eine Tugend, deren Wert man nicht kennt, zu lieben, oder ein Laster, dessen Abscheulichkeit uns nicht einleuchtet, zu hassen.

Betrachtungen und Übungen

um die Demut zu erlangen

1. Im Himmel gibt es viele Heilige, die keine Almosen gegeben haben; ihre Armut rechtfertigt sie. Unter den Seligen befinden sich auch viele Heilige, die ihren Körper nicht mit Fasten und Bußkleidern abgetötet haben; ihre Körperschwäche entschuldigt sie. Auch sind im Himmel viele Heilige, die nicht im jungfräulichen Stand lebten, weil ihr Lebensberuf es so mit sich brachte. Aber es gibt im Himmel keinen einzigen Heiligen, der nicht demütig gewesen wäre. Gott hat Engel aus dem Himmel verstoßen, weil sie stolz waren. Dürfen wir dann vielleicht hoffen, dorthin zu gelangen, wenn wir die Demut nicht bewahren? Ohne Demut, sagt der hl. Petrus Damiani (Serm. 95), wäre nicht einmal die allerseligste Jungfrau Maria, trotz ihrer unvergleichlichen Reinheit, in die himmlische Herrlichkeit Christi eingegangen.

Einige glauben, genug zu tun, wenn sie in unverletzter Keuschheit leben. Diese Tugend ist in der Tat eine schöne Zierde. Aber die Demut ist noch höher zu schätzen als die Jungfräulichkeit, wie der hl. Thomas von Aquin lehrt (In IV Sent., dist. 33, qu. 3, art. 3, ad 6;

S. Th. II II, qu. 161, art. 5): »Die Demut übertrifft die Jungfräulichkeit.« Man wendet oft großen Fleiß an, um sich von gewissen Fehlern der Begierlichkeit frei zu machen, und sich besonders vor jenen zu hüten, die zum Sinnlichen und Tierischen hinneigen. Allerdings ist dieser Kampf des Geistes gegen das Fleisch gewiß ein würdiges Schauspiel vor Gott und den heiligen Engeln. Doch wie selten wendet man Fleiß und Vorsicht gegen die Laster des Geistes an, deren erstes und gefährlichstes die Hoffart ist, die schon für sich allein hinreichte, Engel in Teufel zu verwandeln!

2. Unser Heiland Jesus Christus beruft uns alle in seine Schule. Er empfiehlt uns, von ihm zu lernen: weder Wunder zu tun, noch durch staunenerregende Unternehmungen die Aufmerksamkeit der Welt auf uns zu lenken, sondern von Herzen demütig zu sein. »Lernet von mir; denn ich bin sanftmütig und demütig von Herzen!« (Mt. 11, 29). Er hat nicht alle zu Lehrern, Predigern oder Bischöfen berufen. Er hat nicht allen die Macht gegeben, Blinden das Augenlicht wieder zu geben, Kranke zu heilen, Tote aufzuerwecken oder Teufel auszutreiben. Aber allen hat er gesagt: Lernt von mir, von Herzen demütig zu sein, und allen hat er die Fähigkeit gegeben, die Demut von ihm zu lernen.

3. Der menschgewordene Sohn Gottes besaß gewiß zahllose der Nachahmung würdige Tugenden; jedoch stellt er uns nur die Demut zur besonderen Nachahmung vor Augen. Warum tat er dies? Sind etwa alle Schätze der göttlichen Weisheit, die in Christus verborgen waren, in der Demut eingeschlossen? Ja, so ist es, sagt der hl. Kirchenvater Augustinus (Lib. de sancta virginit., cap. 35). In der Demut ist alles enthalten; denn weil in der Demut die Wahrheit ist, so ist auch Gott dort, der die Wahrheit ist (Joh. 14, 6).

Die Demut ist wirklich ein Bekenntnis der Größe Gottes, der nach seiner freiwilligen Selbstaufopferung erhöht und verherrlicht wurde; daher spricht der Weise: »Gottes Macht allein ist groß, und sie wird verherrlicht von den Demütigen« (Sir. 3, 21). Deswegen auch Gott hat verheißen, die Demütigen zu erhöhen, und sie stets mit neuen Gnaden zu überhäufen, der Verherrlichung wegen, die er fortwährend von ihnen empfängt. Daher mahnt uns derselbe Weise: »Demütige dich in allem, so wirst du bei Gott Gnade finden« (Sir. 3, 20). Je demütiger du bist, desto mehr ehrst du Gott mit deiner Demut und wirst dafür auch zur Belohnung von Gott desto mehr verherrlicht, der gesagt hat: »Wer mich ehrt, den werde ich ehren« (1 Kön. 2, 30.) Ach, könnten wir doch die übergroße Herrlichkeit der Demütigen im Himmel sehen!

4. Die Demut ist eine Tugend, die Jesus Christus nicht nur eigen ist insofern er Mensch, sondern besonders insofern er Gott ist. Denn in Gott ist es keine Tugend, gut, heilig, barmherzig zu sein, sondern dies gehört zu seiner Natur; einzig und allein demütig zu sein ist in ihm Tugend. Gott kann sich nämlich weder über das erheben, was er in seinem höchsten Wesen ist, noch auch größer werden, als er in seiner unendlichen und unermeßlichen Größe ist; wohl aber kann er sich demütigen, wie er sich auch wirklich gedemütigt hat und klein geworden ist. »Er hat sich gedemütigt, sich selbst entäußert« (Phil. 2, 7 f.). Durch die Demut erweist er sich als Herr der Tugenden, als Überwinder der Welt und als Sieger über Tod, Hölle und Sünde.

Es gibt kein größeres Beispiel der Demut als die Demut des eingeborenen Sohnes Gottes in seiner Menschwerdung. Nichts könnte erhabener sein als die Worte des Johannesevangeliums: »Im Anfang war das Wort« usw., und keine Erniedrigung könnte tiefer sein als die, die durch die darauf folgenden Worte zum Ausdruck kommt: »Und das Wort ist Fleisch geworden«. Denn bei der Vereinigung des Schöpfers mit dem Geschöpf vereinigte sich das Höchste mit dem Niedrigsten. Jesus Christus wollte in der Demut seine ganze himmlische Lehre zusammenfassen, und bevor er sie lehrte, selbst auf eine hervorragende Weise üben. »Er wollte nicht lehren, was er selbst nicht wäre«, sagt der hl. Augustinus, »er wollte nicht befehlen, was er selbst nicht täte« (Lib. de sanct. virginit., cap. 36). Aber zu welch anderem Zweck tat er dies, als daß seine Christen sie von ihm lernen und nachahmen sollten? Er ist unser Lehrer und wir sind seine Jünger. Aber welchen Nutzen ziehen wir aus seinen Lehren, die nicht gedeutelt, sondern ins Werk gesetzt sein wollen? Welche Beschämung für jemanden, viele Jahre unter der Leitung eines ausgezeichneten Meisters gestanden zu haben, um eine weltliche Kunst oder Wissenschaft zu erlernen, und dennoch darin völlig unwissend zu sein! Meine Beschämung ist groß, weil ich nach so vielen Jahren in der Schule Jesu Christi nichts von jener heiligen Demut gelernt habe, die er mich mit so großer Sorgfalt gelehrt hat. »Erbarme dich meiner nach deinem Worte. Du bist gut, in deiner Güte lehre mich. Gib mir Verstand, daß ich lerne« (Ps. 118, 58. 68. 73).

5. Es gibt eine Demut, die bloß angeraten ist und zur Vollkommenheit gehört, z.B. nach Verachtung zu verlangen und sie zu suchen; aber es gibt auch eine notwendige und gebotene Demut, ohne die wir nach dem Wort Christi nicht ins Himmelreich eingehen werden (Mt. 18, 3). Diese letztere Demut besteht darin, daß ich mich nicht höher achte und nicht mehr sein will, auch nicht von anderen für besser ge-

halten werden will, als ich in Wirklichkeit von mir selbst aus bin. Es bleibt ein wahrer Satz, den niemand in Abrede stellen kann, daß die Demut für jeden Menschen notwendig ist, der selig werden will, daß keiner in den Himmel eingeht, außer durch Demut.

Nun frage ich: Worin besteht denn eigentlich die notwendige Demut? (Auch wenn man uns sagt, daß der Glaube und die Hoffnung notwendig sind, wird ja näher erklärt, was man denn glauben und hoffen muß.) Nun, worin anders sollte diese notwendige Demut bestehen, als in der geringen Meinung von uns selbst? In diesem Sinne wurde die Demut des Herzens von den Kirchenvätern aufgefaßt. Kann ich aber der Meinung sein, diese für mich notwendige und verpflichtende Demut zu besitzen? Welche Mühe und Sorgfalt wende ich dazu auf, um sie zu erlangen? Wenn eine Tugend geboten ist, so ist auch deren Übung geboten, wie der hl. Thomas lehrt (Quodlib. 4, cap. 24). Nun gibt es eine für mich gebotene Demut, und ich kenne die Regel der Demut, daß nämlich keiner sich höher schätzen soll, als er ist. Jedoch wie und wann übe ich diese Tugend durch Anerkennung und Bekennen meines Nichts vor Gott?

Der hl. Augustinus pflegte häufig zu Gott zu beten: »Laß mich dich erkennen; laß mich mich erkennen!« So aber betete er um Demut, denn die Demut ist nichts anders, als die Erkenntnis Gottes und seiner selbst. Zu bekennen, daß Gott der große Gott ist, der er ist: »Gott ist der Herr, und sehr preiswürdig« (Ps. 47, 1), und von sich zu beteuern, vor diesem großen Gott wie nichts zu sein: »Siehe, mein Wesen ist wie nichts vor dir!« (Ps. 38, 6) – das heißt demütig sein.

6. Niemand kann eine begründete Entschuldigung dafür haben, die Demut nicht zu kennen, niemand kann behaupten, er könne

nicht demütig zu sein, weil wir die Beweggründe zur Demut beständig in uns haben. »Deine Demütigung ist in deinem Innern.« So spricht der Hl. Geist durch den Mund des Propheten Michäas (Mich. 6,14). Bei sorgfältiger Betrachtung dessen, was wir dem Leib und der Seele nach sind, scheint es mir äußerst leicht, sich zu verdemütigen, aber überaus schwer, stolz zu sein. Um demütig zu sein, brauche ich nur jene ehrbare Gesinnung in mir zu hegen, die jeder rechtschaffene Mensch auf Erden hat, die darin besteht, sich mit dem Seinigen zu begnügen, ohne sich irgendwie auf unrechtmäßige Weise fremdes Gut aneignen zu wollen.

Da ich nun kein anderes Eigentum besitze, als mein Nichts, so reicht es, um demütig zu sein, hin, daß ich mit meinem Nichts zufrieden bin. Um jedoch stolz zu sein, muß ich das ehrlose Handwerk eines Räubers betreiben und mir dasjenige zueignen, was nicht mir, sondern einzig und allein Gott gehört. Sicher ist aber ein Diebstahl viel strafwürdiger, durch den man Gott dasjenige raubt, was ihm als Gott gehört, als einem Menschen das zu nehmen, was ihm als Mensch gehört. Um demütig zu sein, brauchen wir nur dem unfehlbaren Wort des Hl. Geistes zu glauben: »Siehe, ihr seid aus Nichts, und euer Werk ist aus Nichts« (Is. 41, 24). Wo aber findet man jemanden, der von seinem eigenen Nichts überzeugt wäre? Deswegen sagt auch die Hl. Schrift, daß jeder Mensch lügenhaft sei: »Alle Menschen sind Lügner« (Ps. 115, 2). Denn es gibt keinen Menschen, der nicht hin und wieder irgendeine Hochschätzung für sich selbst hegen und eine falsche Meinung von seinem Sein, Haben und Können, die weit über sein Nichts hinausgeht, in sich aufkommen lassen würde.

7. Um zu erkennen, was wir dem Leibe nach sind, genügt es, einen Blick in die Gräber zu werfen; aufgrund dessen, was wir dort sehen, müssen wir unvermeidlich schließen, daß das Los, dem die vielen vermoderten Leichname anheim gefallen sind, in Kürze auch uns zuteil werden wird. Ja, bei der Betrachtung jedes vermoderten Leichnams muß ich mir selbst sagen: »Was erhebst du dich, Erde und Asche?« (Sir. 10,9). Siehe da die Herrlichkeit des Menschen! »Seine Herrlichkeit sind Kot und Würmer. Heute erhebt er sich, und morgen ist er nicht mehr zu finden; denn er verwandelt sich wieder in seinen Staub« (1 Makk. 2, 62 f.).

Ohne lange anderswo die Wahrheit zu suchen, gehe, meine Seele, in Gedanken in die Mitte des Hauses, das dein Leib ist. »Gehe in dein Haus« (Ez. 3, 24). Geh hinein und sieh dich genau nach allen Seiten hin um: Was siehst du anderes als Unrat! »Geh in den Kot und tritt ihn« (Nah. 3, 14). Wohin du dich auch wenden magst, du wirst nur Fäulnis vor dir sehen.

Um ferner zu wissen, was wir der Seele nach sind, genügt es, daß wir in unser Gewissen hinabsteigen. Was nehmen wir darin als unser Eigenes wahr? Nichts anderes, als einzig unsere Bosheit und die traurige Fähigkeit, jede Art von Verbrechen zu begehen; weshalb jeder sich selbst sagen muß: »Was rühmst du dich der Bosheit, der du mächtig bist in der Ungerechtigkeit?« (Ps. 51, 1). Welchen Grund hast du, meine Seele, dich in dir selbst zu rühmen, die du ein Gefäß der Bosheit, eine Kloake der Sünden und ein Pfuhl der Laster bist? Alle Ehre, mit der ich mich brüste, sei es wegen der Schönheit des Leibes oder wegen der Gaben der Seele, indem ich mir selbst Ruhm dafür zuschreibe, ist nur Eitelkeit und Lüge.

Wie wahr ist es, daß jeder Mensch lügenhaft ist, denn schon ein wenig Hoffart reicht hin, um lügenhaft zu sein. Es gibt aber keinen Menschen, der nicht von unsern ersten Eltern einen bedeutenden Teil jener Hoffart geerbt hätte, die sie erlernten, als sie dem trügerischen Versprechen der Schlange Glauben schenkten, die ihnen sagte: »Ihr werdet sein wie Götter« (1 Mos. 3, 5).

Man kann ferner sagen, daß jeder Mensch lügenhaft sei aus dem Grund, daß er nicht selten die Erde höher schätzt als den Himmel, das Zeitliche höher als das Ewige, das Geschöpf höher als den Schöpfer. Daher sagt auch David: »Ihr Menschenkinder! Warum liebt ihr die Eitelkeit und sucht die Lüge?« (Ps. 4,3). »Eitel sind die Menschenkinder, lügenhaft die Menschenkinder auf der Wage, und sie betrügen sich allesamt durch Eitelkeit« (Ps. 61, 10). In der Tat, die Lüge ist der Hoffart eigen, weil man sich durch sie höher schätzt, als man wirklich ist. Derjenige ist hoffärtig und folglich lügnerisch, der sich für höher hält als nichts. Dies sagt mit klaren Worten der hl. Apostel Paulus: »Wenn jemand sich etwas zu sein dünkt, da er doch nichts ist, der betrügt sich selbst« (Gal. 6, 3). Ich schmeichle mir selbst, betrüge mich und verletze die Wahrheit durch die Lüge, sooft ich von mir eine höhere Meinung hege und mich für besser halte als andere.

8. Wenn eine Jungfrau auch nur ein einziges Mal fällt, ist sie keine Jungfrau mehr; eine Verehelichte braucht nur einen einzigen Ehebruch zu begehen, und eine lebenslange Beschämung ist ihr Los. Mag sie auch noch so viele herrliche Taten vollbringen, sie kann ihre Schmach nicht verbergen und ihr Gewissen von den peinlichen Vorwürfen nicht befreien, daß sie in der Tat eine Entehrte, eine Ehebrecherin gewesen ist. So wird es auch für mich, wenn ich in meinem

ganzen Leben auch nur eine einzige Sünde begangen habe, immer wahr bleiben, daß ich gesündigt habe; niemals werde ich es leugnen können, daß ich eine der schändlichsten und schimpflichsten Handlungen, die überhaupt begangen werden können, ausgeführt habe.

Wenn ich nun auch eifrig danach streben würde, in beständiger Buße zu leben, wenn ich sogar sicher wüßte, daß Gott mir meine Sünde verziehen hätte, so würde dies an der Sache nichts ändern. Belastet auch die Sünde mein Gewissen nicht mehr, so habe ich doch immer noch Grund genug, mich zu schämen und mich zu verdemütigen, da es immer wahr bleibt, daß ich gesündigt habe. »Meine Sünde ist vor mir allezeit! Ich habe gesündigt und Böses vor dir getan!« (Ps. 50, 5).

9. Was würden wir sagen, wenn wir einen Henker auf offener Straße einherstolzieren sähen, der hochgeachtet, geehrt und gerühmt zu werden wünschte? Man würde seinen Übermut für unerträglich halten, da er seiner Tätigkeit wegen allenthalben gemieden und verachtet wird.

Und du, meine Seele, jedesmal, wenn du eine Todsünde begangen hast, warst wirklich ein Kreuziger und Henker, der den menschgewordenen Sohn Gottes ans Kreuz geschlagen hat. Der hl. Apostel Paulus schreibt von allen Sündern, daß sie, »ein jeder für sich, den Sohn Gottes von neuem kreuzigen« (Hebr. 6, 6). Und mit diesem Merkmal der Schande, das du an dir trägst, wagst du noch, Ehre und Hochachtung zu fordern? Hast du immer noch den Mut, zu sagen: »Ich bestehe darauf, geehrt und respektiert zu werden; man soll mir kein Unrecht antun«?

Sooft die Hoffart mich versucht, nach Ehre und Ansehen zu streben, habe ich stets einen Grund, mich zu verdemütigen, zu erröten und mich zu schämen, weil ich die Stimme meines Gewissens höre, das mir meine Schande, meine Sünden vorwirft, und mir beständig vor Augen stellt, daß ich in Wirklichkeit treulos, undankbar und aufrührerisch gegenüber Gott gehandelt habe; daß ich in der Tat ein Verräter und Henker bin, der mitschuldig ist am Leiden und Tod Jesu Christi. »Den ganzen Tag ist meine Schmach vor mir, und die Scham meines Angesichtes bedeckt mich vor der Stimme des Schmähers« (Ps. 43, 16 f.), d.h. des Gewissens, das sich meldet.

10. Eine der Hauptursachen, derentwegen wir nicht in der notwendigen Demut leben, besteht darin, daß wir die Gerechtigkeit Gottes nicht fürchten. Seht euch einen verurteilten Verbrecher an: Wie demütig steht er er vor seinem Richter, die Augen niedergeschlagen, blaß und mit gebeugtem Haupt. Er weiß, wie es um ihn steht, daß er abscheulicher Verbrechen schuldig befunden ist; er weiß, daß ihm die Todesstrafe gebührt, daß er verdient, von der Gerechtigkeit zum Galgen verurteilt zu werden, darum fürchtet er sich. Diese seine Furcht erhält ihn in Demut und vertreibt aus seinem Kopf jeglichen Nebel des Stolzes und eitler Ruhmsucht. So ergeht es auch der Seele, die im Gewissen erwägt, wie viele schwere Sünden sie begangen hat. Sie weiß, daß sie ebenso oft die Hölle verdient hat, daß sie jederzeit von der göttlichen Gerechtigkeit zur Hölle verdammt werden könnte. Deswegen fürchtet sie den Zorn Gottes, und diese ihre Furcht erhält sie in Demut vor Gott. Wenn man die Demut nicht bewahrt, so geschieht dies, weil man nicht fürchtet. »Furcht Gottes ist nicht vor seinen Augen« (Ps. 35, 1). Bittet Gott von Herzen: »Durchbohre mein Fleisch mit der Furcht vor dir« (Ps. 118, 120). Diese heilige Furcht ist der Anfang der Weisheit und zugleich der Anfang der wahren De-

mut, weil Demut und Weisheit unzertrennliche Gefährtinnen sind, wie der Weise sagt: »Wo Demut ist, da ist die Weisheit« (Spr. 11, 2).

11. Es gibt keinen Menschen, er mag noch so heilig und unschuldig sein, der sich nicht für den größten Sünder auf Erden halten könnte. Wer nur weiß, daß er Mensch ist, der muß auch wissen, daß er fähig ist, alles Böse zu tun, was ein Mensch jemals tun kann. Als Mensch habe ich in mir, in meiner verdorbenen Natur, die Neigung zu jeglichem Bösen; aus mir selbst bin ich nur allzu fähig, alles mögliche Böse zu tun. Tue ich es aber nicht, so habe ich dies einzig einer besonderen Gnade Gottes zu verdanken, die mich bewahrt und aufrecht hält. Daß ein Baum, der von seiner eigenen Schwere gebogen und dem Umfallen nahe ist, nicht fällt, ist nur der kräftigen Stütze, auf der er ruht, zuzuschreiben. Ebenso wenig darf ich es, daß ich nicht in jedwede Sünde falle, in irgendeiner Weise meiner eigenen Kraft zuschreiben, sondern einzig und allein der Kraft der göttlichen Gnade, die mich aus reiner Barmherzigkeit davor zurückhält. Wie darf ich mich selbst denn für besser halten, als einen anderen, da wir doch alle hinsichtlich der menschlichen Gebrechlichkeit einander gleich sind? »Aber was ist meine Kraft?« (Job 6, 11). Ich bin ein Sohn Adams, wie jeder andere Mensch; ich bin in der Sünde geboren, zur Sünde geneigt und falle allzu leicht in Sünde. Mich braucht der Teufel nicht erst zur Sünde zu versuchen; meine eigene böse Begierlichkeit ist für mich schon Versuchung genug. Ja, wenn Gott mir seine schützende und helfende Hand entziehen würde, weiß ich sicher, daß ich ohne jeden Rückhalt von einer Sünde in die nächste fallen würde. Wenn der hl. Augustinus bei seiner Gewissenserforschung nichts besonderes fand, das er hätte bereuen müssen, dachte er an die Sünden, die

er hätte begehen können, oder die er wirklich begangen haben würde, wenn ihn die Gnade Gottes nicht davor bewahrt hätte. Und er erweckte Reue, klagte sich an und bat wegen der bösen Anlage, alle Arten von abscheulichen und gottlosen Sünden zu begehen, die er in sich wahrnahm, um Verzeihung. Hier sieht man eine Übung echter Demut.

12. Es ist oft geschehen, daß Menschen, die vollkommener waren als andere, schändlich gefallen sind, die, nachdem sie durch viele Werke der Tugend gezeigt hatten, was für wunderbare Taten ein Mensch mit der Hilfe der Gnade Gottes zu vollbringen vermag, auch durch ihre entsetzlichen und abscheulichen Laster gezeigt haben, wie schwere und zahlreiche Verbrechen ein Mensch begehen kann, der sich selbst überlassen und der Schwachheit seines freien Willens anheimgegeben wird.

Gott hat seine schöpferische Allmacht dadurch geziegt, daß er mich aus dem Nichts erschaffen und mich zu einem Menschen gemacht hat. Entzöge mir aber Gott die Hand seiner mich erhaltenden Allmacht, so würde ich meinerseits zeigen, was ich durch mich selbst vermag; ich würde nämlich sofort ins Nichts zurücksinken. Im Reich der Gnade aber ist das Nichts, in das ich zurückzusinke, wenn ich auf mich selbst gestellt bin, die Sünde. »Wie oft ward auch ich zu Nichts gemacht, und wußte es nicht« (Ps. 72, 21). Was aber kann ich in diesem Nichts finden, dessentwegen ich mich stolz erheben könnte?

Gib mir, o mein Gott, die Gnade, mich selbst richtig zu erkennen, denn das genügt, um demütig zu werden. Ja, wenn ich die Verkehrtheit meines eigenen Wesens und die Größe meiner Bosheit, die fähig ist, dich in jeder Weise zu beleidigen, ganz erkennen würde, so müßte ich fürchten, vor mir selbst zu erschrecken und fast der Verzweiflung anheimzufallen!

13. Wir empfinden und wissen aus Erfahrung, wie schwach unsere Natur ist und wie leicht sie zum Bösen neigt. Heute beichten wir gewisse Fehler mit dem festen Vorsatz, sie nicht mehr zu begehen; morgen schon fallen wir in sie zurück. Jetzt entschließen wir uns ernsthaft, uns um eine für uns notwendige Tugend zu bemühen, und gleich danach fallen wir in die entgegengesetzte Sünde. Während wir den Vorsatz fassen, uns zu bessern, bilden wir uns ein, unser Wille sei fest und beständig. Aber nur allzu bald erkennen wir, wie unbeständig und wankelmütig er ist, indem wir uns so verhalten, als hätten wir nie daran gedacht, uns zu bessern.

Unser Herz ist wie ein Schilfrohr, das sich bei jedem Wehen des Windes biegt; eine Barke, die von jeder Welle hin und her geworfen wird. Es bedarf nur einer zufälligen Gelegenheit, der Bewegung einer Leidenschaft, der Eingebung einer Versuchung, und schon ergibt sich der Wille dem Bösen, auch dann, wenn uns in einer frommen Stimmung scheint, er sei völlig im Guten gefestigt. Das ist ein guter Grund für uns, uns zu verdemütigen und nicht im geringsten auf unsere Kraft zu vertrauen, sondern Gott unablässig zu bitten, er möge in unseren Herzen das Gute festigen, was er durch seine Gnade gewirkt hat. »Befestige das, o Gott, was du gewirkt unter uns« (Ps. 67, 29).

14. Einige Geisteslehrer sagen, man müsse die Gedanken von gewissen heroischen Tugendhandlungen abwenden, bei denen unsere Schwäche uns daran zweifeln lassen könnte, ob wir sie vollbringen können. Nehmen wir zum Beispiel an, es käme ein Mohammedaner und würde mich auffordern, entweder den Glauben zu verleug-

nen oder sofort getötet zu werden, was würde ich tun? Oder wenn man mich öffentlich beschimpfen und empfindlich beleidigen würde, würde ich es geduldig hinnehmen oder auf Rache sinnen? Nein, sagen jene Geisteslehrer, solche Gedanken sollen wir uns nicht machen, weil wir, wenn wir uns so große Gefahren vorstellen, leicht von Kleinmut befallen und überwunden werden könnten. Wenn freilich solche Gedanken dennoch aufkommen, soll man sie geschickt von der anderen Seite her fassen und zum Guten nutzen, indem wir uns unserer Schwäche bedienen, um die Demut zu üben.

Bei solchen Vorstellungen wäre es gut, wenn wir uns sagten: Ich weiß, was ich bei dieser oder jener Gelegenheit zu tun verpflichtet bin; aber ich weiß nicht, wieweit ich mir selbst vertrauen kann, wenn ich es wirklich tun müßte. Denn nur allzu genau weiß ich aus trauriger Erfahrung, daß »meine Kraft durch Elend geschwächt ist« (Ps. 30, 11). Ich erkenne, daß bei solchen Gelegenheiten mein Geist verblendet, mein Wille schwach wird, und mein Herz sich leicht zum Schlechteren hinwendet.

Mein Herr und Gott! Ich kann alles, wenn ich durch deinen Beistand unterstützt werde; aber ohne deine Hilfe vermag ich nicht das geringste zu tun. Ohne deinen Beistand werde ich dich dann, wenn ich dich bekennen soll, verleugnen; wenn ich dich durch geduldiges Ertragen einer erlittenen Beleidigung ehren soll, werde ich auf Rache sinnen; überall, wo ich dir Gehorsam schuldig bin, werde ich ungehorsam sein. »Du bist ein starker Helfer; wenn meine Kraft hingeschwunden, verlaß mich nicht!« (Ps. 70, 9). Wie wahr ist dein Wort, o mein Gott: »Ohne mich könnt ihr nichts tun!« (Joh. 15, 5). Ohne dich werde ich nicht nur keine verdienstvolle Tugendhandlung vollbringen, sondern ich kann überhaupt nichts tun, wie es der hl. Augustinus sagt: »Sei es wenig oder viel, ohne den kann es nicht geschehen, ohne welchen nichts geschehen kann« (Tract. 31 in Io.).

15. Einer sehr schönen Weise, Demut von Gott zu erbitten, bediente sich ein großer Heiliger. Er sagte: O mein Gott, ich weiß überhaupt nicht, was Demut ist; ich weiß, daß ich sie nicht besitze und sie aus eigenen Kräften nicht erlangen kann; wenn ich aber keine Demut habe, kann ich nicht selig werden. Daher bleibt mir nichts anderes übrig, als sie von dir zu erflehen; aber gib mir auch die Gnade, sie so von dir zu erflehen, wie ich es tun soll!

Du hast versprochen, o mein Gott, mir all das zu geben, was zu meiner ewigen Seligkeit notwendig ist, wenn ich dich darum bitte. Da nun die Demut für mich das Allernotwendigste ist, so hält mich der Glaube dazu an, darauf zu vertrauen, daß du sie mir geben wirst, sobald ich weiß, wie ich sie von dir erbitten soll. Aber darin liegt gerade die Schwierigkeit, denn wie man dich um Demut bitten soll, weiß ich nicht. Lehre mich und hilf mir, daß ich so zu dir bete, wie es deinem Willen entspricht, und in jener wirksamen Weise, von der du weißt, daß du sie erhören wirst. Du befiehlst mir, demütig zu sein; siehe, ich bin bereit, dir zu gehorchen. Aber bewirke du durch deine Gnade, daß ich wirklich werde, was ich nach deinem Willen sein soll. Ich sehne mich danach, demütig zu sein, und woher kommt diese Liebe zur Demut und das Verlangen nach ihr, wenn nicht von dir, der sie durch deine Gnade in mein Herz gelegt hat. So gib mir denn in deiner Güte Demut, die zu lieben und zu verlangen du mir eingegeben hast. Ich will darauf hoffen und hoffe es zuversichtlich. »Stärke mich, o Herr, Gott, auf daß ich, wie du verheißen hast, vollbringe, was ich vertrauensvoll gedacht durch dich tun zu können« (Jud. 13, 7).

16. Jemand kann überzeugt sein, verschiedene Tugenden zu besitzen, weil er sie in sich wahrnimmt. So kann jemand urteilen, er sei keusch wegen einer großen Liebe zu dieser Tugend. So kann sich auch ein Mensch für mäßig halten wegen seiner wirklichen Mäßigkeit, oder für gehorsam, weil er bereitwillig und punktlich gehorcht. Wie sehr man sich aber auch den Übungen der Demut hingeben mag, so darf man doch niemals meinen, man sei demütig. Derjenige der glaubt, er sei demütig, ist es nicht mehr.

Wie man in dem Maße, in dem man seinen Stolz erkennt, anfängt, demütig zu werden, ebenso fängt man umgekehrt an, stolz zu werden, wenn man sich schmeichelt, demütig zu sein; ja, je demütiger jemand zu sein glaubt, desto stolzer ist er. Das Wohlgefallen, das der Mensch beim Gedanken an seine Demut, auf die er selbstgenügsam blickt, in seinem Herzen empfindet, ist eine Art von Eitelkeit. Wie aber kann neben dieser Eitelkeit die Demut bestehen, die ja ausschließlich auf Wahrheit beruht? Jede Eitelkeit ist Lüge, und gerade die Lüge ist es, in der der Stolz sich überhebt.

Wir wollen mit dem Propheten zum Herrn beten: »Wende meine Augen ab, auf daß sie nicht Eitelkeit sehen« (Ps. 118, 37). »Laß den Fuß der Hoffart nicht über mich kommen« (Ps. 35, 12). Mache mich heilig, aber ohne zu wissen, daß ich heilig sei; denn wenn ich das wüßte, oder mir es auch nur einbildete, würde ich sofort eitel werden und in meiner Eitelkeit nichts mehr besitzen, weder Demut noch Heiligkeit.

17. Aufgrund des eben Gesagten könnten sich in den Gedanken eines Menschen quälende Zweifel ergeben: Wenn ich zum Urteil kom-

men muß, daß es mir an Demut fehlt, muß ich zum Schluß kommen, daß ich verloren bin; dies aber würde mich in Verzweiflung treiben! Aber siehst du den Fehlschluß nicht? Bedenkt man die Sache verständig, muß man sagen: Ich erkenne, daß es mir an Demut fehlt; deswegen muß ich sie zu erlangen suchen. Ohne die Demut bin ich ein Verworfener; um zu den Auserwählten zu gehören, muß ich demütig sein.

Man müßte tatsächlich verzweifeln, wenn die Demut einerseits unabdingbar notwendig wäre, um selig zu werden, es aber andererseits unmöglich wäre, sie zu erlangen. Nun ist aber nichts für uns natürlicher, als die Demut, weil unser eigenes Elend uns zu ihr führt. Nichts ist für uns leichter, als Demut, weil wir nur die Augen zu öffnen und uns selbst zu erkennen brauchen. Die Demut ist auch keine Tugend, die wir erst in der Ferne zu suchen hätten; wir können sie in jedem Augenblick in unserem Innern finden, wo wir zahllose Beweggründe zur Demut finden.

Wir müssen uns daher unausgesetzt, bis zum Ende unseres Lebens, darum bemühen, die Demut zu erlangen, dürfen uns aber niemals einbilden, wir besäßen sie. Und angenommen, wir besäßen sie schon in einem gewissen Grade, so wäre es, um uns ihren Besitz zu sichern, trotzdem notwendig, im Streben nach Demut so fortzufahren, als besäßen wir sie noch nicht. Wir sollen ein echtes Verlangen danach haben, demütig zu sein; wir dürfen nie aufhören, den Herrn zu bitten, daß er uns die Gnade der Demut gibt; wir müssen zudem öfter gründliche Betrachtungen über die Beweggründe zur wahren Demut des Herzens anstellen, und dann nicht an der Güte Gottes zweifeln, nach der Mahnung des Weisen: »Denkt gut vom Herrn« (Weish. 1, 1).

18. Wenn wir auch die Demütigung, die uns widerfährt, wenn wir beleidigt, verleumdet und verfolgt werden, lebhaft empfinden, bedeutet dies nicht, daß wir solche Prüfungen nicht in echter Demut ertragen können, indem wir die Natur der Vernunft und dem Glauben unterwerfen sowie den Groll unserer Eigenliebe der Liebe Gottes zum Opfer bringen. Wir sind nicht aus Stein, so daß wir, um demütig zu sein, unempfindlich und gefühllos sein müßten.

Man liest von einigen Märtyrern, die in ihren Qualen vor Schmerz schrieen; von anderen, die sich mehr oder weniger darüber freuten, je nach dem größeren oder geringeren Maß der Gnadensalbung, die sie vom Heiligen Geist empfangen hatten. Alle haben sie aber zur Belohnung die Krone der himmlischen Herrlichkeit erhalten, denn nicht die Pein oder die Empfindung des Schmerzes macht jemanden zum Märtrer, sondern das übernatürliche Motiv der Tugend. So gibt es auch demütige Menschen, die Trost und Vergnügen empfinden, wenn sie sich verdemütigt sehen; andere dagegen empfinden Traurigkeit, besonders, wenn sie Verleumdung erdulden müssen. Alle aber gehören zu den Demütigen, weil weder die Demütigung noch ihr Ertragen allein die Seele demütig macht, sondern der innere Wille, mit dem man die Demütigung selbst gutheißt, sie aus Beweggründen der christlichen Demut und vor allem zu dem Zweck annimmt, Jesus Christus ähnlicher zu werden, der, obwohl er alle Ehrenbezeugungen der Welt zu erhalten verdiente, Demütigung und Verachtung zur Verherrlichung des Ewigen Vaters ertrug. »Um deinetwillen, o Gott Israels, trug er Schmach« (Ps. 68, 8).

Wohl zu beachten ist, was hierüber der hl. Bernhard lehrt. Er sagt, es sei ein großer Unterschied zwischen einem Gedemütigten und einem Demütigen. Sehr oft wird ein Stolzer gedemütigt und bleibt dennoch stolz, weil er die Demütigung nur mit Unwillen und Wut erträgt und sie, soweit er es vermag, stürmisch und ungeduldig abzuwehren versucht. Zuweilen wird auch ein Stolzer gedemütigt und wird dann wirklich demütig, weil ihm die Demütigung dazu dient, sich selbst zu erkennen und er, nachdem er sich selbst erkannt hat, auch die Demütigung liebgewinnt. »Demütig ist der, der die Demütigung in Demut verwandelt und zu Gott sagt: Gut ist es mir, daß du mich gedemütigt hast« (Bern., Serm. 34 in cant.).

19. Auf dem Weg des geistlichen Lebens kann ich mir selbst nichts versprechen ohne den besonderen Beistand Gottes. Völlig wahr ist der Ausspruch des Hl. Geistes: »Dein eigenes Verderben bist du, Israel; bei mir nur ist Hilfe für dich« (Os. 13, 9). In jedem Augenblick kann ich in eine Todsünde fallen; folglich kann ich, wenn ich mich auch viele Jahre hindurch angestrengt habe, Tugenden zu erwerben, in einem einzigen Augenblick alles verlieren, was ich Gutes getan habe, kann jedes Verdienst für die Ewigkeit, ja sogar die ewige Seligkeit selbst verlieren.

Könnte wohl ein König, der, von seinen Feinden umgeben, sich täglich in Gefahr befindet, sein Reich und die Königskrone zu verlieren, mit Stolz regieren? So hat auch ein Heiliger, der jeden Augenblick die Gnade Gottes und den Himmel verlieren kann, den er durch eine über Jahre hin fortgesetzte Übung der verschiedensten Tugenden mühevoll verdient hat, in seiner eigenen Schwachheit ein kräftiges Mittel, beständig in einer großen Demut zu verharren, denn

»wenn der Herr die Stadt nicht behütet, so wacht der Hüter umsonst« (Ps. 126, 1).

Wie sehr auch jemand im geistlichen Leben fortgeschritten sein mag, so kann er sich doch nicht für sicher halten. Die Engel im himmlischen Paradies waren nicht sicher, obwohl sie reich an Heiligkeit waren. Der Mensch im irdischen Paradies war nicht sicher, obgleich er mit Unschuld ausgestattet war. Welche Sicherheit kann es dann für uns im Stand der gefallenen Natur geben, angesichts so vieler Gefahren und so vieler Feinde, die nie aufhören, von innen und außen unserem ewigen Heil Fallstricke zu legen? Um verlorenzugehen, brauche ich nur meiner Natur freien Lauf zu lassen, aber um selig zu werden, brauche ich die göttliche Gnade, die mir zuvorkommt, mich begleitet, mir folgt, mir hilft, mich erweckt und mich nie verläßt. O wie sehr hatte daher der hl. Paulus recht, uns zu ermahnen, »mit Furcht und Zittern« (Phil. 2, 12) für die Angelegenheit unseres Heils – das ewig währt – zu sorgen.

20. Selbstzufrieden zu sein, ein ruhiges, leichtes Leben zu führen und gerade einmal das zu tun, was die Pflicht vorschreibt, ist kein gutes Zeichen. Nachdem wir alles getan haben, was wir als Christen zu tun verpflichtet sind, sollen wir uns nichtsdestoweniger nach dem Gebot Christi nur für unnütze Knechte in seiner Kirche halten: »Wenn ihr alles getan habt, was euch befohlen war, so sprecht: Wir sind unnütze Knechte; wir haben nur getan, was wir zu tun schuldig waren« (Luk. 17, 10). Für wieviel unnützer müssen wir uns daher in Anbetracht unserer Lauheit und Trägheit halten, derentwegen wir noch weit von jener Vollkommenheit entfernt sind, zu der wir verpflichtet sind?

Finde ich bei meiner Gewissenserforschung, daß ich alles tue, was ich Gott schuldig bin? Welche Tugend habe ich bis jetzt erlangt? Nur dann kann man sagen, eine gute Fertigkeit in der Tugend erlangt zu haben, wenn man sie leicht und gerne übt. Wo ist aber, wenn ich mein Inneres erforsche, jene Tugend zu finden, in der ich mir eine solche Fertigkeit erworben hätte, daß ich sie leicht und freudig übe? Ich finde keine einzige. Ich bin daher der unnützeste Knecht auf Erden! Wenn ich in diesem Augenblick vor dem ewigen Richter erscheinen müßte, müßte ich sehr fürchten, das Wort zu hören: »Du böser Knecht!« (Mt. 18, 32), nicht: »Du guter Knecht!« (Mt. 25, 21).

21. So wie es unter Blinden schon hinreicht, das Augenlicht halb zu besitzen, um für scharfsichtig gehalten zu werden, und in einer Menge unwissender Menschen ein geringer Anschein von Gelehrsamkeit genügt, um in den Ruf eines großen Gelehrten zu kommen, ebenso reicht es auch in einer bösen und lasterhaften Welt aus, nicht so böse zu sein, wie es viele andere sind, um sich mit der täuschenden Meinung zu schmeicheln, man sei ein rechtschaffener Mensch. »Ich bin nicht wie die übrigen« (Luk. 18, 11). So schmeichelte sich auch der Pharisäer im Tempel.

Um uns aber selbst so zu erkennen, wie wir in Wirklichkeit sind, sollen wir uns nicht mit weltlich gesinnten Menschen vergleichen, sondern mit Jesus Christus, der das Vorbild aller Auserwählten ist. »Schaue«, sagt der hl. Paulus zu mir und jedem Menschen, indem er anführt, was zu Moses gesagt wurde, »Schaue und mache es nach dem Bild, das dir auf dem Berge gezeigt ward« (2 Mos. 25, 40; Hebr. 8, 5). Welche Ähnlichkeit hat mein Leben mit dem Leben des menschgewordenen Sohnes Gottes, der gekommen ist, um mir den Weg zum

Himmel durch sein Beispiel zu zeigen? Meine Seele, steige auf den Kalvarienberg und betrachte aufmerksam den Gekreuzigten. Ihm muß jeder gleichförmig werden, je nach seinem Stand und Verhältnissen, um selig zu werden, da es der Ratschluß des Ewigen Vaters ist, daß die Auserwählten »gleichförmig seien dem Bild seines Sohnes« (Röm. 8, 29). Gibt mir aber mein Gewissen wirklich das Zeugnis, daß ich ihn nachgeahmt habe? Worin? Wie ungleichförmig bin ich ihm! Wie viel erkenne ich bei einer solchen Gewissenserforschung, dessentwegen ich mich verdemütigen muß!

Wenn ich mich mit den Sündern vergleiche, so scheine ich mir selbst ein Heiliger zu sein; vergleiche ich mich aber mit Jesus Christus, den ich nachahmen muß, so erkenne ich mich als einen Sünder und Verworfenen; es bleibt mir dann zu meinem Trost nur das Vertrauen auf die Barmherzigkeit Gottes: »Du bist es, der mich aufnimmt, Gott, meine Barmherzigkeit« (Ps. 143, 2).

22. Lies die Leben der Heiligen und frage dich, welchem von ihnen dein Leben ähnlich sei. Welche Kennzeichen der Heiligkeit besitzt du? Für welchen Ort des Paradieses glaubst du bestimmt zu sein, wenn du jetzt sterben müßtest? Etwa bei den Unschuldigen? Derjenige ist aber nicht mehr unschuldig, der auch nur eine einzige Todsünde begangen hat. Oder hast du die Taufunschuld noch in deiner Seele bewahrt? – Vielleicht unter den Büßern? Wo ist aber deine Buße, der du, weit entfernt, dich abzutöten, in allem dein Vergnügen suchst? – Scheint es dir etwa, du verdientest zu den Märtyrern gezählt zu werden? Wo ist denn, ich sage nicht, die Hingabe deines Blutes, sondern nur deine Geduld im Ertragen der kleinen Widrigkeiten dieses elen-

den Lebens? – Glaubst du, du könntest unter den Jungfrauen einen Platz finden? Bist Du wirklich rein an Leib und Seele?

Der hl. Abt Antonius, der sich viele Jahre lang bemüht hatte, heilig zu werden, indem er die Tugenden der berühmtesten Einsiedler nachahmte, fand beim Besuch, den er dem hl. Paulus, dem ersten Einsiedler, abstattete, Gelegenheit, sich tief zu verdemütigen, weil es ihm schien, er sei im Vergleich mit diesem überhaupt kein Ordensmann.

So komme auch du, meine Seele, und stärke dich an den Heiligen: »Gedenke der Taten der Väter, die sie getan in ihren Zeiten« (1 Makk. 2, 51), und du wirst unzählige Gelegenheiten finden, die Demut in dir zu bewahren, wenn du dich noch so weit von der Heiligkeit entfernt siehst. Es ist schön und gut, zu sagen: Ich tue ja nichts Böses. Um selig zu werden, ist es jedoch nicht genug, nichts Böses zu tun; man muß auch Gutes tun. »Weiche vom Bösen und tu das Gute« (Ps. 36, 17). Es reicht nicht aus, kein berufsmäßiger Sünder zu sein; man muß sich auch ernstlich um Heiligung bemühen. »Strebt nach Heiligung, ohne welche niemand Gott schauen wird« (Hebr. 12, 14).

23. Erforsche dich über die Tugenden, die du zu besitzen meinst. Glaubst du dic Weisheit, die Mäßigkeit, den Starkmut, die Gerechtigkeit, die Armut des Geistes, die Bescheidenheit, die Demut, die Liebe, den Gehorsam und so manche andere Tugend zu besitzen, die entweder für deinen Stand notwendig oder für ihn angemessen und richtig sind? Und falls du wirklich eine Tugend besitzt, in welchem Grad hast du sie?

Ich will es jedoch noch deutlicher sagen: Erforsche dich vor allem, ob du auch wirklich jene Tugend besitzt, welche du zu haben glaubst:

Ist sie eine wirkliche Tugend oder nicht vielmehr eine Veranlagung deines melancholischen, sanguinischen oder phlegmatischen Temperaments? Und wenn sie wirklich eine Tugend ist, ist sie dann auch eine christliche oder weiter nichts als eine menschliche (bloß natürliche) Tugend? Jede Tugendhandlung, die nicht aus einem übernatürlichen Beweggrund geschieht, ist hinsichtlich der ewigen Seligkeit wertlos. Und wenn du tugendhafte Handlungen übst, verbindest du auch mit deinen äußeren Handlungen die innere und fromme Absicht des Herzens?

O wahrhaft christliche Tugenden, ich fürchte, daß ihr an mir nur schöner äußerer Schein seid und weiter nichts! Auf mich trifft der Vorwurf der Hl. Schrift zu: »Du sprichst: Ich bin reich, habe Überfluß und bedarf nichts, und weißt nicht, daß du elend und erbärmlich bist, und arm und blind und nackt« (Offb. 3, 17). Der Rat des hl. Augustinus ist für mich von Nutzen; er sagt, daß es besser ist, an die Tugenden zu denken, die mir fehlen, als an jene, die ich besitze: »Das, was fehlt, wird mich demütiger machen, als das, was da ist, mich erheben wird« (Enarr. in ps. 38).

24. Damit eine Tugendhandlung wirklich tugendhaft ist, muß sie in all ihren Bestandteilen tugendhaft sein. Ist sie auch nur in einem Teil mangelhaft, so verdirbt sogleich das Ganze. So reicht schon eine verkehrte, eine eitle Absicht hin, sei es beim Beginn oder im Verlauf oder am Ende der tugendhaften Handlung, um sie zu verderben und sündhaft zu machen. Es braucht einer Tugend nur die Demut zu fehlen, und die Tugend, die nicht demütig ist, ist keine Tugend mehr, sondern Ursache eines tödlichen Stolzes.

Wer sich dem geistlichen Leben widmet, ist leicht der Gefahr ausgesetzt, in dem Maße, in dem er die Tugend eifrig übt, ein heimliches Wohlgefallen an sich selbst zu finden. Aber gerade dadurch, daß er sich selbst gefällt, wird er, wie der hl. Augustinus sagt, nur zu leicht Gott mißfallen: »Je mehr im Menschen ist, dessentwegen er sich gefällt, um so mehr fürchte ich, wird er, sich selbst gefallend, dem mißfallen, der den Stolzen widersteht« (Lib. de sancta virginit., cap. 34).

Wenn wir unsere Frömmigkeit und Rechtschaffenheit von diesem Gesichtspunkt aus beurteilen, wie armselig sind wir dann! Wollte Gott, wir gehörten nicht zu jenen Reichen, die reich sind, so lange sie schlafen, im Traum große Reichtümer besitzen, aber beim Erwachen in der Stunde des Todes sehen, daß sie nur Bettler sind: »Sie schliefen ihren Schlaf, und es fanden nichts in ihren Händen die Männer des Reichtums« (Ps. 75, 5). Wollte Gott, daß der Titel unserer Tugend nicht vielmehr der Grund einer größeren Verdammnis werde, »daß nicht eine Ursache der Verdammnis sei, was für einen Fortschritt in der Tugend gehalten wird«, sagt der hl. Gregorius (Mor., lib. 5, cap. 6).

25. Mit der Demut verhält es sich wie mit der Keuschheit, die schon durch die geringste Kleinigkeit verletzt wird. Die Keuschheit wird nicht nur durch unehrbare Werke, sondern auch durch unkeusche Worte und durch böse Gedanken verletzt. Ebenso zarter Natur ist auch die Demut. Sie wird sehr leicht getrübt durch das Verlangen nach Ruhm, durch Eigenlob und Wohlgefallen an eigener Tugendhaftigkeit, durch eitle Ehre und unbescheidene Gedanken.

Wer die Keuschheit wirklich liebt, der schlägt die unreinen Gedanken nicht nur mit Eifer, sondern auch mit Abscheu und Unwillen aus dem Sinn. So ist es auch mit demjenigen, der die Demut wirklich liebt. Weit davon entfernt, an Lobsprüchen und Ehrenbezeugungen Gefallen zu finden, hat er vielmehr Mißfallen daran, und anstatt die Demütigungen zu fliehen, umarmt er sie.

Wie vieles finde ich hier, um mich zu verdemütigen, weil ich daran erkenne, daß ich noch gar keine Liebe zur Demut habe! Aber was folgt daraus? Man schätzt eine Tugend nicht, die man nicht liebt; und man hat auch nur wenig Verlangen nach einer Tugend, die man weder schätzt noch liebt. Wenn sich die Sache aber so verhält, dann wehe mir!

Ich habe kaum Liebe zur Demut, und schätze sie nicht, weil ich weder weiß, wie schätzenswert diese Tugend in sich, noch wie notwendig sie für mich ist. Aber du, mein Gott, sprich auch über mich dein allmächtiges Schöpferwort aus: »Es werde Licht!« (1 Mos. 1, 3), damit ich erleuchtet werde, um diese wichtige Tugend zu erkennen und, wie du gebietest, zu lieben. Ich will sie mit deiner Hilfe lieben und sorgfältig bewahren, wenn ich das Licht erhalte, um sie zu erkennen.

26. Du tust gut daran, Gott jeden Morgen folgendes Gebet aufopfern: »Ich opfere dir heute auf, o mein Gott, alle meine Gedanken, alle meine Worte, alle meine Werke! Gib Gnade, daß es Gedanken der Demut, Worte der Demut und Werke der Demut seien, zu deiner Ehre!«

Auch kann man mit großem Nutzen tagsüber folgendes Stoßgebet wiederholen: »O Herr Jesus, gib mir ein demütiges und zerknirschtes Herz!« In diesen wenigen Worten ist alles enthalten, was wir von Gott erflehen können, denn wenn wir um ein zerknirschtes Herz bitten, bitten wir um alles, was notwendig ist, um uns hinsichtlich unserer Vergangenheit sicherzustellen; und wenn wir um ein demütiges Herz bitten, bitten wir um das, was notwendig ist, um unsere Zukunft zu sichern. Wollte Gott, ich hätte in meiner Todesstunde ein demütiges und zerknirschtes Herz! Welches Vertrauen auf die Barmherzigkeit Gottes würde mich beseelen, wenn ich dann mit König David ausrufen könnte: »Ein demütiges und zerknirschtes Herz wirst du, o Gott, nicht verachten!« (Ps. 50, 19).

Oft betet man in einer Weise, auf die Gott mit Recht antworten könnte: »Ihr wißt nicht, um was ihr bittet.« Wenn wir aber um die heilige Demut bitten, so bitten wir um eine Sache, die Gott sehr wohlgefällig und für uns äußerst notwendig ist. Bitten wir daher um diese Tugend, so dürfen wir vertrauen, daß Gott sein Versprechen an uns erfüllen werde. »Bittet, so wird euch gegeben werden« (Mt. 7, 7).

27. Sind wir in eine Sünde gefallen, sei es eine läßliche oder schwere, so werden wir bei aufmerksamer Erwägung immer erkennen, daß irgendein heimlicher Stolz die Ursache unseres Falls gewesen ist. Sehr wahr ist daher der Ausspruch des Hl. Geistes: »Die Hoffart ist der Anfang aller Sünde« (Sir. 10, 15). Dieselbe Wahrheit hat uns auch unser Heiland Jesus Christus im Evangelium ans Herz gelegt: »Wer sich selbst erhöht, wird erniedrigt werden« (Mt. 23, 12). Gott kann eine Seele nicht tiefer demütigen, als wenn er sie in eine Sünde fallen läßt, da die Sünde der tiefste Abgrund der Niederträchtigkeit, der Nichtswürdigkeit und der Schande ist.

Sooft wir uns demnach durch den Fall in eine Sünde gedemütigt sehen, müssen wir uns vorher durch eine stolze Gesinnung erhöht haben, weil die Strafe einer solchen Demütigung nur demjenigen angedroht worden ist, der sich erhebt. »Er ist gedemütigt worden, weil sein Herz sich erhoben hatte«, so heißt es vom König Ezechias (2 Chr. 32, 26). Und der Weise sagt: »Das Herz des Menschen erhebt sich, bevor es gestürzt wird« (Spr. 18, 12). »Ohne Hoffart ist noch niemand in eine Sünde gefallen, wird und kann niemand fallen«, sagt der hl. Augustinus (Lib. de salutar. docum., cap. 19). Laßt uns daher entschlossen in der Demut verharren, um nicht der Strafe dieser Demütigung zu verfallen. Derjenige kann ja nicht fallen, der am Boden liegt; so wird auch niemand in eine Sünde fallen, so lange er in der Demut bleibt. O mein Gott, o mein Gott! Laß mich in meinem Nichts verbleiben, das ist für mich der sicherste Ort!

28. Die Geschichte liefert uns traurige Beweise dafür, daß viele, nachdem sie durch Heiligkeit, durch besondere Frömmigkeit, durch strenge Bußübungen und herausragende Tugenden berühmt geworden waren, nachdem sie von Gott die Gabe der Ekstasen, himmlischer Erleuchtungen und Wunder erhalten hatten, dennoch nach alledem in die häßliche Sünde der Unkeuschheit gefallen sind, und zwar beim Anstoß durch eine kleine Versuchung. Und wenn ich bedenke, daß es keine Sünde gibt, die so sehr die Seele erniedrigt, wie die Sünde der Unkeuschheit, weil sie hierdurch aus einem vernünftigen und engelähnlichen Wesen, das sie ist, gleichsam zu einem ganz fleischlichen, tierischen und dem unvernünftigen Vieh ähnlichen Wesen wird, »das keinen Verstand hat« (Ps. 31, 9), so muß ich mit Furcht und Zittern die unerforschlichen Gerichte Gottes anbeten, aber es mir auch als Warnung einprägen, daß nur der Stolz die Ursache eines so tiefen Falls gewesen ist, und daß jene Unglücklichen mit dem Propheten sagen konnten: »Aber erhob ich mich, bin ich gedemütigt und verwirrt worden« (Ps. 87, 16). Auf jeden von ihnen kann man

den Ausspruch der Hl. Schrift über Luzifer anwenden, nachdem er in seinem Herzen gesprochen hatte: »Ich will hinaufsteigen!« – »Wie bist du vom Himmel gefallen, du Morgenstern!« (Is. 14, 12).

Die Seele wird in dem Maße gedemütigt, wie sie sich erheben will. Es muß daher schon eine sehr hochmütige Erhebung sein, die mit einer so großen und beschämenden Demütigung bestraft wird. O wie viel kostbarer ist ein Grad der Demut, als tausend höhere Erleuchtungen und Entzückungen! »Was nützt es«, sagt der hl. Augustinus, »eine unverletzte Reinheit, Keuschheit und Jungfräulichkeit zu besitzen, wenn im Herzen die Hoffart herrscht?« (Serm. 53 de verb. Dom.).

Es ist eine weise und gerechte Anordnung Gottes, vermöge der er zuläßt, daß der Stolze in jede andere Sünde, besonders in die Sünde der Unkeuschheit fällt, als der offenbar beschämendsten, damit er nach seinem Fall sich schämt, demütigt und vom Laster des Stolzes aufsteht. Treffend bringt dies der hl. Thomas zum Ausdruck: »Wer vom Stolz gefesselt wird und es nicht merkt, der fällt in die Sünde des Fleisches, die offenbar an und für sich schändlich ist, damit er, dadurch gedemütigt, von der Beschämung aufstehe« (S. Th. II II, qu. 161, art. 6, ad 3). Daraus erhellt, sagt derselbe Heilige, was für eine schwere Sünde die Hoffart ist, weil, wie der Arzt bei einem Kranken ein kleineres Übel zuläßt, um ihn von einem größeren zu befreien, auch Gott zuläßt, daß die Seele in die Sünde des Fleisches fällt, damit sie vom Laster der Hoffart geheilt wird.

Wenn du auch auf dem höchsten Gipfel der Heiligkeit angelangt bist, so mußt du doch immer noch den Fall fürchten, da es keine Heiligkeit gibt, die man nicht schon allein wegen des Stolzes verlieren könnte. Wie es der hl. Augustinus sagt: »Wenn ihr Heiligkeit besitzt, so fürchtet, sie zu verlieren! Und wodurch? Durch die Hoffart« (Serm. 13 de verb. Dom.).

29. Aus demselben Grund, aus dem wir dem Unmut und den Gewissensbissen entgehen wollen, die aus der Demütigung wegen einer Sünde stammen, müssen wir auch danach verlangen und streben, demütig zu sein; denn wenn wir demütig sind, werden wir nicht gedemütigt werden.

Meine Seele, so sollen wir uns sagen, bedenke deine Sünden und bleibe in der Demut, wenn du nicht willst, daß Gott dich demütigt mit den Demütigungen zeitlicher und ewiger Beschämung. Gott verspricht den Demütigen Erhöhung, und der Himmel ist voll von Demütigen. Aber den Stolzen droht Gott Erniedrigung an, und die Hölle ist voll von Stolzen. Er ist ein Gott, der sowohl verheißt als auch droht, damit, wenn wir schon nicht demütig bleiben wollen wegen seiner göttlichen Verheißungen, zuindest aus Furcht vor seinen eindringlichen Drohungen die Demut bewahren: »Wer sich selbst erhöht, wird erniedrigt werden, und wer sich erniedrigt, wird erhöht werden« (Mt. 23, 12).

Gott sieht mit Wohlgefallen auf das Gebet der Demütigen und ist bereit, sie zu erhören. »Der Herr wird sehen auf das Gebet der Demütigen, und nicht verschmähen ihr Flehen« (Ps. 101, 18). Wenn aber Gott auch noch so viel von einem Stolzen angerufen wird, er wird ihm keinen geistlichen Trost schenken, wie der hl. Augustinus sagt: »Auch nach einer Anrufung will Gott nicht zur Erhörung bereit sein, wenn du vom Stolz aufgebläht bist« (Enarr. in ps. 74). Das sind zwar alles alte und längst bekannte Dinge, aber gerade deswegen, weil wir es wissen und dennoch nicht tun, trifft uns der Vorwurf, den der

Prophet Daniel dem König Baltassar machte: »Und auch du hast dein Herz nicht gedemütigt, obwohl du all das wußtest« (Dan. 5, 22).

30. Wir machen uns bisweilen Unruhe über die Unterlassung guter – nicht gebotener, sondern freiwillig geübter – Werke, z.B. an einem Tag das gewohnte Gebet nicht verrichtet oder ein freiwilliges Fasten nicht gehalten zu haben; Unruhe über Dinge, die in Bezug auf unser ewiges Heil von geringem oder gar keinem Gewicht sind. Fehlt es uns aber an Demut, die für uns die wesentlichste und notwendigste Tugend ist, ohne die niemand selig werden kann, empfinden wir nicht die geringste Unruhe.

Der hl. Paulus ermahnt uns: »Werdet doch nicht Kinder an Einsicht!« (1 Kor. 14, 20). Macht es doch nicht wie die Kinder, die weinen und außer sich geraten, wenn man ihnen einen Apfel wegnimmt, sich aber wenig darum kümmern, wenn ihnen ein wertvoller Edelstein genommen wird. Laßt uns die Demut über alles hochschätzen! Sie ist der im Acker verborgene Schatz; um diesen zu erlangen, muß man alles verkaufen, was man besitzt (Mt. 13, 44). Sie ist die kostbare Perle, für die man alles aufbieten muß, was man hat, um sie zu kaufen (Mt. 13, 46). Unsere Fehler gegen die Demut sollen wir nicht Skrupel nennen, sondern für wirkliche Fehler halten, die wir beichten und korrigieren müssen.

Gott möge uns hinsichtlich der im Evangelium gebotenen Demut vor einem weiten Gewissen bewahren! Wir würden uns sonst auf dem breiten Weg der Verworfenen befinden, von dem der Hl. Geist sagt: »Es ist ein Weg, der dem Menschen recht scheint, aber sein Ausgang führt zum Tode« (Spr. 16, 25).

Heutzutage sind manche, nach Art der Pharisäer, der Meinung, die Tugend und Heiligkeit bestehe in einigen etwas längeren Gebeten, in einigen Kirchbesuchen und besonderen Abtötungen, in einer gewissen Zurückgezogenheit, in schlichter Kleidung, in gewissen erbaulichen Unterredungen und irgendwelchen Übungen äußerlicher Frömmigkeit. Aber wer denkt an die Demut? Wer schätzt sie und bemüht sich, sie zu erwerben? Was ist all dies dann anderes als eitle Täuschung?

31. Man liest von verschiedenen Philosophen des Altertums, die Verleumdung, Beleidigung, Verachtung mit großem Gleichmut hingenommen haben, ohne darüber im geringsten aufgebracht oder ärgerlich zu werden. Diese kannten aber die Demut nicht einmal dem Namen nach. Ihre feste Beständigkeit war nur eine Wirkung ihrer versteckten Hoffart. Sie hielten sich in ihrem Übermut für höherstehend als Könige und Kaiser, kümmerten sich wenig um Beleidigungen und blieben dabei ruhig, weil sie mit stolzer Verachtung auf diejenigen herabschauten, von denen sie beleidigt wurden. Sie erstickten die Aufwallungen der einen Leidenschaft mit den Gefühlen einer stärkeren Leidenschaft. Ihre Bescheidenheit, Friedfertigkeit und Sanftmut war das Werk des Stolzes, der mit despotischer Gewalt alle übrigen Neigungen des Herzens beherrschte.

Es besteht ein sehr großer Unterschied zwischen der Sittenlehre der menschlichen Philosophie und der Sittenlehre des Evangeliums Jesu Christi. Lest aufmerksam die Schriften des Seneca, der gern der Sittenlehrer unter den Philosophen genannt wird, und ihr werdet bemerken, wie er gerade mit jenen Grundsätzen, in denen er Großmut und Starkmut lehrt, auch Hochmut einflößt. Lest die berühmtesten

Werke der Stoiker, und ihr werdet mit dem hl. Hieronymus (Epist. 146 ad Damas.) sehen, daß, wenn man sie mit größter Mühe und Anstrengung gelesen hat, keine Wahrheit, die uns sättigt, keine Gerechtigkeit, die uns stärkt, darin zu finden ist. Das aber, was nur Eitelkeit einflößt, ist alles Eitelkeit.

Einzig im Evangelium Jesu Christi finden wir die Grundsätze jener Demut, die eine wahre Tugend ist, die in der Erkenntnis der Größe Gottes und unseres eigenen Nichts besteht. Wenn wir uns dem Erlernen dieser weisen Tugend widmen, erfüllen wir das Gebot des Apostels: »Nicht höher von sich zu denken, als sich geziemt, sondern bescheiden von sich zu denken« (Röm. 12, 3).

Das erste, was Jesus Christus in seinem neuen Gesetz lehrte, war die Demut, wie der hl. Johannes Chrysostomus bemerkt: »In die göttlichen Gesetze einführend, beginnt er mit der Demut« (Hom. 39 in Matth.). Denn ohne Demut vermag man es nicht, von den himmlischen Lehren etwas zu erfassen; mit der Demut jedoch kann man alles erfassen, was zum Erreichen der Seligkeit notwendig oder nützlich ist.

32. Das Bekenntnis unserer Niedrigkeit und unseres Nichts, die Beteuerung, daß man alles Gute von Gott erhalten habe, ist an und für sich nur die unfruchtbare Übung einer sehr armseligen Demut, ja kann sogar große Hoffart sein, wie mit dem hl. Augustinus der hl. Thomas (S. Th. II II, qu. 161, art. 5, ad 4) bemerkt. Soll die Demut eine Tugend sein, so muß sie sich immer fruchtbar in guten Werken zeigen.

Willst du einen Begriff von der Demut gewinnen, die eine wirkliche Tugend ist? Die Seele ist dann wahrhaft demütig, wenn sie anerkennt, daß sie ihr Wesen hinsichtlich der Natur, der Stellung in der Welt und der Gnade von der Allmacht, Vorsehung und Barmherzigkeit Gottes erhalten hat; und so, indem sie in sich nichts findet, was nicht Gott gehört, sich selbst nur das Nichts zueignet; und während sie im Nichts verweilt, sich zu den geringsten Geschöpfen zählt, ohne sich irgendwie über ein Geschöpf zu erheben; die sich vor Gott vernichtet, aber nicht, um in müßiger Untätigkeit zu verbleiben, sondern vielmehr fortwährend bestrebt ist, Gott zu verherrlichen durch gewissenhaften Gehorsam gegenüber seinem Gesetz und durch vollkommene Unterwerfung unter seinen heiligen Willen.

Die Demut hat zwei Augen: mit dem einen sehen wir unser Elend, um uns nur unser Nichts zuzuschreiben; mit dem anderen sehen wir die uns obliegende Pflicht, anzuerkennen und zu bezeugen, daß alles von Gott kommt und alles auf Gott zu beziehen ist. »Nicht uns, o Herr, nicht uns, sondern deinem Namen gib die Ehre« (Ps. 113, 9). Der wahrhaft Demütige betrachtet alle Güter des Leibes und der Seele als ebenso viele Bäche, die, aus dem Meer geflossen, auch wieder zum Meer zurückfließen müssen. Deswegen ist er immer darauf bedacht, Gott alles, was er von ihm empfangen hat, zurückzugeben, und er bittet darum, liebt und verlangt weiter nichts, als daß in allem der Name Gottes geheiligt werde. »Geheiliget werde dein Name!« (Mt. 6, 9).

33. Die Demut ist keine schwache, furchtsame und kraftlose Tugend, wie einige meinen, sondern eine hochherzige, heldenmütige und standhafte, da sie auf Wahrheit und Gerechtigkeit beruht. Die Wahrheit besteht in der Erkenntnis dessen, was Gott ist und was wir sind. Die Gerechtigkeit besteht darin, anzuerkennen, daß Gott als

unser Schöpfer das Recht hat, uns zu gebieten, und daß wir als seine Geschöpfe verpflichtet sind, ihm zu gehorchen.

Alle Märtyrer waren vollkommen demütig, weil sie lieber unter Erduldung der furchtbarsten Qualen sterben als die Wahrheit und die Gerechtigkeit verlassen wollten. Welche Unerschrockenheit, welcher Mut, all denen zu widerstehen, die sie zum Abfall von Jesus Christus zwingen wollten!

Anderen zu widersprechen ist nur dann ein Audruck der Hoffart, wenn man widerspricht, um seinem irrigen und ungerechten Eigenwillen zu folgen. Wenn man aber einem Geschöpf widerspricht, um den Willen des Schöpfers zu tun, so ist dieser Widerspruch eine Wirkung der Demut, denn dadurch bekennen wir unsere unbedingte Verpflichtung, uns dem göttlichen Willen zu unterwerfen und zu gehorchen.

Daher ist der Stolze auch immer ängstlich, weil sein Stolz nur durch die Schwäche der menschlichen Natur gestützt wird. Der Demütige aber ist in seiner Unterwerfung unter die göttliche Majestät immer tapfer, weil er seine Stärke von der Gnade erhält.

Der Demütige gehorcht den Menschen, wenn er durch den Gehorsam ihnen gegenüber auch Gott gehorcht. Er verweigert aber den Menschen den Gehorsam, wenn er ihnen nicht gehorchen kann, ohne Gott ungehorsam zu werden. Man bedenke die nicht weniger bescheidene als hochherzige Antwort, welche die hll. Apostel Petrus und Johannes dem Hohen Rat in Jerusalem gaben: »Ob es recht ist vor Gott, euch mehr zu gehorchen als Gott, das urteilt selbst« (Apg. 4, 19).

Der Demütige ist erhaben über jedes menschliche Ansehen, und es besteht keine Gefahr, daß er sich zum Sklaven des Zeitgeistes, der Mode oder der Verhaltensregeln der Welt macht. Er kennt seine Schwäche und weiß, daß er zu allem Bösen fähig ist, obgleich er es nicht tut. Wenn er einen anderen sündigen sieht, bemitleidet er ihn; aber er nimmt kein Ärgernis daran, d.h. er läßt sich durch die bösen Beispiele anderer nicht dazu verleiten und anregen, sie nachzuahmen, denn sein Blick ist auf Gott gerichtet, und er hat keinen anderen Wunsch, als Gott zu gefallen, von dem allein er sich leiten läßt: »Gott allein hängt er an, weswegen er, wenn er auch andere sich noch so ungeordnet in Worten und Werken verhalten sieht, von seiner Rechtschaffenheit nicht abläßt« (Th. Aq., S. Th. II II, qu. 33 , art. 5).

34. Das Herz eines Stolzen ist immer unruhig, wie ein vom Sturm aufgewühltes Meer: »Wie ein tobendes Meer, das nicht still sein kann« (Is. 57, 20). Aber das Herz eines Demütigen, gänzlich zufrieden in seiner Demut, »reich in seiner Niedrigkeit« (Jak.1, 10), ist immer ruhig und gelassen, ohne Furcht, daß irgendetwas auf der Welt ihn stören könnte: »Er wird sicher wohnen« (Is. 14, 30). Woher kommt aber ein so großer Unterschied? Der Demütige genießt eine heitere Ruhe, weil er der Wahrheit und Gerechtigkeit gemäß lebt, indem er den eigenen Willen in allen Dingen dem göttlichen unterwirft. Der Stolze wird immer von Unruhe gequält, wegen des Widerspruchs, mit dem er sich gegen den göttlichen Willen auflehnt, um seinen eigenen zu tun.

Je mehr Eigenliebe ein Mensch besitzt, desto größere Unruhe und Qual hat er. Das ist ein völlig wahrer Grundsatz. Wenn ich daher sehe, daß ich durch eine mir zustoßende Widrigkeit innerlich erbittert, aufgeregt, verwirrt und unruhig werde, so brauche ich die Ursache dafür nirgends anders als in mir selbst suchen. Ich kann mir dann mit Recht sagen: Wenn ich wirklich demütig wäre, würde ich nicht unruhig werden. Diese meine große Unruhe ist für mich der deutlichste Beweis, daß meine Eigenliebe in meinem Innern noch groß, stolz und vorherrschend ist. Sie ist der Henker, der mich quält und mich nicht ruhen läßt.

Ich fühle mich ganz ungehalten über dieses beleidigende Wort, das man mir gegenüber äußerte, über jene Unhöflichkeit, die man mir entgegenbrachte. Woraus entsteht aber ein solcher Ärger? Einzig aus meinem Stolz. Ach, wenn ich eine wahre Demut besäße, welche Ruhe, welchen Frieden, welche Seligkeit würde meine Seele genießen. Untrüglich ist ja die Verheißung Jesu Christi: »Lernet von mir; denn ich bin sanftmütig und demütig von Herzen: so werdet ihr Ruhe finden für eure Seelen« (Mt. 11, 29).

Wenn die Seele sich durch irgendeine Widrigkeit beunruhigt fühlt, so ist es nicht notwendig, hinzugehen, um sich bei solchen Personen Trost zu suchen, die uns schmeicheln, die uns ihr Mitleid bezeugen oder bei denen wir unseren Kummer ausschütten können. Wir brauchen nur unsere Seele zu fragen: »Warum bist du traurig, meine Seele, und warum ängstigst du mich?« (Ps. 41,12). Meine Seele, was fehlt dir? Was suchst du? Sehnst du dich vielleicht nach jener Ruhe, die du verloren hast? So vernimm das Heilmittel, das dein Erlöser dir nennt, indem er dich auffordert, von ihm zu lernen, demütig zu sein: »Lernet von mir; denn ich bin sanftmütig und demütig von Herzen.« Höre auch, was er hinzufügt, womit er dir versichert, daß du mit der Demut auch die Ruhe wiederfinden wirst: »So werdet ihr Ruhe finden für eure Seelen.«

35. Es gibt zwei Arten von Verdemütigung: solche, die wir aus freiem Willen auf uns nehmen, und solche, die uns in den Wechselfällen des Lebens oder der bürgerlichen Ordnung begegnen. Die Demütigungen der ersten Art können, wie bereitwillig wir sie auch annehmen mögen, verdächtig sein, wegen einer geheimen Eitelkeit, die unsere Eigenliebe dabei empfindet, die so listig ist, auch da noch nach Ehre zu haschen, wo sie Verachtung zu suchen scheint. Aber die Demütigungen der zweiten Art, die uns gegen unseren Willen treffen, und unser Urteil, unsere Neigung und unser Gefühl empfindlich berühren, sind, wenn wir sie mit völliger Unterwerfung unter den Willen Gottes annehmen, sichere Beweise einer echten Demut, denn sie dienen dazu, unsere Eigenliebe abzutöten und uns in der Gott geschuldeten Unterwerfung zu vervollkommnen.

Die freiwilligen, von uns selbst herbeigeführten und gesuchten Demütigungen können die Seele zur Heuchelei verleiten. Die unfreiwilligen aber, die uns von der Vorsehung Gottes gesandt und von uns mit Geduld ertragen werden, machen die Seele heilig. Deswegen hat uns auch der Hl. Geist die höchst wichtige Mahnung gegeben: »Sei geduldig in Demut; denn Silber und Gold wird durch das Feuer geprüft, die Lieblinge Gottes aber im Ofen der Demütigung« (Sir. 2, 4 f.).

Es ist unmöglich, die Heuchelei einer gekünstelten oder falschen Demut zu erkennen, außer in seltenen Fällen: »Rühre die Berge an, daß sie rauchen« (Ps. 143, 5). Aber es ist auch unmöglich, die Tugend einer echten Demut nicht zu erkennen, »denn ihr Geist ist freundlich, gütig, beständig, sicher, ruhig, mit jeder Tugend begabt« (Weish. 8, 23. 36).

36. Es gibt auch zwei Arten Versuchungen: manche kommen von der Tücke des Teufels, andere bereiten wir uns selbst aufgrund unserer Schwäche oder Bosheit. Gegen beide aber gibt es kein besseres Heilmittel als Demut. Die Demut treibt den Teufel in die Flucht, der einem Demütigen gegenüber nicht standhalten kann, eben weil er so stolz ist; sie läßt auch jede andere Versuchung plötzlich verschwinden, weil es keine Versuchung gibt, welcher nicht der betäubende Qualm einer gewissen Hoffart beigemischt wäre.

Die Versuchungen gegen die Reinheit, gegen den Glauben oder überhaupt gegen eine Tugend, können wir allesamt leicht überwinden, wenn wir uns nur von Herzen demütigen, indem wir z.B. sprechen: O mein Gott, zur Strafe für meine Hoffart verdiene ich zu so abscheulichen Dingen versucht zu werden; ich weiß, wenn du mir nicht beistehst, so falle ich. Ich fühle meine Schwäche, und habe nichts Gutes an mir. Hilf mir! Hilf mir! »O Gott, habe acht auf meine Hilfe: Herr, eile mir zu helfen!« (Ps. 69, 2).

Je mehr die Seele sich vor Gott demütigt, desto mehr stärkt Gott sie mit seiner Gnade; und wenn Gott für sie ist, wer wird dann etwas gegen sie vermögen? »Der Herr ist der Beschirmer meines Lebens, vor wem sollte ich zittern?«, sagt König David (Ps. 26, 1). »Wenn Gott für uns ist, wer wird wider uns sein?«, sagt auch der Apostel Paulus (Röm. 8, 31).

Die stärkste List, die der Teufel anwenden kann, damit wir der Versuchung unterliegen, besteht darin, unserer Demut zu schmeicheln und so zu verhindern, daß wir demütig sind. Denn wenn es dem bösen Feind gelingt, uns in den Kopf zu setzen, daß wir die Versuchung aus eigenen Kräften überwinden könnten, sind wir schon überwunden, so wie jene überwunden werden, von denen geschrieben steht, daß der Herr »diejenigen demütige, die auf sich vertrauen und ihrer Stärke sich rühmen« (Jud. 6. 15).

Die Liebe würde weder jemals erkalten noch der Eifer jemals abnehmen, wenn es nicht an Demut fehlen würde. Sind wir daher bei einer Gefahr mit Demut ausgerüstet, so benötigen wir weiter nichts. In demselben Maße, in dem wir uns demütigen, werden wir auch die Hilfe Gottes erfahren. Haben wir aber den Beistand Gottes, so können wir sagen: »Ich vermag alles in dem, der mich stärkt« (Phil. 4, 13).

37. Was die Versuchungen betrifft, die wir uns selbst verursachen, indem wir uns in die Gelegenheiten (zur Sünde) wagen, steht es ohne jeden Zweifel fest, daß diese immer mit Vermessenheit verbunden sind. Wer Demut besitzt, erkennt seine eigene Schwäche, und ist sich ihrer bewußt, fürchtet, sich in die Gefahr zu begeben, und weil er sie fürchtet, flieht er sie. Freilich vertraut der Demütige auf den wirksamen Beistand der göttlichen Gnade bei unfreiwilligen Gelegenheiten zur Sünde, die ihm begegnen; aber keineswegs vertraut er vermessen auf die Hilfe der Gnade in den Gelegenheiten, in die er sich freiwillig begeben würde.

Seien wir doch bestrebt, Demut zu haben! Die Demut wird uns lehren, jede gefährliche Gelegenheit zu fürchten und ihr auszuweichen. Wir lesen in den Lebensbeschreibungen der Heiligen, wie behutsam sie den Umgang mit dem weiblichen Geschlecht mieden. Ebenso von den heiligen Jungfrauen, wie ängstlich sie vertrauten Umgang mit Männern flohen. Woher eine so große Furcht, da sie doch durch so viele Bußübungen und Gebete gekräftigt waren, sich vor Anfechtungen zu schützen? Sie waren demütig, indem sie der

Schwäche der menschlichen Natur mißtrauten, aber auch nicht vermessen auf die Gnade vertrauten. Und so gelang es ihnen, durch das Mittel der Demut die Reinheit unverletzt zu bewahren.

Sagt man, ich kann mich in diese Gelegenheit begeben, ich fürchte gar nicht, in Sünde zu fallen, so ist das im eigentlichen Sinne Vermessenheit, die auf Stolz beruht, wie der hl. Thomas sagt (S. Th. II II, qu. 53, art. 3 , ad 2). Du würdest dann unversehens durch einen Fall beschämt werden: »Wer die Gefahr liebt, wird darin umkommen« (Sir. 3, 27). Alle, die so denken, werden fallen, und ihr Fall ist eine gerechte Strafe ihres Stolzes, wie der Prophet vorhergesagt hat: »Das wird ihnen widerfahren ihres Hochmuts wegen« (Soph. 2, 10).

38. Gott widersetzt sich den Hochmütigen, weil die Hochmütigen sich ihm widersetzen. Den Demütigen aber gibt er seine Gnade mit voller Freigebigkeit, weil die Demütigen sich seinen Anordnungen unterwerfen. Wenn wir demütig den Gaben Gottes einen Platz bereiten würden, welch ein Überfluß von Gnaden würde sich in in unsere Seele ergießen!

Schon deswegen, weil uns Demut mangelt, wird das Gericht für uns überaus schrecklich sein. Denn wir müssen uns vor dem ewigen Richter nicht nur wegen der uns verliehenen Gnaden verantworten, die wir schlecht angewandt haben, sondern auch wegen der Gnaden, die Gott uns gegeben hätte, wenn wir demütig gewesen wären, die uns aber von ihm versagt worden sind, weil wir hochmütig waren.

Auch wird für uns, wenn wir in eine Sünde fallen, die Entschuldigung nicht gelten, es habe uns an Gnade gefehlt. Die Gnade stand bereit, wird der Herr uns sagen, nur mußtest du demütig darum bitten, durftest sie aber nicht durch deinen Hochmut verhindern. Der

Hochmut ist jenes mehr als eherne Hindernis, durch das die Gnade abgehalten und ihren wohltätigen Einflüssen kein Zugang in die Seele gestattet wird. »Gerade der Hochmut ist es«, sagt der hl. Thomas, »der die Seele in einen Zustand versetzt, der sie ihrer inneren Güter beraubt« (S. Th. II II, qu. 132, art. 3).

Verlangt ihr in dieser Welt die Gnade und in der anderen die Seligkeit? Demütigt euch, sagt der hl. Jakobus: »Demütigt euch vor dem Herrn, so wird er euch erhören« (Jak. 4, 10). Gott hat alles, was wir auf Erden sehen, aus nichts erschaffen, »da die Erde noch wüst und leer war« (1 Mos. 1, 2). Gott füllte, nach dem Wort des Propheten Elias, alle »leeren Gefäße« der Witwe mit Öl (4 Kön. 4, 3). So erfüllt auch Gott mit seiner Gnade jene Herzen, die leer von sich selbst sind, die sich nämlich nicht selbst hochschätzen, nicht auf sich selbst vertrauen, sich weder auf sich selbst verlassen noch sich irgendetwas anmaßen.

39. Sehr demütigend ist der Gedanke, daß eine Person, wie weit sie auch davon entfernt sei, schwere Sünden zu begehen, sich ihrer nichtsdestoweniger durch eine verborgene innere Unordnung so schuldig machen kann, als wenn sie diese begangen hätte. Es reicht schon hin, daß sich der Hochmut in ihrem Herzen erhebt und sie sich für besser hält als den, der die Sünde begangen hat, und sogleich wird sie in den Augen Gottes schuldig und schlechter, weil, wie der Hl. Geist sagt, »die Hoffart vor Gott verhaßt ist« (Sir. 10, 7).

Die Eitelkeit des Pharisäers im Evangelium (Luk. 18, 11) war eine zweifache: Erstens rühmte er sich in Bezug auf die Sünden, die er nicht begangen hatte; dann prahlte er auch mit den Tugenden, die er übte; in beidem aber gereichte ihm sein ganz und gar eitler Ruhm zur

Verdammnis. Er gibt, dem Anschein nach, in allem Gott die Ehre, indem er Gott dankt: »Gott, ich danke dir!« All dies war jedoch nur der Ausdruck der Hochschätzung seiner selbst. Solche Gedanken der Eitelkeit schleichen sich sehr leicht in das Herz ein; und wer kann mir die Versicherung geben, daß ich mich nicht schon oft solcher schuldig gemacht habe? »Was ich offensichtlich getan habe, sehe ich«, kann ich viel berechtigter sagen, als der hl. Gregorius, »was ich aber unbemerkt darin gefehlt habe, weiß ich nicht« (Lib. 9 mor., cap. 17).

O mein Gott! O mein Gott! »Laß kein Unrecht über mich herrschen!« (Ps. 118, 133). Laß doch nicht zu, daß der Hochmut mich beherrscht, in dem alle Ungerechtigkeiten enthalten sind. »Von meinen verborgenen Sünden reinige mich« (Ps. 18, 13). Reinige mich von den Sünden der Hoffart, die ich nicht erkenne, »dann werde ich unbefleckt sein« (Ps. 18, 14). Dieser Gedanke, sagt der hl. Thomas, veranlaßt jeden Gerechten, sich selbst für schlechter zu halten, als den größten Sünder: »Der Gerechte, der wahrhaft demütig ist, hält sich für schlechter, weil er fürchtet, er könnte in dem, was er Gutes zu tun scheint, durch Hochmut desto schwerer sündigen« (S. Th. in suppl. III, qu. 6, art. 4).

40. Man kann sagen, daß die Demut das wirksamste Mittel gegen all unsere Übel ist, und auch das kräftigste Gegenmittel, um unsere Seele vor dem Tod der Schuld sowie vor dem ewigen Tod zu bewahren. Das gerade ist es aber, was von uns am wenigsten bedacht wird.

Meine Seele, jener Gott, der, soweit es an ihm liegt, dein ewiges Heil will, will auch, daß du dich um Demut bemühst, weil »die Demut der Ehre vorausgeht« (Spr. 15, 33). Beuge dein Haupt, und bete diesen seinen allerhöchsten Willen an.

Mögen wir, wenn wir das Vaterunser beten, über die dritte Bitte nachdenken, in der wir beten, daß der Wille Gottes geschehe, und bei dieser Bitte, in Anpassung an das, wessen wir bedürfen, sprechen: Ja, mein Gott, weil du willst, daß ich demütig sei, so geschehe dein Wille. Dein Wille geschieht durch all jene seligen Geister, die dich in tiefster Demut anbeten. Möge auch durch mich dieser heilige Wille geschehen: »Dein Wille geschehe, wie im Himmel, also auch auf Erden« (Mt. 6, 10).

Mögen wir so auch die letzte Bitte anwenden: »Sondern erlöse uns von dem Übel«, indem wir den Herrn dabei bitten, daß er uns beschütze und bewahre vor der Hoffart, die das größte von allen Übeln ist. Ja, man kann wohl sagen, daß die Hoffart die größte von allen Sünden sei. Auf die Frage, die der hl. Augustinus sich stellt, welche wohl die Sünde gewesen sei, von der David mit so großer Sehnsucht gereinigt zu werden wünschte, als er ausrief: »Dann werde ich gereinigt werden von der größten Sünde« (Ps. 18, 14), gibt er die Antwort, dies sei die Hoffart gewesen, die in der Tat die größte von allen Sünden sei, denn sie sei das Haupt, die Ursache und die Quelle aller übrigen Sünden (Aug. Enarr. in ps. 18).

41. Als der eigentliche Grund, warum wir keine Demut besitzen, ist wohl der zu nennen, daß wir allzu leicht unsere begangenen Sünden vergessen. Man denkt nur dann an seine Sünden, wenn man sein Gewissen in der Vorbereitung auf die Beichte erforscht; und auch dann denkt man nur nach ihrer Art und Zahl an sie: so viel wie notwendig ist, um eine vollständige Beichte ablegen zu können. Aber denkt man auch daran, deren Schwere, Größe und Bosheit zu ergründen? Und wenn man auch ein wenig darüber nachdenkt, gerade

so viel wie notwendig ist, um sich schmeicheln zu können, eine Reue zu haben, die allenfalls hinreicht, um eine gültige Beichte abzulegen, so ist es doch sehr erstaunlich, daß man, sobald die Beichte abgelegt ist, in einer ebenso großen Ruhe weiterlebt, als wenn man immer die Unschuld bewahrt hätte. Welche Armseligkeit!

Wir erinnern uns nur allzu leicht an die Beleidigungen, die uns Menschen zugefügt haben, um damit unseren Groll zu schüren; aber wir behalten nicht die Beleidigungen im Gedächtnis, die wir Gott dem Herrn zugefügt haben, um uns zu demütigen und sie wiederholt zu bereuen. Kann man sich dann über den Mangel an Demut noch wundern, wenn man gerade die triftigsten Beweggründe zur Demut so leicht vergißt?

Wir sollen uns an unsere Sünden erinnern, nicht um deswegen furchtsam und ängstlich zu werden, sondern um in der geschuldeten Demut zu bleiben. Aus demselben Grund, warum man, nach den Worten des Propheten Jeremias, keine Buße tut, wird auch keine Demut geübt, weil »keiner ist, der spricht: Was habe ich getan?« (Jer. 8, 6). Würden wir darüber nachdenken, welche Sünden wir begangen, welche Beleidigungen wir Gott zugefügt haben – wahrhaftig, unser Herz würde sehr zerknirscht und demütig werden. Aber darum kümmert man sich wenig.

Rufen wir dem Himmel zu, sich über uns zu entsetzen: »Entsetzt euch darüber, ihr Himmel!« (Jer. 2, 12). Wenn ein Adliger öffentlich von einem Menschen aus dem Pöbel eine schwerwiegende Beschimpfung erfährt, so gilt dies als ein bedeutendes Vergehen, und für eine solche Ungeheuerlichkeit wird eine angemessene Stafe gefordert. Und doch ist hier nur ein Mensch von einem anderen Menschen, ein Wurm von einem anderen Wurm, ein Nichts von einem anderen Nichts beleidigt worden. Daß aber von diesem Wurm, von diesem Nichts, die göttliche Majestät beleidigt worden ist, darüber sorgt man sich nur in geringem Maße! »Entsetzt euch, ihr Himmel!« Wir aber wollen zu unserer Beschämung anerkennen und uns dafür demütigen, daß wir bisher so unverständig und töricht gewesen sind.

42. Zwei Haupttugenden sind es, die uns der Sohn Gottes mit größter Sorgfalt lehren und anempfehlen wollte, nämlich Demut und brüderliche Liebe. Aber gerade diese beiden bekämpft der böse Feind am meisten. Ja, gelingt es ihm, die Demut zu besiegen, dann ist weiter nichts notwendig, sofort ist auch die Liebe überwunden. Denn die Liebe können wir, nach dem Ausspruch des hl. Augustinus, nur durch Demut erlangen und bewahren: »Nur durch die Demut gelangt man zur Liebe« (Enarr. in ps. 130; Serm. 10 de verb. Dom.).

Die Hoffart ist immer von vielen Empfindlichkeiten hinsichtlich der Ehre begleitet. Wie kann man aber bei so vielen solcher Empfindlichkeiten die Liebe bewahren? Findet man zwei Personen, die ziemlich leicht miteinander in Streit geraten und sich nur schwer wieder aussöhnen, so geht man nicht fehl in der Annahme, daß beide vom Stolz beherrscht werden. Daher kann auch nur dort die Liebe Eingang finden und Bestand haben, wo Demut ist.

Deswegen fügt auch der hl. Paulus seiner Ermahnung an die Christen, die brüderliche Liebe zu üben, sofort die Empfehlung der Demut hinzu: »Demütig achte einer den anderen höher als sich« (Phil. 2, 3). Er war sich wohlbewußt, daß die brüderliche Liebe bei denen nicht von Dauer sein kann, die keine Demut besitzen, denn wo der Stolz herrscht, da ist beständig Zank, Hader und Streit: »Unter den

Stolzen ist immer Hader« (Spr. 13, 10). Nehmen wir die Ermahnung des Apostels an. Laßt uns nicht den Stolz anderer, die uns beleidigt haben, anklagen, sondern klagen wir uns selbst an, daß wir es nicht verstehen, Beleidigungen mit Demut zu ertragen. Fangen wir an, uns selbst um jene duldende Demut zu bemühen, die wir von anderen fordern. Bedenken wir, daß wir nicht durch die Demut oder Geduld anderer Leute, sondern durch unsere eigene selig werden sollen.

43. Es ist schwer, reich oder gelehrt und dabei dennoch demütig zu sein. Denn nur allzu leicht schöpft man aus dem eigenen Vermögen und dem eigenen Wissen ein eitles Wohlgefallen. Deswegen ist es viel besser, weniger zu besitzen und weniger zu wissen und dabei demütig, als große Reichtümer, große Gelehrsamkeit zu besitzen und dabei stolz zu sein.

Es sind allerdings im Himmel viele Heilige, die reich waren, viele, die gelehrt waren; aber sie sind nur darum Heilige, weil sie demütig waren. Reichtum und Gelehrsamkeit soll man nur für Eitelkeit halten. Sie dürfen nur insofern geschätzt werden, als sie zur Erreichung der ewigen Seligkeit beitragen. So handelt der wahrhaft Demütige. Er überhebt sich nicht, weder seines Reichtums noch seiner Wissenschaft wegen, denn er hält beides für nichts, weil er auch sich selbst für nichts hält.

Das Wort des Psalms 61 (Vers 11): »Hängt das Herz nicht daran« ist kein bloßer Rat, sondern ein Gebot. Gott will hier durch den Propheten sagen: Wenn ihr reich seid, seid es an Reichtümern oder an Kenntnissen, so seid arm im Geiste, d.h. seid demütig. Das ist in der Tat schwer; aber gerade durch die Schwierigkeiten bei der Übung einer Tugend wächst auch ihr Verdienst. In bescheidenen Verhältnissen demütig zu sein, ist nichts Großes; wohl aber, demütig zu sein bei Besitz von Reichtum und Wissenschaft, die Reizmittel zum Stolz sind. »In der Verachtung demütig zu sein, ist nichts Großes«, sagt der hl. Bernhard, »eine wirklich große und seltene Tugend ist die Demut desjenigen, der in Ehren steht« (Hom. 4 super Missus est). Ein angenehmes Schauspiel bietet der Erde und dem Himmel ein bescheidener Reicher, der nicht zu wissen scheint, daß er reich ist, ebenso ein Gelehrter von so großer Selbstverleugnung, daß es scheint, er meine, er sei nicht gelehrt.

44. Wenn auch die Sünde ein großes Übel ist, größer als jedes andere Übel, so wird sie doch gewissermaßen für uns ein großes Gut, wenn wir sie als ein Mittel zu benutzen wissen, Demut zu üben. Wieviele große Sünder sind Heilige geworden, ohne etwas anderes getan zu haben, als sich ihre Sünden vor Augen zu halten, darüber zu erröten und sich zu schämen, indem sie sich vor Gott demütigten und auch anderen Menschen gegenüber demütig blieben?

Jenes Wort: »Dir allein habe ich gesündigt« (Ps. 50, 6), das David seinem Herzen eingeprägt hatte, hat ihm mehr als alles andere zum Erreichen der Heiligkeit geholfen. Der hl. Thomas sagt in der Erklärung des Römerbriefes (8, 28): »Denen, die Gott lieben, gereicht es sogar zum Heil, wenn sie durch eine Sünde von der Liebe Gottes abfallen, weil sie demütiger wieder zurückkehren und vorsichtiger werden« (S. Th. III, qu. 89, art. 2). Die Güte und Weisheit Gottes erscheint darin höchst bewundernswert, daß sie uns sogar in unseren Armseligkeiten ein Mittel der Heiligung gibt. Wir können uns nicht damit entschuldigen, daß wir einwenden, es sei uns unmöglich, heilig zu werden, weil wir so große Sünden begangen hätten, denn unsere Sünden selbst werden Mittel zur Heiligkeit für uns, wenn wir sie als Beweggründe zu einer großen Demut nutzen. Wie groß ist die Barmherzigkeit Gottes, der mir in der Erinnerung daran, gesündigt zu haben, und in der vom Glauben erleuchteten Erwägung, was es heißt, gesündigt zu haben, ein Mittel an die Hand gibt, um heilig zu werden!

Maria Magdalena war nicht so sehr heilig durch die Tränen ihrer Augen wie durch die Demut ihres Herzens. Sie fing an, heilig zu werden durch die Erkenntnis Gottes und ihrer selbst: »Als sie erkannte« (Luk. 7,37). Sie nahm an Heiligkeit zu in dem Maße, wie sie an Demut zunahm; weil sie es nicht wagte, vor Jesus Christus zu erscheinen, »ließ sie sich hinter ihm zu seinen Füßen nieder« (Luk. 7, 38). Und mit ihrer Demut vollendete sie den Weg der Heiligkeit, denn sie tat, wie der hl. Gregorius sagt, während ihres ganzen übrigen Lebens nichts anderes, als über das große Übel nachzudenken, das sie durch ihre Sünden begangen hatte: »Sie betrachtete, was sie getan hatte« (Hom. 20 in Evang.).

45. Die große Verwirrung, die wir nach dem Fall in eine Sünde wegen des beschämenden Gedankens empfinden, gesündigt zu haben, ist nichts anderes als eine Versuchung des Teufels, der uns durch diese Verwirrung zu anderen, vielleicht noch größeren Sünden zu verleiten sucht. Der Schmerz über die Beleidigung Gottes verwirrt die Seele nicht, vielmehr beruhigt und tröstet er sie, weil dieser Schmerz mit Demut verbunden ist, die Gnade mit sich bringt. Aber die Verwirrung und Traurigkeit, die den Menschen aus Scham darüber befällt, eine Sünde begangen zu haben, oder deswegen, weil er in einem Augenblick, in dem er sich stark und beständig glaubte,

seine Schwäche erkannt hat, ist nichts anderes als Hoffart, die aus übermäßiger Eigenliebe entsteht.

Wir haben eine viel zu gute Meinung von uns selbst. Wie es uns Unruhe verursacht, wenn wir wahrnehmen, daß unser guter Ruf von anderen geschädigt wird, so beunruhigen wir uns auch, wenn er durch unser eigenes Handeln beeinträchtigt wird. Jedesmal, wenn ich mich wegen meiner Fehler beunruhige, werde ich bei tieferem Nachdenken erkennen, daß meine Unruhe auf Hoffart zurückzuführen ist, die mich durch eine hinterhältige List der Eigenliebe davon überzeugt, besser zu sein als die Gerechten, von denen geschrieben steht: »Siebenmal fällt der Gerechte« (Spr. 24, 16).

Wenn der Demütige zuweilen aus menschlicher Gebrechlichkeit fällt, so bereut er es bald, tut Buße und bittet Gott um Hilfe, um sich zu bessern; aber keineswegs staunt er darüber, gefallen zu sein, weil er weiß, daß er aus sich selbst heraus nur zum Bösen fähig ist und noch viel Schlimmeres tun würde, wenn ihn Gott nicht durch seine Gnade davor bewahren würde.

Wenn man ein Sünde begangen hat, muß man sich vor Gott verdemütigen und sich auch in der Demut halten, um nicht wieder zu fallen, ohne jedoch mutlos zu werden. »Ich bin sehr gedemütigt, o Herr,« kann man mit David sprechen, »mach mich lebendig nach deinem Worte« (Ps. 118, 107). Aber sich zu betrüben, sich in Schwermut und Kleinmut zu versenken und fast verzweifeln zu wollen, ist nichts anderes als eine Versuchung der Hoffart, die der böse Feind uns eingibt, der nach dem Wort der Schrift »König ist über alle Kinder des Stolzes« (Job 41, 25).

46. Mögen wir auch noch so rechtschaffen sein, so dürfen wir uns doch weder über die Bösen empören oder wundern, noch uns für besser halten als sie, weil wir nicht wissen, was in den höchsten Verfügungen Gottes über sie und uns beschlossen ist: »Der Großes tut und Unerforschliches und Wunderbares ohne Zahl« (Job 5, 9).

Als Zachäus nur an Wucher und Unterdrückung der Armen dachte, als Magdalena Jerusalem mit Ärgernissen erfüllte, als Paulus die christliche Religion lästerte und verfolgte, wer hätte da gedacht, daß sie jemals Heilige werden würden?

Und wer hätte andererseits geglaubt, daß ein Salomon, der Lehrer der göttlichen Weisheit, in Unzucht und Götzendienst versinken würde? Daß Judas, einer der Apostel, seinen Meister verraten und verzweifeln würde? Daß so viele berühmte Männer, die in der Vollkommenheit fortgeschritten waren, vom Glauben abfallen würden? Das sind Beispiele, die uns zittern lassen sollten, wenn wir über das unergründliche Geheimnis des Gerichts und der Barmherzigkeit Gottes nachdenken, »der diesen erniedrigt und jenen erhöht« (Ps.74, 8), »der die Gewaltigen vom Throne stürzt und die Niedrigen erhöht« (Luk. 1, 52).

Jeder Heilige kann in einem Augenblick ein Sünder werden, wenn er wegen seiner Heiligkeit hochmütig wird; und jeder Sünder kann ebenso schnell heilig werden, wenn er seine Sünden bereut und demütig wird. Wieviele gibt es, die in der Glut der Andacht beim Gebet zum Himmel hinaufsteigen, und bald darauf, beim geringsten Anlaß zur Sünde, »zum Abgrund sinken« (Ps. 106, 26). Wieviele gibt es dagegen auch, die, nachdem sie ganz in die Eitelkeit verloren und in den Schmutz ihrer Sünden versunken waren, sich plötzlich ändern, ihre

Augen zur Erkenntnis der Wahrheit öffnen und allen Ernstes nach der christlichen Vollkommenheit streben! Anbeten, nicht ergründen sollen wir die unerforschlichen Ratschlüsse Gottes, »der erniedrigt und erhöht, den Dürftigen aus dem Staube hebt, und den Armen aus dem Staube erhöht« (1 Kön. 2, 7 f.)

47. Wer weiß, ob nicht jene Person, die ich für schlecht halte und tadle, Gott viel angenehmer ist, als ich es bin? Wer weiß, ob nicht dieser oder jener Mensch, den ich seiner natürlichen oder sittlichen Gebrechen wegen für nichtswürdig halte und verachte, bestimmt ist, sich in einer seligen Ewigkeit bei Gott im Himmel zu freuen? Wer weiß, ob nicht gerade ich in der Hölle ewig gepeinigt werden werde? Wie dürfte ich, angesichts einer so großen Ungewißheit, mich jemals über irgendeinen Menschen erheben?

Keiner ist an und für sich mehr, als er in den Augen Gottes ist. Weiß ich denn, ob ich für die göttliche Majestät ein Gegenstand der Liebe oder des Hasses bin? »Der Mensch weiß nicht, ob er der Liebe oder des Hasses würdig sei« (Sir. 9, 1). Woher weiß ich, ob Gott aus dem Ton, aus dem ich gemacht bin, ein Gefäß der Ehre oder der Schmach formen wird? »Denn wer unterscheidet dich?« (1 Kor. 4, 7). »Der Töpfer entscheidet, wozu ein Gefäß gebraucht werden soll« (Weish. 15, 7). Wenn der hl. Paulus, dieser Herold des Geistes und große Völkerlehrer, von sich sagt, er fürchte, in Sünde zu fallen und verworfen zu werden, obwohl er viele Tausend Seelen zu Gott bekehrt hatte – »Ich züchtige meinen Leib und bringe ihn in die Dienstbarkeit, damit ich nicht etwa, nachdem ich anderen gepredigt habe, selbst verworfen werde« (1 Kor. 9, 27) –, wenn der hl. Paulus, der bis in den dritten Himmel entrückt war, der sagen konnte, er lebe ein

Leben mit Christus – «Ich lebe, aber doch nicht ich, sondern Christus lebt in mir« Galat, 2, 20) – so sehr seines Heiles wegen besorgt war, was werde ich dann von mir sagen müssen, der ich so armselig bin? Wieviele werden wir am Tage des Gerichtes zur Rechten des ewigen Richters sehen, die man zu den Verworfenen rechnete! Wieviele werden wir zur Linken sehen, die für Auserwählte gehalten wurden!

Deshalb tun wir gut daran, bei jedem Vergleich zwischen uns und anderen zu sagen, was auch Judas von Thamar sagte: »Sie ist gerechter als ich« (1 Mos. 38, 26). Und es wird zumindest entweder auf die eine oder andere Weise wahr sein. Der hl. Thomas lehrt: »Jeder kann der Wahrheit entsprechend glauben und sagen, er sei von allen Menschen der geringste, wegen der heimlichen Fehler, die er an sich wahrnimmt, und der Gaben Gottes, die an anderen verborgen sind« (S. Th., qu. 161, art. 6, ad 2).

48. Wer gibt mir die Sicherheit, daß ich nicht bald in eine Todsünde falle? Und wenn ich gesündigt habe, wer versichert mir, daß ich nicht in der Sünde sterbe und mit meiner Sünde in die Hölle gestürzt werde? So lange ich auf Erden lebe, kann ich keine Sicherheit haben. Ich muß auf den Himmel hoffen, aber ich muß auch die Hölle fürchten.

Meine Seele, ich stelle dir dies hier nicht vor Augen, um dich mutlos zu machen; ich will nicht, daß du kleinmütig wirst und verzweifelst; ich will nur, daß du demütig bist. Und wieviel Grund hast du nicht, dich zu demütigen in der Ungewißheit, nicht zu wissen, wie dein Tod oder wie deine Ewigkeit beschaffen sein wird? Nur in dem Maße, wie du demütig bist, kannst du auch hoffen, Gott zu gefallen und selig zu werden, denn es ist gewiß, »daß Gott dem demütigen Volk« (Ps. 17, 28) »und denen helfen wird, die gebeugten Geistes sind« (Ps. 33, 19).

Manche meinen, die Betrachtung des Geheimnisses der Vorherbestimmung würde den Menschen wahrscheinlich zur Verzweiflung bringen. Mir aber scheint, wie auch dem hl. Augustinus, daß diese Betrachtung ein äußerst wirksames Mittel ist, um die Demut zu üben, denn wenn ich über mein ewiges Heil nachdenke, sehe ich, daß dieses nicht von der Kraft meines freien Willens abhängt, sondern einzig von der Barmherzigkeit Gottes. So werde ich mit Judith sagen: »Darum wollen wir demütigen vor ihm unsere Seelen, und mit demütigem Geist dem Herrn sagen, er möchte seine Barmherzigkeit an uns üben« (Jud. 8, 16 f.).

49. Es ist eine besondere Gabe Gottes, seine Zunge zu beherrschen, wie der Weise in den Sprichwörtern sagt: »Der Herr lenkt die Zunge« (Spr. 16, 1). Will Gott jemandem diese Gabe verleihen, so gibt er sie ihm durch Demut. In der Tat, wie nach der Lehre des Heilands (Mt. 12, 34) alles aus dem Herzen kommt, was die Zunge ausspricht, muß auch, wenn das Herz durch die Demut wohlgeordnet ist, die Zunge wohlgeordnet sein.

Wer von Herzen demütig ist, hat eine geringe Meinung von sich selbst, aber eine gute Meinung von anderen Menschen. Deswegen spricht er niemals ein Wort, das ihm selbst Lob oder anderen Tadel einbringt. Der Demütige redet wenig, zählt und wägt seine Worte, um nur das zu sagen, was der Wahrheit und Bescheidenheit entspricht. Da er keine Eitelkeit im Herzen hat, hat er auch keine Eitelkeit auf der Zunge.

Daraus schließen wir, daß wenig oder gar keine Demut in unserem Herzen ist, wenn wir im Sprechen kaum oder gar keine Zurückhaltung üben. »Ihr Herz ist eitel«, sagt der Prophet (David). Dies ist der Grund dafür, was er gleich hinzufügt: »Ein offenes Grab ist ihr Rachen, mit ihren Zungen üben sie Trug« (Ps. 5, 10 f.). Man spricht das aus, wovon das Herz voll ist, »denn aus der Fülle des Herzens redet der Mund« (Luk. 6, 45). Je nachdem nun Wahrheit oder Eitelkeit im Herzen herrscht, geht sie auch aus dem Mund hervor. Es ist gut, Gott zu bitten, er wolle unsere Zunge im Zaum halten; wir sollen ihn aber auch bitten, daß er uns die Demut des Herzens schenken möge. Diese wird nämlich schon für sich allein ein sehr starker Zügel für unsere Zunge sein.

50. Die Demut ist liebevoll, deutet die Fehler anderer zum Guten, bemitleidet und entschuldigt diese soweit wie möglich. Daher ermahnt uns auch der hl. Petrus, während er uns auffordert, mit unserem Nächsten Mitleid zu haben und ihn zu lieben, zugleich zur Demut: »Seid mitleidig, brüderlich, demütig« (1 Petr. 3, 8), denn man kann keine Liebe haben, wenn man keine Demut hat. Es ist in der Tat ein Laster, das der Demut völlig entgegengesetzt ist, bereitwillig und gerne die Handlungen des Nächsten zu tadeln und zu verurteilen, sie vorschnell zu richten und nachteilig auszulegen.

Wer hat mir die Vollmacht gegeben, mich zum Richter über meine Brüder zu machen? Während ich mich selbst zum Richter aufwerfe und auf dem Richterstuhl meines Geistes Verdammungsurteile über diese oder jene Person fälle, maße ich mir eine Gewalt an, die ich nicht besitze, eine Gewalt, die Gott allein zukommt, »denn Gott ist der Richter« (Ps. 49, 6). Eine solche Gesinnung ist echte Hoffart.

Zur Strafe eines solchen Übermuts läßt Gott es manchmal zu, daß man in genau dieselben Fehler fällt, die man an anderen verurteilt hat. Daher sollen wir uns an den Ausspruch des hl. Paulus erinnern: »Darum bist du, o Mensch, wer immer du bist, nicht zu entschuldigen, der du richtest; denn worin du den anderen richtest, verurteilst du dich selbst« (Röm. 2, 1).

Im Herzen des Menschen, der seinen Nächsten aburteilt und schlecht von ihm spricht, herrscht immer eine gewisser pharisäischer Stolz, der ihn dazu verleitet, durch Erniedrigung seines Nächsten sich selbst zu erhöhen. Vergeblich versucht man, die üble Nachrede unter dem Deckmantel guter Motive zu verbergen; ihr Charakterzug ist immer Stolz, der ein so scharfes Auge hat, die Schwächen anderer aufzuspüren, aber so blind für die eigenen bleibt.

Haben wir eine Sünde begangen, so müssen wir uns bessern; aber niemals dürfen wir uns schmeicheln, auch nur den geringsten Grad der Demut erreicht zu haben, bis wir durch einen kräftigen Entschluß und durch aufmerksame Beobachtung unserer selbst unsere böse Neigung, vom Nächsten Schlechtes zu reden, abgetötet haben. Laßt uns auf den Hl. Geist hören: »Wo Hoffart ist, da wird auch Schmach sein; wo aber Demut ist, da ist die Weisheit« (Spr. 11, 2). Der Stolze ist schmähsüchtig und anmaßend in seiner Rede; gut und weise redet aber nur, wer demütig ist. Wenn Demut im Herzen ist, wird sie sich auch im Sprechen zeigen; »der gute Mensch bringt aus dem guten Schatze seines Herzens Gutes hervor« (Luk. 6, 45).

51. Um Demut zu erlangen ist es jedoch auch notwendig, sich in Zurückhaltung zu üben und nicht gut von sich selbst zu sprechen. »Ein anderer mag dich loben, und nicht dein Mund; ein Fremder,

und nicht deine Lippen« (Spr. 27, 2). Sehr leicht und oft begeht man diesen Fehler, und schnelll wird er zur Gewohnheit, wenn man sich nicht davor hütet. Wie kann aber ein Mensch mit dieser Gewohnheit, die der Demut so entgegengesetzt ist, demütig sein? Welche gute Eigenschaften besitzen wir denn, die wirklich unser eigen wären, für die wir uns selbst loben könnten? Ist doch alles, was wir Gutes haben, Gottes Geschenk; ihm allein gebührt also Ruhm und Ehre dafür. Wenn wir daher uns selbst loben, so maßen wir uns eine Ehre an, die Gott allein zukommt.

Mögen wir auch, sooft wir ein Wort des Eigenlobs aussprechen, dabei behaupten, es geschehe alles zur Ehre Gottes, so macht das die Sache nicht besser. Wenn es nicht offensichtlich notwendig ist, soll man jedes eigene Lob unterlassen. Unsere Eigenliebe täuscht uns allzu leicht; sie vermag uns sogar in dem Augenblick, in dem unser Mund alle Ehre für unsere Vorzüge Gott zuweist, dazu zu verleiten, uns selbst diese Ehre auf räuberische Weise zuzueignen.

Sogar beim Sprechen über unsere Fehler kann leicht stolze Heuchelei vorkommen, wie der Weise andeutet, wenn er sagt: »Mancher demütigt sich argistig und sein Inneres ist voll Trug« (Sir. 19, 23). Daher bewacht man sich nie genug, weil es nichts gibt, das uns so leicht den Stolz unseres Herzens erkennen läßt, wie unsere Zunge, die die Bosheit des Herzens bald aufdeckt, bald verheimlicht. Gerade das ist aber nach den Worten des hl. Bernhard einem Stolzen eigen: »Sich dessen zu rühmen, was er ist, oder als etwas darzustellen, was er nicht ist« (Epist. 87). Möge jene kostbare Ermahnung stets unserem Geist und Herzen eingeprägt sein, die der Vater Tobias seinem Sohn gab: »Laß die Hoffart niemals in deinem Worte herrschen; denn alles Verderben hat in derselben seinen Anfang genommen« (Tob. 4, 14). Aus dem Mund des Hochmütigen kommt ein übelriechender Hauch, er mag von sich oder von anderen reden. Und da der üble Geruch der Hoffart Gott und den Menschen äußerst verhaßt ist, soll man dieses Laster sowohl aus religiösen Beweggründen als auch der menschlichen Gesellschaft wegen verabscheuen.

52. Gott selbst hat uns ein Mittel gegeben, um die Demut des Herzens zu erlangen, nämlich in der Betrachtung über den Tod. Der Tod ist ein Lehrer, der uns die Wahrheit erkennen läßt. Hoffart ist nichts anderes, als eine Täuschung unseres Herzens, das sich an Eitelkeit hängt, die es aus Eitelkeit nicht als solche anerkennen will. Daher ist der Tod das beste Mittel, durch das wir lernen können, was Eitelkeit ist und wie wir unser Herz davon lösen können.

Beim Gedanken daran, daß wir bald sterben müssen, und zwar zu einem Zeitpunkt, an dem wir am wenigsten daran denken, und daß im Tod diese ganze Welt für uns ein Ende nimmt, verliert die Eigenliebe nicht nur ihren Trotz, sondern auch ihre Kraft und wird gedemütigt. Unglücklicherweise denken wir aber nie mit jenem Ernst, der notwendig wäre, an den Tod.

Wenn ich sicher wüßte, daß ich in einem Jahr sterben müßte, so würde ich mich sicher von Tag zu Tag immer mehr demütigen beim Gedanken, daß meine letzte Stunde immer näherkommt. Wer gibt aber mir die Sicherheit, noch ein Jahr zu leben, wo ich doch nicht einmal sicher bin, das Ende des heutigen Tages zu erleben?

O mein Gott, du wahres Licht der Seelen! Halte den Gedanken an den Tod immer in mir lebendig! Sprich oft mit deiner göttlichen Stimme zu meinem Herzen: Du mußt sterben! Vielleicht in einem

Jahr, vielleicht noch in diesem Monat, in dieser Woche, und ich werde in der Demut bleiben. Damit aber der Gedanke an den Tod in mir nicht unfruchtbar sei, so gib jetzt meiner Seele jene Erleuchtungen und Empfindungen, die sie beim Schein jener geweihten Kerze haben wird, die man mir in der letzten Stunde meines Lebens in die Hand gibt, »am Tage des Gerichtes« (Weish. 3, 18). Laß mich jetzt die Eitelkeit erkennen, wie ich sie dann erkennen werde. Wie könnte mich dann noch die Eitelkeit zur Ruhmsucht reizen, wenn ich die sichere Wahrheit vor Augen habe: »Eitelkeit der Eitelkeiten, und alles ist Eitelkeit!« (Sir. 1, 2). Job war immer, auch im Glanz seines Reichtums, sehr demütig, indem er beherzigte und sagte: »Meine Tage gehen zu Ende, und es ist mir allein übrig das Grab« (Job 17).

53. Ein Beweggrund zur Demut ist auch der Gedanke an das Gericht. Die Heiligen zittern beim Gedanken, daß sie von einem Gott gerichtet werden, vor dessen Angesicht selbst die Engel nicht makellos sind. Sie zittern, obschon sie nur über ihre guten Werke gerichtet werden können. Was wird aber aus mir werden, der ich so vieler Sünden schuldig bin? Wenn ich mich daher hochschätze und auch von anderen hochgeschätzt werden will, um für tugendhafter oder für jedenfalls nicht so schlecht gehalten zu werden, wie ich in Wirklichkeit bin, so ist das nichts anderes als eine Heuchelei, durch die ich mich vor den Augen der anderen mit einem frommen Schein umgebe und ihnen etwas Falsches zeige, weil ich weiß, daß sie nicht sehen können, was in meinem Herzen vorgeht. Aber es wird eine Zeit kommen, wo Gott meine Bosheit der ganzen Welt offenbaren wird: »Ich will den Völkern und den Königreichen deine Schande zeigen« (Nah. 3, 5). Dann werde ich so erscheinen, wie ich wirklich bin. Was

werden aber dann jene von mir sagen, die ich durch meine Heuchelei und Verstellung getäuscht habe?

Meine Seele, bleibe in der Demut! Willst du es aber nicht, so bedenke, daß du, je mehr du dich jetzt erhebst und geehrt zu werden suchst, desto mehr am Tage des Gerichtes beschämt und erniedrigt werden wirst. Dann wird, nach dem Wort des Propheten, »der Vornehme gedemütigt, und die hohen Augen werden sinken« (Is. 5, 15). Dann kann einzig der Demütige sich rühmen »in seiner Erhöhung« (Jak. 1, 9). Bedenke, daß nach dem Wort des Propheten Isaias der Tag des Gerichtes kommen wird, um insbesondere die Stolzen zu demütigen: »Der Tag des Herrn der Heerscharen kommt über alles Stolze und Hohe, und über alles Anmaßende, daß es gedemütigt werde« (Is. 2, 12). Betrachte daher jenes prophetische Wort Gottes als besonders an dich gerichtet: »Siehe, ich will an dich, du Hochmütiger, spricht der Herr, der Gott der Heerscharen; denn es kommt dein Tag, die Zeit deiner Heimsuchung. Fallen soll der Hochmütige und stürzen, und niemand ihn aufrichten« (Jer. 50, 31).

Wahrhaftig, wie kann ich mich für besser halten als andere, da wir doch alle als Schuldige, elend und bloß, vor dem Richterstuhl Gottes erscheinen müssen? Der hl. Paulus sagt zu mir: »Du nun, warum richtest du deinen Bruder? Oder du, warum verachtest du deinen Bruder? Wir werden ja alle vor dem Richterstuhle Christi stehen« (Röm. 14, 10).

54. Meine Seele, demütige dich in der Erkenntnis, daß es eine Hölle gibt, und betrachte sie nicht nur so, wie sie an und für sich ist, oder als ein Mittel zur Bestrafung der Sünder im allgemeinen; erwäge vielmehr gründlich und ernsthaft, daß sie insbesondere für dich erschaf-

fen ist, die du sie schon so oft verdient hast. Dort hinunter werden alle Hoffärtigen gestürzt. Auch du wärst schon jetzt hinuntergestürzt, um ewig von den Teufeln verhöhnt und gequält zu werden, wenn dich die Barmherzigkeit Gottes nicht davor bewahrt hätte. Millionen Engel wurden dorthin verbannt wegen einer einzigen Sünde der Hoffart, die sie nur in Gedanken begangen hatten. Ja, meine Seele, wenn du dich dem Hochmut überläßt, wenn du hochgeachtet werden willst, wenn du ehrsüchtig und ehrgeizig bist und keinem Menschen nachstehen willst, so wird dich der Ausspruch des Propheten treffen: »Zur Hölle wirst du hinabgestürzt« (Is. 14,15).

Die Hölle erwartet dich, und dort unten wird dein Hochmut gedemütigt werden. Du, der du dich jetzt weidest am Dunst stolzer Gedanken, wirst dort unten in Rauch und Feuer eingehüllt werden; du, der du jetzt über allen stehen willst, wirst dort unten unter alle erniedrigt werden.

Ja, so ist es. Dort unten wirst du die Strafe eines Gottes spüren, der die Stolzen aufs äußerste haßt und dessen Zorn auf sie unendlich ist. So wahr es ist, daß der Demütige im Himmel erhöht werden wird, so wahr ist es auch, daß der Stolze gedemütigt und in die Hölle gestürzt werden wird.

»Der Reiche starb«, so schreibt der hl. Lukas von einem Hoffärtigen, »der sich in Purpur und feine Leinwand kleidete« (Luk. 16, 19). Der Reiche starb. Siehe, das Ende der menschlichen Eitelkeit: »Und er wurde in die Hölle begraben« (Luk. 16, 22). Siehe, das Ende der Hoffart. Das Grab ist das Ende des Menschen, die Hölle das Ende der Hoffart.

55. Jedoch mehr als alles andere demütigt der Gedanke an die Ewigkeit. Angenommen, daß ich mich täusche, wenn ich in dieser Welt Demut übe und anderen den Vortritt lasse, so wäre das eine Täuschung von geringer Bedeutung, weil alles Irdische schnell ein Ende nimmt. Bin ich aber töricht genug, in vermessener Hoffart dahinzuleben, so betrüge ich mich sehr, denn ich betrüge mich um eine Ewigkeit. Selbst wenn ich mich in Demut übe, muß ich dennoch fürchten, weil ich nicht weiß, ob die Demut, die ich zu besitzen meine, eine wahre Demut ist. Um wieviel mehr muß ich mich fürchten, wenn ich in einer wirklichen, als wahr erkannten Hoffart lebe.

Doch nun, meine Seele, ich will dir deine stolze Gesinnung einmal nachsehen. Werde jetzt geachtet, gelobt und geehrt von aller Welt. Besitze Wissenschaften, Reichtümer, genieße Vergnügen und Freude ohne Widrigkeiten, ohne Feinde zu haben, ohne all dasjenige, was deiner sündhaften Leidenschaft Überdruß und Ekel verursachen könnte. Und was dann? Ja, was dann? Ja, ich bitte dich, hierin den stolzen Nachbuchodonosor nachzuahmen, der in seiner Größe darüber nachdachte, »was denn nach dieser Zeit kommen werde« (Dan. 2, 29). Alles ist eitel, was vergeht; zur Ewigkeit mußt du wandern, die kein Ende hat. In was wird sich aber dann die Eitelkeit deines Hochmuts verwandeln? In die empfindlichsten Demütigungen und die bittersten Klagen, die für immer fortdauern und niemals enden werden.

Alles auf Erden vergeht. Wie wird es aber danach mit mir aussehen? Was wird nach dieser Zeit kommen? Daran denke ich aber nicht. Ich kann völlig wahrheitsgemäß sagen, daß mich die Eitelkeit beherrscht, weil ich nicht an die Ewigkeit denke.

König David war von Herzen demütig, weil die Furcht vor der Ewigkeit seinem Herz eingeprägt war. Deswegen sagt er: »Ich sinne des Nachts in meinem Herzen: Wird denn Gott ewig verwerfen?« (Ps. 76, 7). Bei jeder Gelegenheit, wo die Welt dir Ehre, Ruhm und Vergnügen bietet, denke daran, meine Seele, dir selbst zu sagen: Und was danach? Ja, was kommt danach? »Denke an das, was nach dir kommen wird« (Sir. 41, 5). Wieviele, die mit ihrem Stolz und Hochmut in der Welt großtaten, haben jede Hoffart abgelegt und eine gründliche Demut erlangt, sobald sie auch nur einen einzigen ernsten Blick in die Ewigkeit getan hatten! Das Wort des Propheten war immer wahr und wird immer wahr bleiben: »Die Berge der Welt zerstieben, und die Hügel der Welt bücken sich bei dem Gange der Ewigkeit« (Hab. 3, 6).

56. Es gibt eine Art der Hoffart, die in den Augen Gottes verabscheuungswürdiger ist als jede andere, und das ist, wie die Hl. Schrift sagt, jene Hoffart, die besonders den Armen eigen ist: »Einen stolzen Armen haßt meine Seele« (Sir. 25, 4). Gott mißfällt die Hoffart auch an demjenigen, der reich ist an Verdiensten, an Fähigkeiten und Tugenden – das sind die kostbarsten Reichtümer der Seele. Aber weitaus mehr mißfällt Gott die Hoffart eines Menschen, der an solchen Reichtümern ganz arm ist, und der gerade aus den Gründen stolz wird, derentwegen er sich zu demütigen hätte. Und ich fürchte, daß ich mich gerade durch diese Hoffart schuldig gemacht habe.

Ich bin sehr arm in meiner Seele. Ich bin ohne Tugenden, ohne Verdienste, aber voll Ungerechtigkeit und Bosheit. Und dennoch achte ich mich hoch und schätze es, von anderen geachtet zu werden. Ja, ich werde ungehalten, wenn andere mich nicht achten und ehren. Ich bin in der Tat ein stolzer Armer. Je elender meine Armut ist, desto verabscheuungswürdiger ist meine Hoffart. Mein ganzes Unheil kommt aber daher, daß ich mich selbst nicht kenne. Ach, mein Gott, möge ich doch sein, wie der Prophet, »ein Mann, der seine Armut sieht« (Klgl. 3, 1). Laß mich, o Herr, meinen armseligen Zustand erkennen, erkennen, daß ich aus mir selbst nichts bin, nichts weiß, nichts kann, nichts habe, außer meinen Sünden, und daß ich nichts verdiene, außer die Hölle. Ich habe von dir so viele Gnaden und Erleuchtungen, so manchen Antrieb zum Guten empfangen, so oft deine Hilfe erfahren, aber mit welcher Niedertracht habe ich deine unendliche Güte beantwortet! Wer ist sündiger, undankbarer, boshafter als ich?

Je mehr Gnaden du mir verleihst, desto demütiger müßte ich werden, weil ich einmal über alle mir gegebenen Gnaden die strengste Rechenschaft ablegen muß: »Denn von einem jeden, dem viel gegeben worden ist, wird auch viel gefordert werden« (Luk. 12, 48). Und dennoch, je größer deine Güte mir gegenüber ist, desto größer ist auch meine Hoffart. Wie beschämend! Und gerade meine Hoffart muß mich ganz besonders dazu verpflichten, demütig zu sein.

57. Einige Widrigkeiten erdulden zu müssen trägt weitaus mehr zur Demut bei, als im Glück zu leben. Es ist kaum zu sagen, in wie hohem Maße zeitliches Glück dazu beiträgt, einen Menschen stolz zu machen. »Die Mühsal der Menschen haben sie nicht«, so sagt von einigen Sündern der königliche Prophet, »darum sind sie von der Hoffart besessen« (Ps. 72, 5 f.).

Die Widrigkeiten sind gleichsam ein Gegengewicht gegen die Eigenliebe, und erlauben ihr nicht, sich hochmütig aufzublähen. So wie sie uns unsere eigene Schwäche um so deutlicher erkennen lassen, je unfreiwilliger und beschwerlicher sie sind, regen sie uns auch an, uns an Gott zu erinnern, uns Gott zu empfehlen, und uns unter der Hand Gottes zu demütigen, wie der Prophet es tat: »In meiner Trübsal rief ich zum Herrn« (Ps. 17, 7), »und wie ein Betrübter ward ich gedemütigt« (Ps. 34, 14). Wenn wir die Trübsale auch nicht mit Freuden anzunehmen wissen, so sollen wir uns doch wenigstens bemühen, sie mit Geduld und Demut zu ertragen.

Wie schätzenswert ist jene Verdemütigung, durch die wir Demut erlangen und üben! Dann müssen wir mit dem Propheten sprechen: »Du demütigst den Hochmütigen wie einen Zerschlagenen« (Ps. 88, 11). Oder wie der gedemütigte und in sich gegangene König Nabuchodonosor: »Darum lobe und verherrliche und preise ich nun den König des Himmels; denn die in Hoffart daherschreiten, kann er demütigen« (Dan. 4, 34).

An Leiden und Trübsalen herrscht kein Mangel in diesem Tal der Tränen; aber es gibt wenige, die sie zu nutzen wissen, um demütig zu werden. O mein Gott, laß mich durch deine Gnade zu diesen wenigen gehören!

58. Wir dürfen nicht allzu leicht meinen, irgendeine Tugend zu besitzen. Keusch zu sein kann darin seinen Grund haben, daß wir vor den Gelegenheiten zur Sünde oder Versuchungen bewahrt geblieben sind. Ebenso kann auch unsere Geduld von einem phlegmatischen Temperament herrühren oder eine von bloß menschlicher Klugheit gebotene sein, die nichts mit der christlichen Klugheit zu tun hat. Das gleiche gilt von so vielen anderen Tugenden, hinsichtlich derer man sich leicht täuscht und den bloßen Schein für die Tugend selbst hält.

Wir müssen hier gut bedenken, daß die wahren christlichen Tugenden »nicht aus dem Geblüte, nicht aus dem Willen des Mannes, sondern aus Gott sind« (Joh. 1, 13). D.h., sie sind weder Werke des Temperaments, noch der natürlichen Neigungen, noch der Vernunft des Menschen, sondern sie kommen von Gott als ihrer Urquelle und beziehen sich auf Gott als ihr letztes Ziel. Das müssen wir uns gut einprägen, damit wir uns nicht selbst täuschen und uns für tugendhaft halten, während wir es nicht sind; außerdem, damit wir uns weder für höherstehend als andere halten noch uns über sie erheben, sollten sie auch vor unseren Augen eine Sünde begehen.

Sogar aus den Fehlern anderer sollen wir Lehren der Demut ziehen und sagen: Wenn ich in jener Gelegenheit gewesen wäre, wenn ich eine so starke Anfechtung gehabt hätte, hätte ich vielleicht noch Schlimmeres getan. Gott läßt es nicht zu, daß ich von heftigen Versuchungen heimgesucht werde, weil er meine Schwäche kennt und weiß, daß ich unterliegen würde. Er schaut auf mich mit dem Auge der Barmherzigkeit, »weil ich ein schwacher Mensch bin« (Weish. 9, 5). Wenn ich nicht falle, so geschieht das nicht durch meine Kraft, sondern durch den wirksamen Beistand Gottes.

Ich muß daher demütig sein und sehr darauf achten, die Demut zu bewahren; denn wenn ich mich stolz über andere erheben will, wird Gott sich zurückziehen und mich fallen lassen, und mich gerade durch dasjenige demütigen, dessentwegen ich mich erheben wollte. Der hl. Augustinus sagt: »Ich wage es auszusprechen: Gut ist es für die Stolzen, daß sie fallen, damit sie in dem, worin sie sich erhöht haben, gedemütigt werden« (Serm. 53 de verb. Dom.).

59. Ist es unsere Aufgabe, für das Seelenheil anderer zu wirken, sei es durch Lehren oder durch guten Rat, durch Ermahnungen oder gute Beispiele, so muß das ein Grund sein, uns dadurch mehr als durch irgendetwas für verpflichtet zu halten, noch demütiger zu werden, da dies völlig den Wahrheiten des Glaubens und der Erfahrung entspricht. Gott bedient sich nämlich zur Ausführung seiner höchsten Absichten der geringsten, der schwächsten, der niedrigsten und verächtlichsten Dinge in dieser Welt. Das ist eine Glaubenswahrheit, die der Hl. Geist durch den Mund des hl. Paulus geoffenbart hat: »Was vor der Welt töricht ist, und das Schwache vor der Welt, und das Geringe vor der Welt, und das Verachtete, und das, was nichts ist, hat Gott erwählt« (1 Kor. 1, 27 f.). Und so ist es: Wenn Gott sich meiner bedient, um Früchte des ewigen Lebens in den Seelen hervorzubringen, was die größte Wunderwirkung des göttlichen Erbarmens ist, dann gehöre ich in der Tat zu den geringsten, schlechtesten und verächtlichsten Dinge dieser Welt, »zum Törichten, und zum Schwachen, und zum Geringen und Verachteten vor dieser Welt, zu dem, was nichts ist«. Der Grund meiner Verdemütigung ist in der Glaubenslehre enthalten.

Wenn eine Seele durch meine schlechten Beispiele oder Ratschläge verlorengeht, so bin ich tatsächlich der Urheber und Grund ihrer Verdammnis. Wenn aber eine Seele, sei es durch meine Handlungen oder durch meine Worte, selig wird, kann ich mir selbst nicht die geringste Ehre dafür zuschreiben, weil ihre Seligkeit einzig das Werk Gottes ist: »Beim Herrn ist das Heil« (Ps. 3, 9).

Die Gaben der Wissenschaft, der Erkenntnis, der Beredsamkeit, ja sogar die Gabe, Wunder zu wirken, sind Gnaden, die einigen Menschen nicht so sehr zu ihrem Nutzen als zum Vorteil anderer gegeben, manchmal sogar Verworfenen zuteil werden. Einzig die heiligmachende Gnade, die jedoch nur derjenige erlangt, der in Demut und Nächstenliebe lebt, ist jene Gabe, welche die Seele Gott wohlgefällig macht. Nun kann aber kein Mensch sicher wissen, ob er sie besitzt.[4]

60. So wie das Paradies nur für die Demütigen bestimmt ist, so wird dort auch jeder, je nach dem Grad seiner Demut, eine größere oder geringere Glorie erhalten. Gott hat Jesus Christus in Herrlichkeit über alle erhöht, weil er der Demütigste von allen war. Denn er war der Sohn Gottes und hat sich aus eigenem Antrieb entschlossen, der Geringste von allen Menschen zu werden. Nach Jesus Christus ist auch seine heiligste Mutter über alle erhöht worden, weil sie sich, obwohl sie wegen ihrer Würde der Gottesmutterschaft hoch über allen steht, mehr als alle anderen durch Gesinnungen der tiefsten Demut auszeichnete. Dies ist die Richtschnur der göttlichen Weisheit für alle übrigen Heiligen. Sie werden erhoben zu jener Höhe der göttlichen Glorie, die ihrer Demut entspricht.

---

4 Vgl. dazu, um Mißverständnisse zu vermeiden, den Lehrentscheid des Konzils von Trient über die Rechtfertigung, 10. Kapitel (Wider den eitlen Vertrauensglauben der Irrlehrer; Neuner-Roos 724): »Keiner kann *mit der Sicherheit des Glaubens, dem kein Irrtum unterlaufen kann*, wissen, daß er Gottes Gnade erlangte.« Auf diese Tatsache bezieht sich offensichtlich der Satz des Verf. – Hinsichtlich des Besitzes des Gnadenstandes ist im Normalfall (d.h. abgesehen von einer diesbezüglichen besonderen Offenbarung Gottes) mehr als moralische Sicherheit gar nicht erreichbar (vgl. z.B. Franz Diekamp, *Katholische Dogmatik*, Münster 1952, Bd. 2, S. 568 f.). Selbstverständlich reicht jedoch *moralische* Sicherheit bezüglich des Gnadenstandes (d.h. die hier im Normalfall *größtmögliche* Sicherheit) völlig aus z.B. zum erlaubten Empfang der hl. Kommunion, sowie ganz allgemein, »um Kleinmut und Verzagtheit« keinen Raum zu geben (vgl. Diekamp, l.c.). Moralische Sicherheit ist gegeben bei einem Sachverhalt, an dem ein Zweifel zwar *möglich* ist, der aber als *unnötig* und *unvernünftig* erscheint (vgl. z.B. Joseph Mausbach, *Katholische Moraltheologie,* Münster 1922, Bd. 1, S. 96). – Näheres dazu, warum und wie das Fehlen einer absoluten Sicherheit bezüglich des Gnadenstand im Plan der Vorsehung liegt, findet man unter Nr. 62.

Mit Recht sagt der Weise: »Demut geht her vor der Ehre« (Spr. 15, 33). Auch der Dulder spricht: »Denn wer sich demütigt, wird in Herrlichkeit sein« (Job 22, 29). Viel deutlicher aber als alle anderen hat Jesus Christus gesprochen. Als er lehrte, daß Demut notwendig ist, um in das Himmelreich einzugehen, rief er ein Kind herbei und sagte mit Nachdruck: »Wer immer sich so demütigt, wie dieses Kind, der ist der Größte im Himmelreich« (Mt. 18, 4). Wie hoch ist also die Demut zu schätzen, wenn Gott sie mit der ewigen Herrlichkeit belohnt! Meine Seele, erhebe die Augen deines Glaubens zum Himmel und erwäge: Ist es nicht das beste, während der wenigen Tage unseres irdischen Lebens demütig zu sein, um so zum Genuß der unermeßlichen Herrlichkeit der ewigen Seligkeit zu gelangen? »Unsere gegenwärtige Trübsal, die vorübergehend und leicht ist, bewirkt eine überschwengliche, ewige, alles überwiegende Herrlichkeit in uns« (2 Kor. 4, 17). Befiehl dich aus allen Kräften jenem Gott an, »der die Demütigen hoch erhebt« (Job 5, 11).

61. Der Beweis der wahren Demut ist die Geduld: Weder Sanftmut im Sprechen noch Bescheidenheit im Auftreten noch das Übernehmen niedriger Arbeiten sind ausreichende Kennzeichen, aus denen man schließen kann, ob eine Seele demütig ist. Es gibt viele, die alle Zeichen der Demut äußerlich an sich tragen, aber bei jeder Widrigkeit in Zorn geraten und die geringste Unannehmlichkeit, die ihnen zustößt, übel aufnehmen. Wenn man aber eine Beleidigung mit Geduld annehmen, ein Unrecht ertragen und dazu schweigen kann, ohne unwillig und aufgebracht zu werden, ohne zu zürnen und zu klagen, so ist das ein gutes Zeichen; man kann daraus den Schluß ziehen, daß einiges an Demut vorhanden ist. Ein untrügliches Zei-

chen einer wahren Demut ist die Geduld aber nur dann, wenn sie auf der Erkenntnis der eigenen Unwürdigkeit beruht, und man das Übel deswegen erduldet, weil man erkennt, wie armselig man ist und wie sehr man das Übel verdient, das man erleidet.

Und wie steht es bei dir um die Geduld, meine Seele? Mein Gott, wieviel Stolz finde ich sogar in meiner Geduld! Manchmal geschieht mir Unrecht, aber dann meine ich, daß ich es nicht verdiene. Ich nehme ein beleidigendes Wort hin, bin aber auch davon überzeugt, daß ich es nicht verdiene. Wenn andere mich nicht achten, so achte ich mich selbst desto mehr. Ist das Demut? Nicht im geringsten.

Die Kirchenväter schreiben Jesus Christus die Worte zu, die der Propheten über sich sagte: »Denn für die Geißeln bin ich bereit« (Ps. 37, 18), weil er sich unserer Sünden wegen, die er auf sich genommen hatte, aller Strafen und Schmach für würdig hielt. Das ist das Vorbild der wahren Demut!

Die Geduld der Philosophen und Stoiker sowie die Geduld weltlicher Menschen unterscheidet sich erheblich von der Geduld eines wahren Christen. Die Stoiker lehrten in ihren Schriften und durch ihr Beispiel große Geduld, aber es war eine Geduld, die vom Stolz erzeugt war und mit einer Hochschätzung ihrer selbst wie auch einer Geringschätzung anderer Menschen einherging. Die Weltmenschen ertragen manche Widrigkeiten und Leiden, jedoch mit einer Art von Geduld, deren Grundlage Eigeninteresse, unausweichliche Notwendigkeit oder menschliche Klugheit ist. Nur die Christen üben aus dem Grund Geduld und Demut in Widrigkeiten, weil sie diese mit Ergebung in den Willen Gottes annehmen. Und erst das ist die wahre Geduld, die Gott angenehm ist; »denn«, so sagt der hl. Augustinus,

»Gott ist nicht angenehm, was der Mensch mit Hoffart tut; nur was mit Demut geschieht, gefällt ihm« (Lib. de salut. docum., cap. 31).

62. Die folgenden Gedanken können uns manchmal beunruhigen: Wer weiß, ob meine früheren Beichten gut waren? Wer weiß, ob ich eine zur Gültigkeit der Beichte hinreichende Reue über meine Sünden gehabt habe? Wer weiß also, ob mir meine Sünden wirklich vergeben sind? Wer weiß, ob ich in der Gnade Gottes bin? Wer weiß, ob ich die Gnade der Beharrlichkeit haben werde? Wer weiß, ob ich zu den Auserwählten gehöre? Es ist aber nicht der Wille Gottes, daß wir dieser Ungewißheiten wegen in übermäßige Angst oder gar Skrupel versinken. Er hat uns in seiner unendlichen Weisheit die Geheimnisse seiner Gerechtigkeit und Barmherzigkeit verborgen, damit diese unsere Unwissenheit ein kräftiges Mittel für uns ist, die Demut zu erlangen und zu bewahren.

Die gute Frucht, die wir daher aus solchen Gedanken ziehen sollen, besteht darin, daß wir immer in Furcht und Demut vor Gott leben, mit großer Sorgfalt das Gute tun und das Böse meiden, ohne uns über irgendeinen Menschen zu erheben, weil wir nicht wissen, was aus uns werden wird. »Dient dem Herrn in Furcht« (Ps. 2, 11). »Fürchtet den Herrn, ihr all seine Heiligen« (Ps. 33, 10).

So ist es der Wille Gottes für uns, wie der hl. Paulus lehrt. Gott erwartet von uns, daß wir stets demütig sind, sei es dessentwegen, was er uns offenbart, sei es dessentwegen, was er uns vorenthält. In der Hl. Schrift finden wir manche Prophezeiungen des Hl. Geistes, die uns erschüttern, aber auch viele, die uns trösten. Auch bei den Kirchenvätern finden wir sehr erschreckende und dann wieder sehr tröstliche Stellen. In den theologischen Werken der Scholastiker finden wir ebenfalls hinsichtlich der Gnade und der Vorherbestimmung Meinungen, die uns in Furcht versetzen, dann wieder andere, die uns ermutigen. Warum dies? Die göttliche Vorsehung hat es so angeordnet, damit wir, zwischen Furcht und Hoffnung, in der Demut bleiben sollen.

Die Geheimnisse der Gnade und der Vorherbestimmung wären keine Geheimnisse mehr, wenn wir sie verstandesmäßig erfassen könnten. Angestrengte Grübeleien darüber, ob uns Gott unsere Sünden verziehen hat, ob wir im Stand der Gnade sind, ob wir zu den Auserwählten gehören usw., sind Vermessenheit und Hoffart, insofern wir auf diese Weise die verborgenen Gerichte Gottes begreifen wollen, der aber nicht will, daß wir sie verstehen, damit wir demütig bleiben. »Sei nicht hoffärtig, sondern fürchte dich« (Röm. 11, 20).

63. Ich sollte jedem, der mir hilft, demütig zu bleiben, indem er mich durch Worte oder Taten demütigt, sehr dankbar sein, weil er mit der göttlichen Barmherzigkeit zusammenwirkt, um das Werk meines Heils zu vollenden. Und wenn auch derjenige, der mich beleidigt, keineswegs die Absicht hat, mir durch diese Beleidigung zum Erreichen der Seligkeit behilflich zu sein, so ist er nichtsdestoweniger ein Werkzeug meines Heils. Der ganze Schaden wird dabei von mir selbst verursacht, wenn ich das mir angebotene Werkzeug nicht benutzen will.

Der hl. Ambrosius sagt von König David, der von Semei mit Schmähungen und Steinwürfen verfolgt wurde: »Er schwieg und demütigte sich« (Lib. 1 offic., cap. 48), weil er am Gedanken festhielt: »Der Herr hat ihm befohlen, daß er David fluche« (2 Kön. 16, 10). Man dankt dem Wundarzt, der zur Ader läßt, wenn er auch nicht daran denkt, Besserung zu bewirken, sondern nur seine Tätigkeit des Aderlassens vor Augen hat. So muß auch ich, um dies richtig zu verstehen, nicht wie ein heidnischer Philosoph, sondern als guter Christ demjenigen danken, der mich demütigt – obwohl dieser nicht die Absicht hat, mich in der Demut zu schulen, sondern nur, mich zu demütigen -, weil tatsächlich eine Demütigung viel dazu beiträgt, mich zur Demut zu führen, wenn ich es nur will.

Eine Wohltat ist in sich eine Wohltat, wenn auch derjenige, der sie mir erweist, nicht die Absicht hat, mir wohlzutun. Die Beleidigung ist nach dem Willen desjenigen, der sie jemandem zufügt, einfach eine Beleidigung; sie ist aber eine Demütigung für den, der sie empfängt. Sie ist daher für den Menschen, der sie christlich zu ertragen weiß, das geeignetste Mittel, Demut zu erlangen und zu üben.

Manchmal läßt Gott unsere Demütigung zu, damit er unsere Tugend »im Ofen der Demütigung prüfe« (Sir. 2, 5). Deswegen gibt uns auch der Weise diese ausgezeichnete Lehre: »Sei demütig von Herzen und leide« (Sir. 2, 2).

64. Alles hängt von der Art und Weise ab, wie wir die Dinge auffassen. Wenn wir uns nach den Grundsätzen der Welt richten, dann wird sicher alles Hoffart bewirken; richten wir uns aber nach den Grundsätzen des Evangeliums, dann wird sicher alles Demut bewirken. Nach den Grundsätzen der Welt muß eine Beleidigung mit Zorn und Unwillen zurückgewiesen werden; nach den Grundsätzen des Evangeliums aber soll man sie mit demütiger, weiser und bescheidener Geduld annehmen.

»Diese Rede ist hart!« (Joh. 6, 61). Bedenken wir aber, wieviel Geduld wir nur aus dem Grund üben, weil wir der Welt gefallen wollen!

Diese Geduld fällt uns manchmal sehr schwer. Ist es also nur dann eine harte Rede, wenn es darum geht, Geduld in Demut zu üben, um Gott zu gefallen?

Ja, unglückliche Seele, wir denken nur daran, uns mit den Gütern der Welt zu sättigen; weltliche Gedanken, weltliche Gesinnungen, weltliche Ehre, weltliche Verbindung und Rücksicht, weltliche Klugheit, weltliche Liebe und Neigung – das sind die Dinge, mit denen wir unser Herz füllen. Ich weiß, daß Demut für uns in der Atmosphäre der Welt mühsam und beschwerlich wird, nach dem Ausspruch des weisen Mannes: »Die Demut ist dem Stolzen ein Greuel« (Sir. 13, 24).

Aber erheben wir uns über die Welt und ihre Meinungen. Dann werden wir im Licht der ewigen Wahrheiten des Glaubens sehen, daß diese Tugend nicht nur leicht, sondern auch angenehm und süß ist; denn alles, was Christus gesagt hat, ist wahr. Er hat nämlich, nachdem er uns aufgeordert hatte, von ihm die Demut zu lernen – »Lernet von mir, denn ich bin sanftmütig und demütig von Herzen, und ihr werdet Ruhe finden für eure Seelen« – sogleich hinzugefügt: »Denn mein Joch ist süß und meine Bürde ist leicht« (Mt. 11, 29 f.). Die Wahrheit kann nicht lügen. Aber wir wollen sie nicht verstehen. Die Welt beherrscht uns, darum ist für uns die Rede von der Demut eine harte Rede. Mögen wir jedoch bedenken, daß sie eine wahre Rede ist. Wenn wir nicht demütig sind, können wir auch nicht selig werden.

»Hoch ist das Vaterland«, nach dem wir Ausschau halten, sagt der hl. Augustinus, »aber demütig ist der Weg«, auf dem wir dorthin gelangen müssen. Was nützt es, sich nach dem Paradies zu sehnen, wenn wir den Weg der Demut nicht gehen wollen, die der einzige

Weg zum Paradies ist? »Wer den Weg verschmäht, wozu sucht der das Vaterland?« (Tract. 78 in Io.).

65. Wenn ich über die Worte nachdenke, die Jesus Christus im Gebet an seinen himmlischen Vater richtete, nämlich daß er nicht für die Welt bitten wollte – »Nicht für die Welt bitte ich« (Joh. 17, 9) –, und daß er, als er für seine Jünger betete, damit sein Gebet wirksamer sei, bezeugte, daß sie keine Anhänger der Welt seien – »Sie sind in der Welt, aber sie sind nicht von der Welt« (Joh. 17, 19) –, so muß ich gestehen, daß kein Wort unseres Heilands im Evangeliums mich mehr erschreckt als dieses. Denn ich erkenne, daß es notwendig ist, mich vom Geist der Welt loszumachen, wenn das Gebet Christi mir nützen soll. Bin ich aber ein Freund der Welt, dann stehe ich außerhalb der Gemeinschaft mit Christus und kann darum auch an seinen Verdiensten und Gebeten keinen Anteil haben. Dies sind die Worte Christi selbst: »Nicht für die Welt bitte ich, sondern für die, welche nicht von der Welt sind« (Joh. 17, 9. 16).

Mögen wir diese Worte wirklich verstehen! Jesus Christus schließt uns von sich und seinem Reich aus, wenn wir von der Welt sind, d.h. wenn wir den Grundsätzen der Welt ergeben sind, die nur aus Eitelkeit und Lüge bestehen und den Menschen hochmütig machen; wenn wir uns den Grundsätzen der Weltmenschen verpflichten, die, wie der Prophet sagt, »vom Weg der Demut abweichen« (Am. 2, 7). Nur insoweit wird Christus unser Fürsprecher beim Vater sein, als wir, indem wir das bei unserer Taufe abgelegte Versprechen erneuern, der Welt widersagen und die Grundsätze des Evangeliums annehmen, die reine Wahrheit sind und den Menschen demütig machen. Gott und der Welt zugleich angehören zu wollen, ist völlig unmöglich, weil man niemals beiden gefallen kann. Der Mensch wird, wie der Heiland sagt, »entweder den einen hassen und den anderen lieben, oder dem einen anhängen und den anderen vernachlässigen« (Lukas 16, 13). Wer Gott und der Welt zugleich dienen will, begeht dieselbe Torheit, als wenn er sich einbildete, er könnte zugleich demütig und hochmütig sein.

66. Die Betrachtung, die der seraphische hl. Franziskus am häufigsten zu praktizieren pflegte, bestand darin, sich bald zu Gott, bald zu sich selbst zu wenden. »Mein Gott«, sagte er, »wer bist du?« Er stieg hinauf, um eine Weile die Größe und unendliche Liebe Gottes zu betrachten, und alsbald stieg er hinab, um seine eigene Armseligkeit und Niedrigkeit zu betrachten. Und so brachte er mit dieser Übung, indem er bald hinaufstieg, bald hinabstieg, bald das All, bald das Nichts betrachtete, ganze Nächte zu, und übte auf diese Weise eine wahrhaft erhabene und tiefe Demut, ähnlich den Engeln, die Jakob auf jener Leiter der geistlichen Vollkommenheit sah, wie sie »auf derselben auf- und niederstiegen« (1 Mos. 28, 12).

Dies sollte uns als Beispiel dienen, damit wir bei der Übung der Demut nicht irren. Richten wir unseren Blick nur auf unser Elend, so laufen wir Gefahr, verzagt zu werden und zu verzweifeln; schauen wir aber einzig und allein auf die Güte Gottes, so könnte uns das leicht vermessen und verwegen machen. Wahre Demut liegt in der Mitte: »Die Demut zügelt die Vermessenheit und festigt die Seele gegen die Verzweiflung«, sagt der hl. Thomas (S. Th. II II, qu. 161, art. 1, ad 3).

Mißtraue dir selbst und vertraue auf Gott; so, zwischen Furcht und Hoffnung, wirst du im Geist des Evangeliums fruchtbar an deinem Heil arbeiten.

Wir sollten zunächst über die unendliche Barmherzigkeit Gottes nachdenken, um Hoffnung in uns zu wecken, wie es der König David tat: »Deine Barmherzigkeit steht mir vor Augen« (Ps. 25, 3); dann aber über seine Gerechtigkeit, um in uns Furcht zu bewahren: »Herr, deiner Gerechtigkeit allein will ich gedenken« (Ps. 70, 16). So sollen wir auch unseren Blick auf uns selbst richten, und den Menschen einerseits betrachten als das Werk Gottes, geschaffen nach seinem Bild und Gleichnis, um Gott dafür zu verherrlichen, andererseits als Sünder, was unser Werk ist, weswegen wir uns aufs tiefste erniedrigen müssen. »Der Mensch und der Sünder sind gleichsam zwei Dinge«, sagt der hl. Augustinus: »Insofern du Mensch bist, hat Gott dich erschaffen; insofern du aber Sünder bist, hast du selbst es verursacht. Tilge, was du gemacht hast, damit Gott selig mache, was er erschaffen hat« (Tract. 12 in Io).

67. Selbsterkenntnis ist eine große Hilfe zum Erwerb der Demut. Nichts aber trägt mehr dazu bei, als wenn wir uns bemühen, bei der Vielzahl von Armseligkeiten, Leidenschaften, Sünden und Lastern, die wir in uns wahrnehmen, besonders unsere eigene Hoffart zu erkennen. Denn die Hoffart ist das beschämendste Laster, und selbst bei unseren Beichten fällt es uns schwerer, zu sagen: »Ich klage mich an, daß ich ein hochmütiger Mensch bin, und mir auch keine Mühe gebe, meinen Stolz abzulegen«, als wenn wir uns über manch andere Sünde anklagen müßten.

Diese Erkenntnis der eigenen Hoffart ist äußerst demütigend, denn wenn auch bestimmte andere Laster bemitleidet und irgendwie entschuldigt werden können, so kann man der Hoffart wegen mit niemand Mitleid haben oder ihn deswegen entschuldigen, denn diese ist ein in jeder Beziehung teuflisches Laster und nicht nur bei Gott, sondern auch bei den Menschen verhaßt, wie der Weise sagt: »Die Hoffart ist vor Gott und den Menschen verhaßt« (Sir. 10, 7).

Wir sollen daher jeden Tag eine kurze Gewissenserforschung über die Hoffart machen, und uns darüber in der Beichte anklagen. Diese Anklage, daß wir hoffärtig sind, würde am meisten dazu beitragen, uns demütig zu machen. Bitten wir unseren Heiland Jesus Christus, er möge uns behandeln wie jenen Blinden, den er geheilt hat, und uns den Teig unserer Hoffart auf die Augen legen, damit wir dadurch erleuchtet werden mögen. Sagen wir zum Herrn: »Du bist mein Gott; der Gott, der den Geringen aufrichtet aus dem Staub, und aus dem Schmutz erhöht den Armen« (Ps. 112, 7). Gib mir die Gnade, daß diese Hoffart, die in mir ein wirkliches Laster ist, durch dich zu einem Werkzeug wird, das mir hilft, die Tugend der Demut zu erlangen!

68. Stellen wir uns die Güter vor Augen, die im Menschen eitles Wohlgefallen erwecken können. Einer rühmt sich z.B. seines kräftigen Körpers und gefällt sich in seiner Schönheit. Der andere gefällt sich in seiner Wissenschaft und rühmt sich seiner Gelehrsamkeit, Beredsamkeit und sonstiger Fertigkeiten, die er sich durch Studium und Kunst erworben hat. Ein dritter gefällt sich in seinem Reichtum und großen Besitz. Wieder ein anderer rühmt sich eines uralten, erlauchten Adels oder seiner Tugenden und der Gnaden höherer Erleuchtung und Vollkommenheit. Wem aber gehören diese Güter? Muß nicht jeder eingestehen, daß sie alle Gaben Gottes sind, über die wir einmal strenge Rechenschaft ablegen müssen, wenn wir sie nicht gemäß dem Willen Gottes verwandt haben?

Durch jede Wohltat, die wir von Gott empfangen, werden wir seine Schuldner. Eine solche Wohltat ist wie ein Kapital auf der Bank, mit dem wir handeln müssen, um daraus zur größeren Ehre Gottes Gewinn zu erzielen. Je mehr Wohltaten wir demnach von Gott erhalten haben, desto größere Schuldner sind wir. Dies ist wohl zu bedenken. Wird sich etwa jemand rühmen, viele Schulden zu haben?

Kein vernünftiger Kaufmann wird sich öffentlich damit brüsten, große Schulden zu haben, schon damit er sein Ansehen nicht verliert. Wie dürfen dann wir wähnen, uns Achtung zu verschaffen, wenn wir uns der großen Schulden wegen rühmen, die wir bei Gott haben? Und zwar so bedeutende Schulden, daß wir Gefahr laufen, alles zu verlieren, wenn einmal jener Tag kommt, an dem das Wort des höchsten Herrn an uns ergehen wird: »Bezahle, was du schuldig bist!« (Mt. 18, 28). Die Gaben Gottes sollen für uns ein Beweggrund zur Demut sein, nach den Worten des hl. Gregorius: »Jeder muß desto demütiger durch die Gabe werden, je größere Verpflichtung er ihretwegen am Tag der Rechenschaft haben wird« (Hom. 9 in Evang.). Unser Wunsch, mit den Gaben Gottes zu prahlen, zeugt von unserer Undankbarkeit. Wir haben mehr Grund, uns wegen unserer Undankbarkeit zu demütigen, als uns wegen der uns gewährten Wohltaten zu rühmen.

69. Der eigentliche Grund, warum Gott den Demütigen so viele Gnaden gibt, besteht darin, daß die Demütigen der Gnade Gottes treu sind und einen guten Gebrauch von ihr machen. Sie empfangen Gnaden von Gott, benutzen sie in gottgefälliger Weise und geben Gott alle Ehre dafür, ohne sich selbst das geringste zuzueignen.

Derjenige ist ein treuer Diener in einem Kaufmannshaus, der sich von den Sachen seines Herrn nichts aneignet. So jemand verdient dann auch das Lob und die Belohnung, die dem Knecht im Evangelium zuteil wurde: »Wohlan, du guter und getreuer Knecht! Weil du über weniges getreu gewesen bist, so will ich dich über vieles setzen; gehe ein in die Freude deines Herrn« (Mt. 25, 21).

Wie steht es denn, meine Seele, mit der Treue gegenüber Gott? Bist du nicht wie jene Diener, denen ihr Herr täglich Geld anvertraut, um dieses und jenes zu kaufen, und die jedes Mal einen kleinen Betrag für sich behalten, bis sie nach und nach zu untreuen Dienern und großen Dieben werden? In gleicher Weise macht uns unser Stolz zu untreuen Dienern, wenn wir uns selbst das Lob zuschreiben, das auf dem Besitz eines Gutes beruht, das nur Gott gehört, und darum auch nur Gott geschuldet ist.

O Herr, du siehst all meine Diebstähle, und ich bin überwältigt von Staunen, daß du mir immer noch vertraust! Angesichts meiner Untreue bin ich nicht nicht einmal mehr der geringsten Gnade würdig; doch mache mich demütig, so werde ich auch treu sein.

Es ist wahr: Wer demütig ist, der ist auch Gott treu, denn der Demütige ist gerecht; d.h. er gibt jedem, was ihm zukommt, und insbesondere gibt er Gott alles, was Gott gehört, nämlich die Ehre für alles Gute, was er ist, für alles Gute, was er besitzt und für alles Gute, was er tut. »Wir sollen das Gute, das wir etwa an uns wahrnehmen, nicht uns, sondern Gott zuschreiben«, sagt der ehrwürdige Beda (apud d. Th. in cat. Io. 5).

70. Bei der Danksagung für die Wohltaten, die wir von Gott empfangen haben und beständig empfangen, haben wir eine sehr gute

Möglichkeit zur Übung der Demut. Denn in der Danksagung bekennen wir Gott als den höchsten Geber alles Guten; wir müssen ihm gegenüber immer demütig sein. Der hl. Paulus mahnt uns, für alles und zu jeder Zeit zu danken: »Sagt Dank bei allem« (1 Thess. 5, 18); »Dankt immer für alles« (Eph. 5, 20).

Soll nun die Danksagung eine Übung der Demut sein, so muß sie nicht nur mit dem Mund ausgesprochen werden, sondern von Herzen kommen. Das wird aber geschehen, wenn wir lebendig davon überzeugt sind, daß uns alle Wohltaten nur von der Barmherzigkeit Gottes geschenkt werden.

Betrachtet einen Armen, der von einem Reichen irgendein beträchtliches Almosen erhalten hat. Wie herzlich dankt er seinem Wohltäter für die Gabe! Er staunt, daß der Reiche so freundlich war, ihm eine so große Wohltat zu erweisen; er beteuert, daß er sie als einen Beweis seiner Güte annimmt, für die er ihm stets dankbar sein werde. Er spricht von Herzen, denn er kennt aus eigener Erfahrung die bedrückte Lage der Armen und das gütige Wohlwollen des Reichen.

Sollte nun der Dank, den wir Gott gegenüber aussprechen, geringer sein als jener, den wir den Menschen erweisen? Müssen wir nicht schamrot werden, weil es Menschen gibt, die mehr Demut des Herzens gegenüber Menschen bezeugen, als wir sie vor Gott haben?

Von ganzem Herzen danke ich dir, o mein Gott, für so viele Wohltaten, die du mir aus reiner Güte, ohne daß ich es verdient hätte, erwiesen hast! Bis jetzt habe ich dir dafür noch nie richtig gedankt!

Aus Hoffart habe ich es versäumt, dir den Dank zu geben, den du verdienst! Meiner Hoffart ist es zuzuschreiben, daß ich deine Wohltaten so genossen habe, als hätte ich sie nicht von dir empfangen! Ich verabscheue meine Hoffart, und will mit deiner Hilfe daran denken, dir immer zu danken: »Ich will den Herrn preisen zu aller Zeit!« (Ps. 33, 1). Ich will dich loben, preisen und dir allzeit danken für deine Erbarmungen von Ewigkeit zu Ewigkeit. »Die Erbarmungen des Herrn will ich ewiglich besingen!« (Ps. 88, 1).

71. Die Hauptsache ist, daß wir ein demütiges Herz haben, weil hauptsächlich darin die Demut besteht, die Christus von uns verlangt. Es ist sinnlos, das Gehäuse und die Zeiger einer Uhr zu reparieren, wenn man nicht zuvor das Uhrwerk richtig eingestellt hat. Ebenso sinnlos ist es, sich bescheiden zu kleiden und zu benehmen, wenn keine echte Demut im Herzen ist.

Wir müssen das Wort des Heilands auf uns anwenden: »Du blinder Pharisäer, reinige zuerst das Innere, damit die Außenseite rein werde« (Mt. 23, 26), und aus den Worten des hl. Thomas lernen, »daß aus unserer inneren Haltung der Demut Worte, Taten und Handlungsweise hervorgehen, durch die das, was im Innern ist, nach außen kund wird« (S. Th. II II, qu. 161, art. 6).

Zwar ist es wahr, was in der Hl. Schrift so oft gesagt wird, daß die Demut des Herzens eine besondere Gabe Gottes und keiner sie aus sich selbst heraus besitzen kann, »wenn Gott sie nicht gibt« (Weish. 8, 21). Aber das wird uns vor dem ewigen Richter nicht entschuldigen, wenn wir die Demut nicht haben: Wir wissen, wodurch wir sie erlangen können, nämlich durch beharrliches Gebet. Darum ist es unsere Schuld, daß wir die Demut nicht erhalten, wenn wir nämlich nicht darum bitten.

»Bittet«, sagt der Heiland im Evangelium, »so werdet ihr empfangen« (Joh. 16, 24). Wenn ihr irgendetwas von mir wünscht, so bittet darum, und ihr werdet erhört werden. Wie leicht können wir daher demütig werden; wir brauchen es nur beharrlich von Gott zu erbitten. Hören wir daher nie auf, zu Gott um diese Tugend zu beten, und wir werden sie erhalten. Ist aber erst unser Herz demütig, so werden es auch die Augen sein, werden auch die Worte, die Haltung, die Gebärden, ja alle Gedanken demütig sein, »denn aus dem Herzen kommen die Gedanken« (Mt. 15, 19).

72. Wir beklagen uns häufig, nicht beten zu können, wegen der vielen Zerstreuungen, die eine Sammlung des Geistes verhindern und die Andacht des Herzens versiegen lassen. Das ist aber ein Irrtum und wir wissen nicht, was wir sagen. Nicht dasjenige Gebet ist das beste, das wir mit größerer Sammlung und Andacht verrichtet haben, sondern dasjenige, bei dem wir demütiger waren. Denn es steht geschrieben: »Das Gebet des Menschen, der sich demütigt, dringt durch die Wolken« (Sir. 35, 21). Und welche Zerstreuung des Geistes und Herzens könnte uns daran hindern, demütig zu sein?

Dann gerade ist es Zeit, uns besonders zu demütigen, wenn wir wahrnehmen, daß wir ungewöhnlich lau und träge sind. Wie sollen wir das tun? Siehe, Herr, sollen wir sagen, ich bin nicht würdig, mich vertraulich mit dir zu unterhalten. Ich verdiene nicht die Gnade des Gebetes, weil dies eine besondere Gabe ist, mit der du deine Freunde auszeichnest. Es genügt mir, dein Diener zu sein und dir zu dienen, indem ich die Fliegen, nämlich die Zerstreuungen, zu verscheuchen versuche. Die Fliegen setzen sich nicht an das siedende Wasser, wohl aber an das lauwarme. Die vielen Zerstreuungen überfallen auch mich nur wegen meiner Lauheit. – Was für ein ausgezeichnetes Gebet wäre das!

So betete König Josias und er wurde vom Herrn erhört: »Weil du dich gedemütigt vor dem Angesicht des Herrn, so habe auch ich dich erhört, spricht der Herr« (2 Chr. 34, 27). So betete auch König David in seiner Not, und er wurde errettet: »Ich war gedemütigt, und er half mir« (Ps. 114, 6). Je mehr sich die Seele selbst erhebt und sich in ihren Gebeten gefällt, desto mehr erhebt sich auch Gott und entfernt sich von ihr. »Der Mensch erhebt sein Herz zu hohen Dingen, aber Gott zeigt sich erhaben« (Ps. 63, 7 f.). Wollen wir, daß Gott sich uns mit seiner Barmherzigkeit nähert, so demütigen wir uns, sagt der hl. Augustinus: »Willst du, daß sich Gott dir nahe? Demütige dich; denn je hochmütiger du bist, desto mehr wird er sich von dir entfernen« (Enarr. in ps. 141).

73. Viele Leute quälen sich bei der Vorbereitung auf die Beichte, weil sie nicht wissen, was sie tun sollen, um ausreichende Reue über ihre Sünden fühlen. Um echte Reue zu erreichen, wenden sie Gewalt an, zermartern sich den Kopf, schlagen sich heftig auf die Brust. Das ist jedoch Hoffart, weil sie sich der Meinung hingeben, sie könnten aus eigener Kraft echte Reue hervorbringen. Willst du echte Reue über deine Sünden erwecken? Dann sei überzeugt, daß sie eine besondere Gabe Gottes ist und wisse, daß es kein besseres Mittel gibt, sie zu erlangen, als sich vor Gott zu verdemütigen.

Die Demut erzeugt Vertrauen. Gott versagt aber demjenigen niemals seine Gnade, der mit Demut und Vertrauen zu ihm kommt. Sprich zu Gott: Ich mag hier stehen, so lange ich will, und tun, was ich will, um Reue über meine Sünden zu haben, es nützt mir nichts, denn es ist mir nicht möglich, sie aus eigenen Kräften zu erreichen, wenn du, mein Gott, sie mir nicht gibst. Ich verdiene diese Gnade nicht, aber Jesus Christus hat sie für mich verdient. Um seiner Verdienste willen bitte ich dich, gib mir diese Gnade; durch deine unendliche Güte hoffe ich sie zu erlangen!

Versuche es mit dieser demütigen Herzensstimmung, und du wirst zufrieden sein; denn es steht von Gott geschrieben, »daß er die Demütigen tröstet« (2 Kor. 7, 6) »und auf das Gebet der Demütigen sieht und nicht verschmäht ihr Flehen« (Ps. 101, 18). Der Reueschmerz, durch den die Seele geheiligt wird, ist eine der größten Gnaden, die Gott uns geben kann. Zu verlangen, daß uns diese Gnade zuteil werde, ohne demütig darum bitten zu wollen, ist Vermessenheit, Verwegenheit, Hochmut.

74. Hier könnte aber ein Bedenken aufsteigen: Um die Gnade der Demut zu erlangen, muß ich sie von Gott erbitten, und um erhört zu werden, muß ich mit Demut bitten. Wie kann ich aber mit Demut bitten, wenn ich die Tugend nicht besitze, die ich zu erhalten wünsche? Verlieren wir uns nicht in solche Grübeleien; sie haben keinerlei praktischen Wert. Der Herr will, daß wir in »der Einfalt des Herzens« (Weish. 1, 1) mit ihm umgehen.

Es gibt bestimmte Tugenden, die Gott unabhängig von unserer inneren Verfassung der Seele im hl. Sakrament der Taufe eingegossen hat (Th. Aqu., In 4 Sent., dist. 4, qu. 2, art. 2; qu. 3, ad 1). Eine solche Tugend ist z.B. der Glaube; ebenso diejenige Demut, die für uns notwendig ist, um so glauben und beten zu können, wie wir sollen. Wenn wir nun in unseren Gebeten diese erste uns eingegossene Demut nach Kräften üben, so werden wir mit der Zeit jene im Evangelium gebotene und zur Seligkeit notwendige Tugend der Demut erlangen. Ohne unsere Mitwirkung werden wir sie aber nie erhalten.

»Bitten«, sagt der hl. Augustinus, »ist die Sache dessen, der sich als arm und bedürftig erkennt« (Enarr. in ps. 26). Laßt uns vor Gott unsere Armut und Hilfsbedürftigkeit erkennen und bekennen. Mit diesem Bekenntnis üben wir die Demut. Wer wirklich arm ist, braucht sich nicht belehren zu lassen, wie er demütig um ein Almosen bitten müsse: die eigene Not lehrt es ihn. Warum sollen wir aber die Demut, die ein Mensch gegenüber einem anderen übt, nicht auch gegenüber Gott üben können?

75. Wenn wir unterscheiden wollen, was in uns Gott gehört und was uns gehört, brauchen wir nur zu erwägen, daß, wenn Gott all das wegnimmt, was sein ist, für uns weiter nichts bleibt als das Nichts. Wir können also wirklich mit dem Propheten sprechen: »Zu nichts bin ich gemacht« (Ps. 72, 22).

Es ist die volle Wahrheit, daß alles, was in uns mehr als nichts ist, Gott gehört; daß Gott uns alles, was ihm gehört ist, nehmen kann, wann und wie es ihm gefällt, ohne uns das geringste Unrecht zu tun. Worauf können wir also stolz sein, weil Gott es uns ja im selben Augenblick nehmen kann, in dem wir beginnen, stolz darauf zu sein, es zu besitzen?

Wer auf seinen Reichtum stolz ist, kann sehr bald arm werden; wer auf seine Gesundheit pocht, kann plötzlich krank werden; wer mit seinen Kenntnissen prahlt, kann unversehens den Verstand verlieren; wer sich seiner Heiligkeit rühmt, kann plötzlich in eine schwere Sünde fallen. Welche Eitelkeit, welche Torheit ist es daher, auf Dinge stolz zu sein, die uns in Wirklichkeit nicht gehören, ja die wir nicht einmal aus eigenen Kräften bewahren können. »Was hast du, das du nicht empfangen hättest?« (1 Kor. 4, 7). Dieser Gedanke trägt in hohem Maß zur Demut bei. Ja, man kann behaupten, daß die wahre Demut davon abhängt, an diesem Gedanken festzuhalten.

Meine Seele, du wirst demütig sein, wenn du, wie Gott durch den Propheten spricht, »das Kostbare von dem Schlechten sonderst« (Jer. 15, 19). Das Wesen der Demut besteht darin, daß ich das, was in mir Gott gehört, von dem zu unterscheiden weiß, was mir gehört. Gott gehört alles Gute, was ich bin; und ich habe von mir aus weiter nichts als das Nichts. Was war ich im Abgrund der Ewigkeit? Ein pures Nichts! Was habe ich getan oder tun können, um aus dem Nichts hervorzutreten? Nichts! Wenn Gott mich nicht erschaffen hätte, wo würde ich dann sein? Im Nichts! Wenn Gott mich nicht jeden Augenblick im Sein erhielte, wohin würde ich dann zurücksinken? In das Nichts! Von mir aus habe ich also nichts als das Nichts!

Auch als sittliches Wesen habe ich von mir aus nichts anderes als meine Bosheit. Das Böse, das ich tue, gehört ganz mir; aber das Gute, das ich tue, gehört ganz Gott. Das Böse ist ein Werk meiner Bosheit, das Gute aber ist ein Werk der Barmherzigkeit Gottes. Das ist die Sonderung des Kostbaren vom Schlechten. Das ist die Kunst der Künste, die Wissenschaft der Wissenschaften, die Weisheit der Heiligen!

76. Stellen wir uns einen Herrn vor, der etliche Lasttiere gekauft hat, um sie nach Bedarf zum Tragen von Lasten zu verwenden. Er belädt das eine Tier mit Gold, das andere mit philosophischen, mathematischen, theologischen und juristischen Büchern, ein drittes mit Kriegsgerät, dieses mit heiligen Gefäßen und Kirchengewändern,

jenes mit Reliquiaren, in denen kostbare Überbleibsel der Heiligen aufbewahrt werden usw.

Angenommen nun, diese Lasttiere hätten Verstand und könnten reden. Da käme das mit Gold beladene Lasttier und wollte sich rühmen, reich zu sein; das mit den gelehrten Büchern wollte als ein Gelehrter glänzen; und so wollten alle übrigen sich selbst hochachten und verlangen, von anderen hochgeachtet zu werden, das eine als tapferer Soldat, das andere als ehrwürdiger Diener der Kirche oder als großer Heiliger – wäre dieses ihr Selbstlob nicht die eitelste und törichtste Prahlerei? Ganz gewiß, denn die ganze Ladung jener kostbaren Geräte gehört dem Herrn und nicht dem Lasttier. Konnte doch der Herr jenes Tier, das er mit Gold oder mit andern wertvollen Sachen beladen hat, ebenso gut mit Mist beladen! Und kann er nicht jedem Tier die kostbare Last abnehmen, wann und wie es ihm gefällt? Und was bleibt dann von dem Tier, das auf seine Last so stolz war, anderes übrig als ein elendes Lasttier? Stellen wir uns mit dem hl. Augustinus die Eselin vor, auf der Christus saß, als die Scharen des Volkes ihm mit Ölzweigen entgegenkamen und ihm mit lauter Stimme zuriefen: »Hosanna dem Sohn Davids, Hosanna in der Höhe!« (Mt. 21, 9).

Wer wäre töricht genug, zu meinen, man hätte jener Eselin diese Ehre bezeigt? Nicht dem Lasttier, sondern Jesus Christus, der auf dem Lasttier saß, galten die Lobpreisungen. Der hl. Augustinus sagt: »Wurde wohl jenes Lasttier gepriesen? Wurde etwa dem Lasttier Hosanna zugerufen? Die Eselin trug, aber nur jener, der getragen wurde, wurde gepriesen« (Enarr. in ps. 33). Wenden wir das Bild auf uns an, indem wir mit David zum Herrn sprechen: »Wie ein Lasttier bin ich vor dir geworden« (Ps. 72, 23). Was auch immer der Gegenstand unserer Hoffart sein mag: Wenden wir das Gesagte an, um die Demut zu üben.

77. Das Verlangen, geachtet, gelobt, geschätzt und geehrt zu werden, ist nach dem hl. Thomas eine Folge der Erbsünde, ähnlich dem Zunder der Begierlichkeit, die in uns auch nach der Taufe zurückbleibt (S. Th. II II, qu. 4, art. 2). Gott hat es aber deswegen so angeordnet, daß uns dieser Zunder und dieses Verlangen bleibt, damit wir in uns selbst etwas finden, worin wir uns abtöten können, um durch diese Abtötung den Himmel zu erwerben.

Wir brauchen uns weder zu wundern noch traurig zu werden, wenn wir manchmal solche Neigungen in uns empfinden, denn sie kommen aus der Verkehrtheit der verdorbenen Natur und sind ein Überbleibsel jener Versuchung, mit der sich der Teufel an unsere Stammeltern wagte, als er zu ihnen sagte: »Ihr werdet wie Götter sein!« (1 Mos. 3, 5). Ja, sie sind eine Schwäche und Armseligkeit der menschlichen Natur, die man geduldig ertragen muß. Wenn das Verlangen, etwas Verwegenes und Übermütiges zu tun, sich in uns erhebt und wir dieses durch Nachgiebigkeit gepflegt haben und stark werden ließen, so liegt es an uns, es abzutöten; denn eine böse Gewohnheit wird nur durch die entgegengesetzte gute Gewohnheit aufgehoben.

Diese Abtötung, die durch die Demut geschieht, wird uns von Jesus Christus in der von ihm verlangten Selbstverleugnung gelehrt: »Wenn mir jemand nachfolgen will, so verleugne er sich selbst« (Mt. 16, 24). Ich muß daher für mich den Schluß ziehen: Wenn ich mich selbst nicht durch Demut verleugne, d.h. meine Eigenliebe und mein Verlangen nach Ehre nicht verleugnen will, dann bin ich ausgeschlossen von der Nachfolge Christi, folglich auch ausgeschlossen von seiner Gnade, ausgeschlossen auf ewig von seiner Herrlichkeit. Damit es mir gelingt, muß ich mir Gewalt antun. Das ist unbedingt notwendig, denn es steht geschrieben: »Das Himmelreich leidet Gewalt, und die Gewalt brauchen, reißen es an sich« (Mt. 11, 12). Wer könnte demnach selig werden, ohne sich selbst Gewalt anzutun!

78. Horchen wir an den Toren der Hölle auf ein Wort der ewig Verworfenen. Sie rufen: »Was half uns der Stolz?« (Weish. 5, 8). Alles ging vorüber und ist verschwunden wie ein Schatten. Was bleibt uns nun unter unseren Weherufen anderes übrig, als die ewige Beschämung, stolz gewesen zu sein!

Ihre Reue ist nutzlos, weil es eine Reue der Verzweiflung ist. Wir aber, die wir noch Zeit haben, sollen ernsthaft darüber nachdenken: Was nützt es mir? Was wird mir meine Hoffart nützen? Welchen Vorteil wird mir meine maßlose Hoffart einbringen? Sie wird mich vor Himmel und Erde verhaßt machen; ja, wenn ich mich nicht bemühe, sie abzutöten, wird sie mich nur allzu bald in der Hölle auch vor mir selbst ewig verhaßt machen.

Erheben wir unsere Augen zum Himmel; laßt uns beim Anblick der Heiligen ausrufen: Siehe, wieviel ihnen die Demut genützt hat! Was für eine große Herrlichkeit haben sie durch ihre Demut erlangt! Jetzt wird die Demut von den törichten Weltkindern für eine Niedrigkeit ohne Ehre gehalten, die es wert ist, mit Schmach und Spott überhäuft zu werden. Aber es wird der Tag kommen, an dem diese Weltkinder der Tugend die geraubte Ehre zurückgeben müssen; beim Anblick der Herrlichkeit, die die Demütigen umstrahlt, werden sie ausrufen: »Siehe, wie sie unter die Kinder Gottes gezählt sind!« (Weish. 5, 5).

Bin ich demütig, dann werde auch ich von Gott, der die Demütigen erhöht, zu jener Herrlichkeit erhoben werden. Demütige du, o mein Gott, die törichte Hoffart, die in mir herrscht. »Mehre die Kraft in meiner Seele« (Ps. 137, 3), »weil meine Kraft mich verlassen hat!« (Ps. 37, 11). Ohne deinen göttlichen Beistand kann ich nicht das geringste tun. Auf dich setze ich all mein Vertrauen und bitte dich um Hilfe. »Ich bin arm und elend; Gott hilf mir! Mein Helfer, mein Erlöser bist du; Herr, säume nicht!« (Ps. 69, 6).

79. Wahrhaftig, niemand will für stolz gehalten werden, weil man es selbst nach weltlichen Maßstäben als den größten Vorwurf ansieht, den man einem Menschen machen kann, wenn man sagen kann: Was ist das für ein stolzer, hochmütiger Mensch. Und doch versuchen nur wenige, das zu vermeiden, als was niemand gelten will.

Empfinden wir in unserem Innern Freude, wenn wir sehen, daß man uns für demütig hält, so sind wir es gerade dann nicht. Aber warum streben wir denn nicht danach, das in Wirklichkeit zu sein, wofür wir gehalten werden wollen? Wenn wir uns jedoch so oft den bloßen Schein und den Schatten der Demut zur Ehre anrechnen – ist das nicht ein deutliches Zeichen, daß wir uns um die echte und wahre Demut wenig kümmern?

Gibt es wohl einen Handelsmann, der so töricht wäre, nur unechte Perlen und Edelsteine anzukaufen, sich aber um echte und kostbare Steine nicht zu kümmern? Genau so jemand wäre aber einer, der sich darüber freuen würde, den Schein und das Ansehen eines tugendhaften Menschen zu besitzen, ohne sich darum zu bemühen, es wirklich zu sein. Meine Seele, vielleicht bist du dieser törichte Handelsmann, bist stolz, hältst es aber für ein Unglück, für stolz gehalten zu werden, und willst lieber als demütig erscheinen. Das aber würde heißen, daß du dein eigenes Gewissen belügst; es würde bedeuten, Gott, die Engel und Menschen, denen du zum Schauspiel geworden bist, wie der Apostel sagt (1 Kor. 4, 9), anzulügen.

Was für eine Schande ist es, lieber demütig scheinen als sein zu wollen! Es gibt verschiedene Anlässe, bei denen wir die Demut in äußeren Werken üben müssen. Dabei sollen wir jedoch über uns selbst wachen, damit wir nicht wünschen, bei Übungen der Demut von anderen für demütig gehalten zu werden. Deshalb sind die verborgenen Übungen der Demut mit weniger Gefahr verbunden als jene, die vor den Augen der Menschen geschehen. Wenn es aber schon Hoffart ist, zu wünschen, daß die Demut, die man zu besitzen glaubt, erkannt werden möge – wie groß wird dann die Hoffart sein, wenn jemand eine Demut, die er nicht besitzt, heuchelt, um als demütig zu gelten? Hüten wir uns davor, daß der Ausspruch des weisen Mannes auf uns Anwendung finden kann: »Mancher demütigt sich arglistig und sein Inneres ist voll Trug« (Sir. 19, 23).

80. Jede Betrachtung, die wir über das große Gut der Demut anstellen, muß darauf abzielen, uns Liebe zu dieser Tugend zu vermitteln. Es ist für die Seele ganz natürlich, das Gute zu lieben, das sie als solches erkennt. Zweifellos werden wir daher auch die Demut lieben, wenn wir ihren inneren Wert und das Gute, das aus ihr hervorgeht, erkennen. In dem Maße, in dem wir das Gute erkennen, lieben wir es und wünschen es zu besitzen.

In dem Maße aber, in dem wir nach etwas verlangen, werden wir auch die geeignetsten und wirksamsten Mittel suchen und anwenden, um das Ersehnte zu erhalten. So tat es der Weise, um die Weisheit zu erlangen. Er liebte sie, er sehnte sich danach, er betete und bot alles auf, um sie zu gewinnen, weil er sie über alles hochschätzte. »Ich bat und es ward mir Verstand gegeben: ich rief und der Geist der Weisheit kam zu mir (...). Und den Reichtum hielt ich für nichts im Vergleich zu ihr, und ich liebte sie mehr als Gesundheit und Schönheit« (Weish. 7 ff.).

Es ist notwendig, dies gut zu verstehen, denn wir werden uns nie ernsthaft um Demut bemühen, wenn wir uns nicht aufrichtig nach ihrem Besitz sehnen. Wir werden uns aber nicht nach ihr sehnen, wenn wir sie nicht lieben, und wir werden sie nicht lieben, wenn wir nicht einsehen, was für ein kostbares Gut sie wirklich ist, und wie notwendig sie ist, um ewig selig zu werden.

Erforsche jetzt ein wenig dein Gewissen darüber, wie hoch du die Demut schätzt. Liebst du sie? Sehnst du dich nach ihr? Was tust du, um demütig zu werden? Bittest du in deinen Gebeten Gott um diese Tugend? Nimmst du deine Zuflucht zur Fürbitte der allerseligsten Jungfrau Maria? Liest du gern Bücher, in denen über Demut gesprochen wird? Liest du die Lebensbeschreibungen derjenigen Heiligen, die sich besonders durch Demut ausgezeichnet haben? Der hl. Thomas sagt, es gebe einen Willen, der eher eine »velleitas« (»Möchtenwollen«) als ein entschiedenes Wollen genannt wird (S. Th. III, qu. 2, art. 4). Es ist dies ein Wollen, aufgrund dessen es so scheint, als wolle man etwas, aber man *will* es eigentlich nicht. Erforsche dein Gewissen darüber, ob dein Wille, die Demut zu erlangen, ein wirkliches Wollen oder nur ein »Möchtenwollen« ist.

81. Wer demütig sein will, muß sich selbst kennen. Die Erkenntnis unserer selbst ist wirklich nicht leicht. Aber sie ist nur schwierig wegen der Hoffart, deren erste Wirkung darin besteht, uns zu verblenden.

Wollen wir daher die Tugend der Demut erlangen, dann müssen wir zuerst das entgegengesetzte Laster der Hoffart bekämpfen und besiegen. Um nun diese zu überwinden, ist außer dem Gebet zu Gott, wie es die tapfere Judith verrichtete – »Mache Herr, daß der Stolz geschlagen werde« (Jud. 9, 12) – dreierlei notwendig:

Erstens sollen wir, wenn wir über diesen Gegenstand nachdenken, einen großen Haß und Abscheu auf unsere Hoffart fassen. Denn alle Mängel der Seele sind so beschaffen, daß sie nur in dem Maße geheilt werden können, in dem wir sie verabscheuen. Zweitens müssen wir zum festen Entschluß gelangen, uns um jeden Preis bessern zu wollen. Dies ist besonders wichtig. Drittens ist es unerläßlich, all unsere Gewohnheiten der Hoffart sofort auszurotten, insbesondere diejenigen, die am stärksten ausgeprägt sind; denn je länger man zögert, desto stärker wird die böse Gewohnheit, und die Besserung immer schwieriger. »Doch ich sage: Nun will ich anfangen!« (Ps. 76, 11).

Wir dürfen aber den Mut nicht verlieren. Vor allem ist es notwendig, uns dem Schutz Gottes anzuempfehlen. Dies ist die Hauptsache: »Er wird es schon machen« (Ps. 36, 5). Gott wird den Pöbel unserer Leidenschaften mit seiner Gnade niederhalten; auf ihn allein müssen wir unsere Hoffnung setzen. Beten wir mit König David: »Meine Barmherzigkeit und meine Zuflucht, mein Befreier, der mich aufnimmt, mein Schützer, auf ihn hoffe ich, der mein Volk mir unterwirft« (Ps. 143, 2).

82. Ist es nicht gut, uns darum zu bemühen, einen Fehler abzulegen, wenn wir wissen, daß unsere Seele nach dessen Beseitigung Trost finden wird? Und sollte es dann nicht auch wahr sein, daß wir nach unserem Sieg über die Hoffart, die die Ursache so vieler Sorgen ist, sehr glücklich sein werden?

Gegenüber einer hoffärtigen Person empfinden wir eine natürliche Abneigung und können sie nicht liebgewinnen. Dasselbe Gefühl der Abneigung, das wir selbst gegenüber Hoffärtigen haben, empfinden auch auch andere uns gegenüber, denn es bleibt immer wahr, »daß die Hoffart verhaßt ist« (Sir. 10, 7). Wir beklagen uns manchmal darüber, daß wir von manchen Personen nicht geliebt oder geschätzt werden. Erforschen wir uns über die Ursache, so werden wir erkennen, daß es unsere Hoffart ist.

Bemerken wir andererseits nicht die Zuneigung, die man gewöhnlich Demütigen entgegenbringt? Alle gehen gerne mit ihnen um; jedermann vertraut ihnen und will ihnen wohl. So wird man auch uns begegnen, wenn wir demütig sind. Welch ein Glück würden wir empfinden, wenn wir alle lieben und von allen geliebt werden würden! Auf den ersten Blick scheint es sich hier nur um eine Frage der menschlichen Achtung zu handeln; aber es ist eine Achtung der Liebe, die sich auf Gott bezieht und in jeder Hinsicht mit dem Willen Gottes übereinstimmt. Die Demut ist mit denselben Merkmalen geschmückt, wie die Liebe, von welcher der hl. Paulus sagt: »Die Liebe ist geduldig, ist gütig; die Liebe beneidet nicht, sie ist nicht aufgeblasen, sie ist nicht ehrgeizig« (1 Kor. 4 f.). Und es ist leicht, der Demut die tugendhaften Absichten der Liebe zuzuschreiben.

83. Wie die Hoffart die Wurzel aller anderen Laster ist, so werden auch mit diesem Laster alle anderen ausgerottet. Die Hoffart ist auch die eigentliche Ursache, warum wir immer wieder dieselben Sünden beichten müssen. Das Laster der Hoffart beherrscht uns, und wir geben uns keine Mühe, es auszurotten.

Wir sehen, wie der eine Baum jedes Jahr Feigen, der andere jedes Jahr Äpfel trägt. Ist das etwas besonderes? Nein, denn es ist immer derselbe Baum. Genauso verhält es sich auch mit der Hoffart. Sie ist eine Pflanze, die in unserem Herzen wurzelt. In der Beichte beschneiden wir zwar die Sünden des Zorns, des Neids, der üblen Nachrede, des Hasses, der Abneigung, des Argwohns und des freventlichen Urteils, die Früchte der Hoffart sind. Aber wir legen die Axt nicht an die Wurzel der Hoffart selbst. Und so kommt es, daß die kaum abgeschnittenen Sünden wieder hervorsprießen. Wir müssen die Hoffart gänzlich ausrotten, nach dem Rat des hl. Bernhard: »Lege die Axt an die Wurzel« (Serm. 2 de Assumpt.); dann werden wir in unserem Innern eine unaussprechliche Freude und Wonne empfinden.

Wir müssen dieses Laster als den König aller andern Laster ansehen, und uns den Kriegsbefehl jenes Königs von Syrien zunutze machen, den er seinen Feldherrn gab, nicht gegen die gemeinen Soldaten zu kämpfen, sondern vielmehr des Königs habhaft zu werden. »Kämpft gegen keinen, außer gegen den König allein« (3 Kön. 22, 31). So tat es auch Judith. Schon durch die Überwindung des stolzen Holofernes besiegte sie das ganze assyrische Heer. Ebenso tat es David. Er triumphierte über alle Philister, indem er den einen Goliath besiegte. Auf diese Weise wird es auch uns gelingen: Wenn wir nur das eine Laster der Hoffart besiegen, werden wir auch alle übrigen Laster überwinden.

König David irrte sich, als er den Befehl gab, Absalom das Leben zu lassen und ihm nicht zu schaden, obwohl er wußte, daß dieser das Haupt der Aufrührer war: »Erhaltet mir den Jüngling Absalom« (2 Kön. 18, 5). Wieviele folgen ihm leider hierin! Man weiß, daß die Hoffart das Haupt unserer aufrührerischen Neigungen ist, und nichtsdestoweniger sind wir ihr gegenüber am rücksichtsvollsten, fürchten gleichsam, sie zu verletzen und sind eifrig darauf bedacht, sie am Leben zu halten.

84. Es gibt gewisse Sünden, über die man sich nicht einmal in der Beichte anklagt, sei es nun wegen eines biegsamen und weiten Gewissens oder wegen des schwachen Willens, sich zu bessern. Dazu gehört die Hoffart. Nur sehr wenige Personen klagen sich darüber an. Wer sich aber bessern will, muß sie zum Gegenstand der Gewissenserforschung und der Anklage machen, um sie zu bereuen, zu verabscheuen und einen festen Vorsatz gegen sie zu fassen.

Wer gut beichten will, bekennt in der Beichte nicht nur die Sünden, sondern auch den Anlaß und die Gelegenheiten zur Sünde. Zum Beispiel: Ich klage mich an, mich an unkeuschen Gedanken erfreut zu haben, wozu ich selbst durch allzu freie Blicke, durch Liebkosungen und Vertraulichkeit Anlaß gegeben habe. Ebenso müssen wir unsere Sünden der Hoffart bekennen und z.B. sagen: Ich klage mich an, über meinen Nächsten zornig und unwillig gewesen zu sein. Die Ursache meines Zorns und Unwillens war nur meine Hoffart. Ich klage mich an, andere beneidet und beraubt zu haben, einzig deswegen, um Mittel zu gewinnen, meiner Eitelkeit und Hoffart frönen zu können. Ich klage mich an, von meinem Nächsten mit Verachtung gesprochen zu haben. Meine Hoffart ist schuld daran, weil ich mich niemandem nachgesetzt sehen wollte. Mache es ebenso mit den anderen Sünden. O, wie wahr ist das Wort des weisen Mannes: »Der Stolz geht vor dem Verderben her, und Hochmut vor dem Fall« (Spr. 16, 18); und: »Das Herz des Menschen erhebt sich, bevor es gestürzt wird« (Spr. 18, 12).

Solche Anklagen, Übungen einer wahren Demut, sind ein ausgezeichnetes Mittel, die Hoffart abzutöten, zu beschämen und sie gänzlich zu besiegen. Doch muß man sich dabei auch beständig um Besserung kümmern, »denn was nützt dem Menschen seine Verdemütigung, wenn er wieder dieselben Sünden begeht?« (Sir. 34, 31). Es genügt nicht, die Sünden zu bekennen, sagt der Weise, man muß sich auch bessern, wenn Gott uns barmherzig sein soll: »Wer seine Missetat bekennt und unterläßt, der wird Barmherzigkeit erlangen« (Sir. 28, 13).

85. Die Demut des Herzens, sagt der hl. Thomas, hat keine Grenzen; denn wir können uns vor Gott immer mehr demütigen, bis hin zur völligen Nichtigkeit. Bei den äußeren Übungen der Demut muß man aber mit Vernunft und Umsicht zu Werke gehen, sonst arten sie leicht aus und werden fehlerhaft. »Die Demut«, bemerkt der hl. Thomas, »besteht hauptsächlich im Geist; darum kann sich auch der Mensch seinem inneren Willen nach einem anderen unterwerfen. Das ist es gerade, was der hl. Augustinus sagt: Vor Gott liege der Vorgesetzte zu euren Füßen; bei den äußeren Übungen der Demut muß jedoch ein gewisses Maß obwalten« (S. Th. II II, qu. 161, art. 3 , ad 3).

In jedem Stand muß man eine tiefe Demut haben; aber nicht jede Art äußerer Demut ist jedem Stand angemessen. Deswegen sagt der weise Mann: »Hüte dich, daß du dich nicht zur Torheit verführst und dich törichterweise demütigst« (Sir. 13,10). Von der gottesfürchtigen Esther können wir lernen, die Demut des Herzens auch bei äußerem Pomp und Ehrenbezeugungen zu üben: »Du kennst meine Demut«, betete sie zu Gott, »daß mir ein Greuel ist das Zeichen des Stolzes« (Est. 14, 16). So kleide auch ich mich z.B. mit diesem Schmuck und jenen Juwelen, weil mein Stand es so fordert. Du aber, mein Gott, siehst in mein Herz: daß ich durch deine Barmherzigkeit an dieser Pracht und diesem Pomp kein Gefallen habe, und sie nur aus notwendiger Rücksicht auf meinen Stand zulasse – eine ausgezeichnete Übung innerer Demut bei äußerer Prachtentfaltung!

Das ist es aber auch gerade, worauf es ankommt: Diese Demut des Herzens muß in den Augen Gottes, dessen alles durchdringender Blick die geheimsten Winkel unseres Herzens durchschaut, auch wirklich vorhanden sein. Welche Entschuldigung könnten wir einst vor dem Richterstuhl Gottes für den Mangel der Demut des Herzens geltend machen? Je leichter wir jetzt diese Demut erwerben können, desto unentschuldbarer werden wir einmal sein, wenn sie uns fehlt.

86. Die Bosheit des Stolzes besteht eigentlich in der praktischen Verachtung Gottes, indem man ihm nicht gehorchen will. Daher, sagt der hl. Augustinus, steckt in jeder Sünde immer auch Stolz, »mit dem wir die Gebote Gottes verachten« (Lib. de salut. docum., cap. 19). Der hl. Bernhard erklärt dies näher; er sagt: »Gott will, daß sein Wille geschehe.« Der hoffärtige Sünder jedoch will, daß sein eigener Wille dem Willen Gottes vorgezogen werde: »Der Stolze will, daß sein

Wille geschehe« (Serm. 4 in vig. nat. Dom.). Gerade diese Hoffart vergrößert die Sünde auf eine furchtbare Weise. Denn wie soll man jene Bosheit bezeichnen, zwar mit dem Verstand zu erkennen, daß Gott verdient und wir verpflichtet sind, ihm zu gehorchen, und dennoch den widerspenstigen Willen aufzubauen, Gott nicht gehorchen zu wollen, dessen unbestreitbares Recht wir so deutlich erkennen? Welche Bosheit, zu Gott sagen: »Ich will dir nicht dienen« (Jer. 2, 20), während »ihm doch alles dient« (Ps. 118, 91).

Um dies besser zu verstehen, wollen wir uns eine Person vorstellen, welche die besten Eigenschaften der Welt besitzt: Sie sei gesund und schön, reich und edel, gelehrt und weise, ausgestattet mit allen Gaben der Natur und der Gnade an Leib und Seele. Nun wollen wir aber alles, was an dieser Person Gott zugehört, eines nach dem anderen absondern. Gesundheit und Schönheit sind Gaben Gottes. Reichtum und Adel sind Gaben Gottes. Gelehrsamkeit, Weisheit und jede Tugend sind Gaben Gottes. Leib und Seele sind Gaben Gottes. Was bleibt nun dieser Person von dem übrig, was ihr gehört? Das bloße Nichts. Denn alles, was sie mehr als nichts ist, ist von Gott.

Wenn aber diese Person von sich selbst sagte: Ich bin reich, ich bin schön, ich bin gesund, ich bin gelehrt usw., was müßte sie unter diesem Ich verstehen? Das Nichts. Ach, und dieses Ich, nämlich dieses Nichts, das sein ganzes Sein und Wesen von Gott erhalten hat, wagt es, Gott zu verachten durch Ungehorsam gegenüber seine Geboten und durch den trotzigen Ruf – wenn auch nicht mit Worten, so doch durch die Tat, was noch schlimmer ist: Ich will dir nicht dienen! Nein, ich will nicht gehorchen! Ach, die Hoffart, die Hoffart!

Meine Seele, »was bläht sich dein Geist auf wider Gott?« (Job 15, 13). Habe ich nicht Grund genug, dich an die Demut zu erinnern und sie dir nachdrücklichst zu empfehlen? Sooft du sündigst, bist du dem stolzen Pharao gleich, indem du, wo es sich um den Gehorsam gegenüber den Geboten Gottes handelt, wie er sprichst: »Wer ist dieser Gott? Ich kenne ihn nicht und erkenne ihn gar nicht an! Wer ist der Herr? Ich kenne den Herrn nicht!« (2 Mos. 5, 2).

87. Unser Fehler liegt darin, daß wir zuviel Wert auf das legen, was die Welt Ehre, Achtung und Ansehen nennt. Denn so sehr mich die Welt auch loben und ehren mag, sie kann nicht das geringste zur Vergrößerung meiner Tugend und meines Verdienstes beitragen. Mag mich hingegen auch die ganze Welt schmähen, sie kann mir doch nichts von dem nehmen, was ich in mir selbst habe oder bin.

Beim Schimmer jener Kerze, die ich in meiner Todesstunde in den Händen halten werde, werde ich die Eitelkeit und die Wahrheit erkennen. Was wird es mir dann nützen, von allen Menschen hochgeachtet und geehrt worden zu sein, wenn mich mein Gewissen vor Gott verurteilt? Ach, welche Torheit wäre es für einen Mann von Rang, der die Möglichkeit hätte, sich beim König verdient zu machen und die Achtung des ganzen Hofes zu gewinnen, sich so weit zu vergessen, daß er sich stattdessen um die Achtung seiner Knechte und der Lastträger des Ortes bemühte und an deren elenden Ehrenbezeugungen Gefallen fände! Wieviel größer ist aber die Torheit eines Christen, der nach der Ehre und den Lobsprüchen der Menschen verlangt und darin seinen Ruhm und seine Freude findet, während er bei Gott, den Engeln und Heiligen Lob und Ehre verdienen könnte! Durch die Demut kann ich Gott, den Engeln und den Heiligen gefallen. Ist es daher nicht verachtenswerter Stolz, der mich nach dem Lob, der Ehre und dem Beifall der Menschen trachten läßt, weil doch in Wirklichkeit »nur der bewährt ist, den Gott lobt« (2 Kor. 10, 18)?

Der Gedanke an den Tod ist nützlich, um die Demut zu erlangen; andererseits ist die Demut von großem Nutzen, um selig zu sterben. Die hl. Katharina von Siena wurde einige Augenblicke vor ihrem Tod versucht, sich selbstgefällig ihrer Heiligkeit zu rühmen. Jedoch sie entgegnete sogleich der Versuchung: Ich danke Gott, daß ich in meinem ganzen Leben keinen eitlen Ruhm gesucht habe. O wie gut wäre es, wenn man im Sterbebett sagen könnte: Ich habe niemals die Ruhmsucht gekannt.

88. Wenn wir die Ehre und Achtung der Welt deswegen als etwas Großes sehen, weil wir sie dafür halten und unser Herz sie so sehr liebt und so heftig danach verlangt, dann müssen wir gerade daran erkennen, daß die Demut eine sehr erhabene Tugend ist, denn indem wir durch die Demut Gott dem Herrn unsere eigene Ehre und Achtung zum Opfer bringen, entäußern wir uns einer Sache, die wir für besonders wertvoll halten.

Man hält das Gelübde der Keuschheit für eine heldenmütige Tugendhandlung, durch die der sinnlichste Genuß unseres Leibes Gott zum Opfer gebracht wird. Auch das Martyrium gilt als eine heldenmütige Tugendhandlung, durch die man Gott sein Leben als Brandopfer darbringt. Als eine heldenmütige Tugendhandlung wird ebenso die Verteilung der ganzen eigenen Habe als Almosen für die Armen angesehen. Nun ist es aber gewiß, daß wir unsere eigene Ehre höher schätzen als Reichtum, sinnlichen Genuß und das Leben selbst, weil man nicht selten all dies drangibt, um seine Ehre zu behaupten. Opfern wir also Gott durch die Demut diese unsere eigene Hochschätzung auf, so bringen wir ihm etwas dar, was in unseren Augen das Schätzenswerteste ist.

Das aber bedeutet wirklich »Gott ein Opfer von lieblichem Geruch darzubringen« (Sir. 45, 20). Darum sammelt man sich auch in der Welt häufig mehr Verdienste für das ewige Leben durch die Demut des Herzens als in den geheiligten Räumen der Klöster durch Armut und Keuschheit. Durch die Übungen dieser Demut gelangen wir in uns selbst zu jener neuen Schöpfung, von welcher der hl. Paulus (Gal. 6, 15) spricht, die »allein in Jesus Christus gilt«. Du magst also dem geistlichen oder weltlichen Stand angehören, wenn du nicht demütig bist, so kann dir dein Stand nichts nützen.

Die Demut kann Gott wohlgefallen auch ohne die Jungfräulichkeit, aber nicht die Jungfräulichkeit ohne die Demut. Ihm konnten die fünf törichten Jungfrauen nicht gefallen, die, wie der hl. Augustinus sagt, töricht waren wegen der Eitelkeit der Hoffart. Obgleich die allerseligste Jungfrau Maria durch ihre Jungfräulichkeit Gott wohlgefiel, so hat sie dennoch nur durch ihre Demut die Würde der Gottesmutter verdient. »Durch die Jungfräulichkeit gefiel sie Gott, durch die Demut hat sie ihn empfangen«, sagt der hl. Bernhard (Hom. 1 sup. Missus est).

89. Ein hoffärtiger Mensch fällt sehr leicht in schändliche und abscheuliche Sünden; nach dem Fall aber empfindet er eine übergroße Schwierigkeit, sich darüber in der Beichte anzuklagen. So sehr liebt er die eigene Ehre und Achtung. Aus Furcht, diese beim Beichtvater zu verlieren, will er lieber einen Gottesraub begehen, als seine Sünde zu bekennen. Er sucht einen Beichtvater, der ihn nicht kennt, um der

Beschämung zu entgehen. Er hatte sich nicht geschämt, die Sünde zu begehen, und jetzt schämt er sich, sie zu bekennen. Aus was anderem nun entsteht diese große Scham als aus seiner Hoffart?

Sprich, geliebte Seele, in deinem Herzen: Ich besitze keine Demut! Deswegen habe ich auch keine wahre Reue über meine Sünden; denn das Herz kann unmöglich reumütig und zerknirscht sein, wenn es nicht demütig ist. Ich besitze keine Demut! Darum habe ich nicht den Mut, mich aufrichtig und ohne Entschuldigung über meine Sünden anzuklagen. Flehe zu Gott um Demut! In dem Maß, in dem dein Herz demütig ist, wird es auch Schmerz über die Beleidigungen empfinden, die du Gott zugefügt hast. Durch diese Demut des Herzens werden dir dann auch die Worte ohne Mühe über die Lippen kommen; künftig wird es dir dann nicht mehr so schwerfallen, dich in der Beichte in der richtigen Weise anzuklagen; denn, wie der Weise sagt: »Wer das Herz trifft, bringt den Gedanken hervor« (Sir. 22, 24).

Beides kommt von der Hoffart: Sowohl das Verschweigen der Sünden in der Beichte, als auch das Bestreben, die eigene Bosheit mit allerlei Entschuldigungen zu bemänteln. Verfluchte Hoffart, Ursache unzähliger Sakrilegien!

Aber, gesegnete Demut! Weil der König David in seiner Buße demütig war, suchte er keine Ausflüchte, sondern klagte sich öffentlich an. Er wies auch die Schuld seiner Sünde nicht anderen zu, sondern nur der eigenen Bosheit: »Ich bin es, der gesündigt hat; ich habe Unrecht getan« (2 Kön. 24, 17). Weil Magdalena in ihrer Buße demütig war, suchte sie Jesus Christus nicht im Verborgenen auf, sondern im Speisesaal des Pharisäers; ja sie wollte sogar vor der ganzen Tischgesellschaft als Sünderin erscheinen. Weil Augustinus in seiner Buße demütig war, schrieb er zu seiner größeren Beschämung seine Bekenntnisse und tat so der ganzen Welt seine Sünden kund.

90. Es erscheint uns schwierig, unsere Nichtigkeit zu erkennen, und es fällt uns auch schwer, alles auf Gott zu beziehen, ohne etwas für uns in Anspruch nehmen zu dürfen. Denn ist die Anstrengung, der Fleiß und die Mitwirkung unseres Willens nicht wirklich unser Eigenes? Ja, so ist es. Nimm aber die Erleuchtung, den Beistand und die Gnade Gottes weg: Was bleibt dann von unserem Eigenen übrig? Alles, was wir tun, hat ja nur einen natürlichen Wert; es bringt keinen Verdienst für den Himmel, wenn es nicht durch Jesus Christus einen übernatürlichen Wert empfängt. Es ist Jesus Christus, der unsere Handlungen erhöht, veredelt und würdigt; für sich genommen hätten sie nicht den geringsten Bezug zur ewigen Seligkeit.

Es ist ein Geheimnis, in das wir nur sehr geringe Einsicht haben, wie die Gnade den freien Willen dazu bewegt, daß er mit der Gnade mitwirkt. Jedoch werden wir, wenn wir in den Himmel kommen, ganz sicher allein der Barmherzigkeit Gottes für unsere Seligkeit danken: »Die Erbarmungen des Herrn will ich ewig besingen« (Ps. 88, 2). Wir sollen mit dem hl. König David zutiefst davon überzeugt sein und bekennen, daß wir schwächer, elender und boshafter sind, als wir uns vorstellen können. Denn durch die Sünde Adams ist unser Wesen, das wir von Gott empfangen haben, in jeder Beziehung getrübt worden. Unser Verstand ist verfinstert, unsere Geisteskraft geschwächt, unser Wille böse, unsere Neigung sündhaft, unser Leib verweslich und armselig. Wir besitzen nichts, dessen wir uns rühmen könnten, und finden nichts, das uns nicht verpflichten würde, uns zu verdemütigen. «»Demütige dich in allem«, spricht der Hl. Geist (Sir.

3, 20). Er sagt nicht: Demütige dich in der einen oder der anderen Sache; nein: in allem.

91. Die heilige Demut ist eine Feindin aller unnützen Grübeleien. Du sagst, du könntest nicht begreifen, warum du aus dir selbst heraus ein wahres Nichts im Sein und Handeln bist, weil du dir bewußt seiest, daß du in Wirklichkeit etwas bist und auch vieles tust; ferner könntest du nicht einsehen, wieso du der größte Sünder auf der Welt wärst, da dir doch so viele Personen bekannt seien, die weit größere Sünden begangen haben als du; wie du die Verachtung der ganzen Welt verdienen könntest, weil du dir keiner tadelnswerten Handlung bewußt wärst, im Gegenteil aber viel Lobenswertes getan hättest.

Doch du müßtest dich selbst dafür tadeln, daß du noch so weit von der Demut entfernt bist, daß du meinst, die Bedeutung dieser Dinge begreifen zu können. Der wahrhaft Demütige glaubt, daß er nur ein Nichts und der größte Sünder auf der Welt ist, geringer als alle anderen, wert, von allen verachtet zu werden, weil er mehr als alle anderen Gott gegenüber undankbar ist. Er ist davon in seinem Gewissen zutiefst überzeugt, und so kümmert er sich nicht weiter darum, wie dies möglich sei. Er grübelt nicht törichterweise darüber nach, was in seinem Herzen vorgeht; es liegt ihm ebenso wenig daran, wie daran, daß er sich auch z.B. nicht erklären kann, wie das Auge sieht, der Mund spricht und das Ohr hört.

Daraus können wir schließen, daß es, um demütig zu sein, nicht notwendig ist, große Talente zu besitzen. Deswegen wird vor Gottes Gericht die Entschuldigung nicht gelten: Ich war nicht demütig, weil mir dazu Kenntnis, Einsicht und Gelehrsamkeit fehlten. Man kann einen guten Willen und ein gutes Herz haben, ohne besondere geistige Begabung zu besitzen. Es gibt keinen Menschen, der nicht begreifen kann, daß alles Gute, das er hat, von Gott kommt; daß niemand aus sich selbst heraus etwas anderes hat als seine eigene Bosheit. »Dein eigenes Verderben bist du, Israel«, sagt Gott durch den Propheten, »bei mir nur ist Hilfe für dich« (Os. 13, 9).

92. So wie die Demut ein kräftiges Mittel ist, die Versuchungen zu überwinden, so sind auch die Versuchungen ein gutes Mittel, die Demut zu bewahren. Denn bei den Versuchungen lernen wir aus eigener Erfahrung, wie schwach wir sind und wie sehr wir des göttlichen Beistands bedürfen.

Deswegen läßt Gott es geschehen, daß wir angefochten werden und oftmals in die äußerste Gefahr geraten, wo wir kurz davor zu stehen scheinen, in eine Sünde zu fallen, damit wir dadurch einzusehen lernen, wie mangelhaft unsere Tugend und wie notwendig uns der Beistand des Himmels ist.

Und selbst darin können wir die unendliche Weisheit Gottes erkennen, der es so eingerichtet hat, daß die Teufel selbst, diese Geister der Hoffart, dazu beitragen müssen, uns demütig zu machen, wenn wir die Versuchungen nur richtig zu nutzen wissen.

Deshalb sollen wir uns bemühen, sofort beim Beginn der Versuchung die Demut zu üben, indem wir daran denken, wie geneigt wir zum Bösen sind und wie schnell wir fallen würden, wenn Gott uns nicht seine helfende Hand reichen und uns mit seiner Gnade unterstützen würde. Warten wir, um unsere eigene Schwäche zu erkennen, nicht bis wir gefallen sind. Wir sollen sie vorher erkennen, dann wird diese Erkenntnis ein wirksames Mittel zur Bewahrung vor dem Fall werden. »Vor der Krankheit«, sagt der Weise, »brauche Heilmittel; und demütige dich vor der Krankheit« (Sir. 18, 20–21).

Den Demütigen wird niemals die Gnade fehlen, wenn sie von Versuchungen überfallen werden; ja, mit der Hilfe der Gnade gereichen sie ihnen zum größten Nutzen. So fügt es für sie die gnädige Vorsehung Gottes, der durch seinen besonderen Beistand bei »der Versuchung den Ausgang gibt« (1 Kor. 10, 13).

93. Laßt uns bewußt danach streben, die heilige Demut zu erlangen. Wenn wir dann mit der Gnade Gottes auch nur den Grad der Demut erreichen, der für unseren Stand notwendig ist, so werden wir auch allmählich die übrigen Tugenden erwerben. Ja, die Demut allein wird uns all das ersetzen, was uns noch fehlt.

Viele Menschen wünschen Keuschheit oder Nächstenliebe, Sanftmut, Geduld oder eine andere Tugend zu erwerben, die sie am meisten brauchen. Sie wollen wissen, was sie tun müssen, um diese Tugend zu erlangen, und fragen verschiedene Seelenführer nach den zum Erwerb dieser Tugend geeigneten Mitteln. Aber es gibt nur wenige, die bei der Wahl dieser Mittel die notwendige Umsicht anwenden.

Möchtest du wissen, welches Mittel zum Erwerb jeder beliebigen Tugend wirksamer ist als alle anderen? Fange an, dich um Demut zu bemühen, und du wirst sehen, daß alle anderen Tugenden folgen werden, ohne daß du dich viel darum bemühen müßtest, sie zu suchen. Du wirst dann mit großer Freude sagen: »Zugleich mit ihr kam zu mir alles Gute« (Weish. 7, 11). Solltest du auch aus menschlicher Schwäche eine andere Tugend nicht vollkommen besitzen, so demütige dich, und die Demut wird am besten diesen Mangel ersetzen.

Manche Menschen sind besorgt wegen ihrer Zerstreuungen beim Gebet. Diese Sorge kommt von der Hoffart, die sich über die Ohnmacht und Schwäche des Geistes wundert. Sobald du die Zerstreuung bemerkst, zeige Demut. Sprich dann: Mein Gott, wie armselig bin ich, daß ich nicht einmal fähig bin, einige Minuten aufmerksam zu sein! – Erneuere die Demut von Herzen, wenn die Zerstreuung wiederkehrt; und wie es von der Liebe heißt, daß »sie eine Menge der Sünden bedeckt« (1 Petr. 4, 8), so gilt auch von der Demut, daß sie bei der Überwindung der Unvollkommenheit hilft, wie der hl. Augustinus sagt: »Schon das Erkennen der Unvollkommenheit ist ein Bekenntnis der Demut« (Lib. 3 ad Bonif., cap. 7).

94. Es gibt keine Tugend, zu deren Übung sich häufiger Gelegenheit böte, als die Demut. Wieviele Anlässe finden wir nicht in uns selbst, uns zu demütigen, an jedem Ort, zu jeder Zeit, bei jedem Ereignis; im Hinblick auf Gott, im Hinblick auf den Nächsten und im Hinblick auf uns selbst?

Im Hinblick auf Gott: Wir empfangen zahllose Wohltaten von Gottes unendlicher Güte, aber unsere Unerkenntlichkeit und Undankbarkeit muß uns überaus beschämen. Wir erkennen Gott als die höchste Majestät, die über alles geachtet und geehrt zu werden verdient, als das höchste unendliche Gut, das aller Liebe würdig ist. Wie sehr müssen wir uns demütigen, wenn wir in unser Herz schauen und sehen, daß wir diesen großen Gott so wenig fürchten und lieben!

Im Hinblick auf den Nächsten: Ist er ein großer Sünder, so müssen wir uns demütigen beim Gedanken, daß wir die traurige Möglichkeit in uns haben, in einem einzigen Augenblick größere Sünder zu werden, als er es ist. Ja, wir sind wirklich schlechter als er, wenn die Hoffart in uns herrscht. Ist der Nächste tugendhaft, haben wir ebenfalls einen Grund uns zu verdemütigen, da es dann sicher ist, daß er die Gnade besser benutzt als wir; daß er außerdem vollkommener ist als wir, weil sein Herz mehr Demut besitzt als das unsere.

Im Hinblick auf uns selbst: Wir haben wirklich Grund genug, uns zu verdemütigen, wenn wir auf unser früheres Leben und die von uns begangenen Sünden zurückschauen; wenn wir auf die Gegenwart blicken und die vielen Sünden wahrnehmen, die wir fortwährend begehen; oder uns unsere guten Werke ansehen, die noch unvollkommen sind; wenn wir uns die Zukunft vorstellen, die für uns mit schrecklicher Ungewißheit umhüllt ist. »Ich weiß mich zu demütigen«, sagt der hl. Paulus, »überall und in allem« (Phil. 4, 12). Auch sollen wir danach streben, hierin eine gute Gewohnheit zu erwerben, indem wir die Übungen der inneren Demut oft wiederholen. Die Demut ist eine tugendhafte Gewohnheit. Wie kann ich aber eine Gewohnheit in dieser Tugend erlangen, wenn ich mich nicht beständig darin übe? Man fällt in eine Gewohnheit des Stolzes, wenn man sich oft stolz erhebt. Ebenso erwirbt man sich durch häufige Verdemütigungen die Gewohnheit der Demut. In dem Maße aber, in dem die Gewohnheit der Demut durch wiederholte Demutsübungen wächst, verringert sich auch die entgegengesetzte Gewohnheit der Hoffart.

95. Nur einmal hat Luzifer durch Hoffart gesündigt. Müssen wir uns daher nicht für schlechter halten als Luzifer selbst, weil wir uns durch häufige Wiederholung seiner Tat den Hochmut zur Gewohnheit gemacht haben? Wir selbst wähnen, nicht hochmütig zu sein. Es scheint uns, wir seien nicht so vermessen, den Gedanken in uns aufkommen zu lassen, Gott gleich zu sein oder uns gegen Gott empören

zu wollen. Das nun ist unsere größte Täuschung: Voll Hochmut zu sein und uns nicht fur hochmütig zu halten.

Sind wir auch nicht so hochmütig, daß wir es wagen würden, uns gegen Gott zu erheben, so müssen wir dennoch bedenken, daß es auch einen Hochmut der Tat gibt, der viel schlimmer ist als der bloß gedankliche Hochmut. Den Hochmut der Tat brandmarkt der hl. Paulus an denjenigen, »welche vorgeben, Gott zu kennen, mit den Werken aber ihn verleugnen« (Tit. 1, 16).

Lieben wir nicht allzu sehr uns selbst? Töten wir unsere Neigungen um der Liebe Gottes willen ab, wie Gott es uns geboten hat? O, wie oft ziehen wir unseren Willen dem Willen Gottes vor! Gott verbietet uns eine Sache, wir aber bestehen darauf. Fangen wir da nicht eine Art Rechtsstreit mit Gott an, den wir durchaus gewinnen wollen, indem wir die Befriedigung unseres Willens für wichtiger halten als den Gehorsam, den wir Gott schulden?

Ist aber dieser Hochmut nicht viel schlimmer als der Hochmut Luzifers? Während Luzifer nur den Gedanken faßte, Gott gleich zu werden, gehen wir so weit, unseren Willen über den Willen Gottes zu stellen. Meine Seele, du mußt demütig anerkennen, daß du noch hochmütiger bist als Luzifer.[5]

---

5 Anmerkung: Der Vf. bedient sich hier offensichtlich einer Hyperbel, um die Bosheit des »Hochmuts der Tat« besonders stark hervorzuheben. – Zum Verhältnis der Engelsünde zur menschlichen (Tod-) Sünde bemerkt M.J. Scheeben: »Sie ist (...) eine Sünde, welche nicht, wie beim Menschen, actu vorübergeht, sondern wegen der stets wachsamen und tätigen geistigen Natur der Engel sich in einem ununterbrochenen Akte fortsetzt. (...) Der Abfall der Engel von Gott (ist) von vornherein ein radikaler und ein peccatum *ad mortem* in weit vollerem Sinne, als die einfache Todsünde beim Menschen, und selbst als dasjenige peccatum ad mortem, welches in der menschlichen Unbußfertigkeit sich darstellt.« (*Handbuch der katholischen Dogmatik*, Freiburg 1878, Bd. 2, S. 582)

96. Wir können uns mit denen vergleichen, die wegen eines verdorbenen Magens einen übelriechenden Atem haben. Jeder, der sich ihnen nähert, bemerkt den üblen Geruch, der aus ihrem Mund strömt. Sie selbst empfinden jedoch nichts davon und bemerken gar keinen üblen Geruch, obwohl die Nase dem Mund so nahe ist. Dieser übelriechende Atem verursacht allen Ekel; einzig die betreffende Person empfindet ihren widerlichen Atem nicht als unangenehm.

Gerade so geht es auch mit uns. Der Stolz hat unser Herz verdorben. Dies zeigen wir in Worten und Gebärden, in unserem Verhalten, in den mannigfaltigsten Windungen der Eitelkeit und des Ehrgeizes, je nach den Umständen. Jedem, der mit uns in Berührung kommt, ist unsere Hoffart bekannt, nur wir selbst ahnen nichts davon. Meine Bekannten halten mich für hoffärtig, und wirklich, sie täuschen sich nicht. Sie erkennen meine Hoffart daran, daß ich so eitel, so empfindlich, so anmaßend, so trotzig bin. Nur ich halte mich nicht dafür und frage noch verwundert, wie zum Selbstlob: Ich soll hoffärtig sein? Nein, nein, das bin ich nicht! – So antworte ich mir, und bringe mir selbst einen Weihrauch dar, der noch ekelerregender ist als der üble Geruch meiner stolzen Äußerungen.

97. Wir müssen im Evangelium unterscheiden zwischen dem, was bloß angeraten, und dem, was geboten ist. Z.B. allem, was man besitzt, zu entsagen, und um der Liebe Gottes willen an zeitlichen Gütern arm zu werden, ist nur ein Rat. Aber sich selbst zu entsagen und arm im Geiste werden ist ein Gebot. So sind auch einige äußerliche Demütigungen nur Rat, aber die Demut des Herzens ist immer Gebot. Da aber jedes Gebot Gottes nicht nur befolgt werden kann, sondern auch durch den Beistand Gottes leicht und süß wird, so haben

auch Personen weltlichen Standes oft die schönste Gelegenheit, heilig zu werden, wenn sie nur die genannte Demut üben.

Die Demut des Herzens kann ein verweltlichtes Herz umwandeln, es zu einem christlichen machen und zur Heiligkeit führen. Wenn aus dem Herzen solche Gedanken aufsteigen wie: Ich habe mir dieses Glück durch meine Kenntnisse, durch meinen Fleiß verschafft; ich habe mir diese Achtung, dieses Verdienst, durch meine Tapferkeit, meine Fähigkeit und meinen Verstand erworben, dann brauchst du nur einfach dein Herz zu Gott zu erheben und mit dem Weisen zu sprechen: »Wie könnte etwas bestehen ohne deinen Willen?« (Weish. 11, 26). Wie hätte ich auch nur das geringste tun können, o mein Gott, wenn du es nicht so gewollt hättest?

Das ist die wahre Demut, und darin liegt die wahre Weisheit und Heiligkeit. Die Seele besitzt so viel Heiligkeit, wie sie Demut hat, weil sie so viel Heiligkeit besitzt, wie sie Gnade hat. Je demütiger du aber bist, desto mehr Gnade hast du auch, denn nur den Demütigen wird die Gnade zuteil. Von ganzem Herzen bitte ich dich um Demut, o mein Gott: »Den rechten Geist erneuere in meinem Innern« (Ps. 50, 12).

98. Der größte Beweggrund, der uns zur Demut verpflichtet, ist das Beispiel unseres Heilands Jesu Christi. Er kam vom Himmel auf die Erde, um uns die Demut zu lehren, die wir so dringend brauchen, um unseren Stolz zu heilen, der die Quelle aller Sünden und Übel und das größte Hindernis für unser ewiges Heil ist. Der hl. Thomas von Aquin sagt: »Christus hat uns insbesondere die Demut empfohlen, weil dadurch das Hindernis des menschlichen Heils am besten behoben wird« (S. Th. II II, qu. 71, art. 5, ad 3). Und in Wahrheit hat

er uns die Demut auf eine ausgezeichnete Weise durch sein Beispiel gelehrt.

Betrachte das Leben Jesu von der Krippe bis zum Kreuz: Alles strahlt Demut aus. Mehrmals hat er es im Evangelium bezeugt, daß er nicht gekommen sei, seinen eigenen Willen, sondern den Willen des Ewigen Vaters zu tun; daß er nicht gekommen sei, seine eigene Ehre, sondern die Ehre des himmlischen Vaters zu suchen. Und wie er es gelehrt hat, so hat er es auch gelebt.

Er hätte seine göttliche Majestät auf so viele Weisen verherrlichen können, doch mit unendlicher Weisheit wählte er den Weg der Demut, weil es der geeignetste und passendste Weg war, durch seine Demut der göttlichen Majestät jene Ehre zurückzuerstatten, die ihr der menschliche Stolz geraubt hatte.

Welch eine Demut, in einem Stall beim unvernünftigen Vieh geboren zu werden, da er doch der König der Herrlichkeit ist! Welch eine Demut, sich, als wäre er ein Sünder, der Beschneidung zu unterwerfen, da er die Unschuld selbst ist! Welch eine Demut, vor der Verfolgung des Herodes nach Ägypten zu fliehen, als hätte er sich nicht anders retten können als durch die Flucht! Welch eine Demut, sich Maria und Joseph im Gehorsam zu unterwerfen, während er doch der Herr des Universums ist! Welch eine Demut, dreißig Jahre lang ein verborgenes, dürftiges und armes Leben zu führen, während er in herrlichster Weise vor der Welt hätte erscheinen können!

Welch eine Demut, als Gegenleistung für die Wahrheit, die er verkündigte, und für die Wunder, die er wirkte, Beschimpfungen und Beleidigungen zu erhalten, ohne sich je über das Unrecht, das ihm angetan wurde, zu beklagen! O, wer hätte doch in sein Herz sehen können! Seine Demut war eine freiwillige, keine erzwungene. Alles war so, »weil er selbst wollte« (Is. 53, 7). Er wollte sich verdemütigen, damit wir den Entschluß fassen, ihn nachzuahmen. »Ein Beispiel«, sagt er uns allen, »habe ich euch gegeben, damit auch ihr so tut, wie ich euch getan habe« (Joh. 13, 15). Ein Beispiel habe ich euch gegeben, damit ihr lernt, euch zu verdemütigen, wie ich mich von Herzen verdemütigt habe. Sollten diese Beispiele eines menschgewordenen Gottes, der sich selbst verdemütigt hat, nicht kräftig genug sein, um in uns ein großes Verlangen nach Demut zu wecken? »Möge doch endlich der Mensch, um dessentwillen Gott demütig geworden ist, sich schämen, stolz zu sein«, sagt der hl. Augustinus (Enarr. in ps. 18).

99. Wie viele Lehren der Demut finden sich nicht schon in seinem heiligen Leiden. Der Apostel Petrus sagt: »Christus hat für uns gelitten, und euch ein Beispiel hinterlassen, damit ihr seinen Fußstapfen nachfolgt« (1. Petr. 2, 21). Er verlangt nicht, daß auch wir uns geißeln, mit Dornen krönen und kreuzigen lassen sollen; nein, wir sollen nur von ihm lernen, demütig zu werden. Denn wie in seinem ganzen Leben, so gibt er uns besonders in seinem Leiden wiederholt die wichtigste Lehre: »Lernet von mir, denn ich bin sanftmütig und demütig von Herzen« (M. 11, 29).

Betrachte, meine Seele, einen Augenblick den Gekreuzigten, »der das Kreuz erduldete, die Schmach nicht achtete» (Hebr. 12, 2). Vergleichen wir unseren Stolz mit der Demut Jesu Christi, damit Beschämung und Schande uns bedecken mögen. Die Demut des Gekreuzigten zu verehren scheint dir lobenswert, und doch willst du sie nicht nachahmen? Du beteuerst, Jesus Christus nachzufolgen in seiner Religion, die ganz auf Demut gegründet ist, und doch empfindest du gegenüber dieser Demut noch Abneigung und Widerwillen?

Aber wenn wir so oft sagen und predigen hören, daß, wer selig werden wolle, Christus nachahmen müsse – worin soll dann diese Nachahmung bestehen, zu der wir verpflichtet sind und ohne die wir das Heil nicht erlangen können? Was nützt es, zu sagen, wir müssen Jesus Christus nachahmen, wenn wir ihn nicht in der Demut nachahmen, die der Inbegriff all seiner Lehren und Beispiele ist? Der demütige Gekreuzigte wird einst unser Richter sein. Seine Demut ist für uns das Zeichen, daß wir selig werden, wenn wir sie nachgeahmt haben. Sie ist aber auch ein Zeichen für unsere Verwerfung, wenn wir sie verschmäht haben. Es ist notwendig, daß wir von dieser Wahrheit fest überzeugt sind!

DerEwige Vater stellt nicht jedem die Aufgabe, seinen menschgewordenen Sohn immer in allen Geheimnissen seines Lebens nachzuahmen. In der Abgeschiedenheit und Abtötung, die er in der Wüste übte, sollen ihn die Einsiedler nachahmen. Im Predigtamt sollen besonders die Apostel und deren Nachfolger seinem Beispiel folgen. In der Verrichtung von Wunderwerken können ihn nur diejenigen nachahmen, die er dazu berufen hat, an der Festigung des Glaubens zu arbeiten. Ihn hinsichtlich des Leidens auf dem Kalvarienberg nachzuahmen ist nur erlaubt als besondere Auszeichnung, die den Märtyrern gewährt wird.

Aber die Demut des Herzens, die Jesus Christus sein ganzes Leben lang geübt hat, ist ein Vorbild für uns alle. Wir sind alle ohne Ausnahme verpflichtet, sie nachzuahmen. An diese Nachahmung hat Gott unser ewiges Heil geknüpft: »Wenn ihr nicht werdet wie die Kinder, so werdet ihr in das Himmelreich nicht eingehen« (Mt. 18, 3).

100. Nach Jesus Christus, dem König der Demut, haben wir kein schöneres Vorbild der Demut als die allerseligste Jungfrau Maria, die Königin der Demut. Kein Geschöpf hat jemals Maria an Verdienst übertroffen; kein Geschöpf ist jemals demütiger gewesen. Durch die Demut hat sie verdient, die Mutter Gottes zu werden. Nur durch die Demut hat sie den Glanz und die Ehre ihrer erhabenen Mutterwürde bewahrt.

Betrachte Maria in ihrem Haus in Nazareth, als der Erzengel Gabriel ihr verkündigte, daß die Zeit gekommen sei, in der das Ewige Wort durch die Kraft des Hl. Geistes in ihr Mensch werden sollte. Sie zeigte nicht das geringste eitle Wohlgefallen darüber, daß sie die Gebenedeite unter allen Weibern war und zu einer so überaus hohen Würde erwählt wurde. Im Gegenteil, sie war beschämt und verwirrt: »Sie erschrak über seine Rede« (Luk. 1, 29). Sie vermochte es nicht zu begreifen, wie man ihr so große Ehre erweisen könne. Sie dachte: Ich soll die Mutter Gottes werden? Ich, das armseligste Geschöpf, Mutter Gottes? Ich bin seine Magd; ja ich verdiene es noch nicht einmal, seine Magd zu sein. Siehe, ich bin die Magd des Herrn! Maria verdemütigte sich, so tief sie konnte. In dieser überaus tiefen Demut verharrte sie ihr ganzes Leben lang. Sie hielt sich stets für eine Magd des Herrn, ohne sich im geringsten der Würde, seine Mutter zu sein, zu rühmen.

Welch ein schönes Beispiel für uns! Wenn wir also treue Diener Mariens sein wollen, müssen wir auch danach streben, sie in der Demut nachzuahmen. Deswegen sollen wir bei allen Gebeten, Kommunionen und Abtötungen, die wir ihr zu Ehren verrichten, darum beten, daß sie uns durch ihre Fürbitte die Gnade der heiligen Demut erlangen möge. Es gibt keine Gnade, um die Maria so gerne für ihre Verehrer bei Jesus bittet, oder die Jesus Christus seiner Mutter bereitwilliger gewährt, als die Gnade der Demut, denn beide haben eine ganz besondere Vorliebe für diese Tugend.

Wir wollen uns Maria anempfehlen und auf sie vertrauen, wollen sie bitten, daß sie, wegen ihrer Liebe zur Demut, sich würdige, uns wirklich von Herzen demütig zu machen. Sie wird ganz sicher unser Gebet erhören; unsere Wünsche werden erfüllt werden.

Meine Seele, durch die Demut kommst du in den Himmel, und was werden wir im Himmel tun? Dort hört die Übung der anderen Tugenden auf; nur die Liebe und die Demut bleiben. Wir schauen dort Gott von Angesicht zu Angesicht, und wenn wir ihn sehen, werden wir erkennen, was für ein unendliches Gut er ist. Wenn wir aber Gott vollkommen erkennen, werden wir ihn auch vollkommen lieben. Je mehr wir Gott lieben, desto mehr werden wir ihn erkennen. Je mehr wir ihn erkennen, desto mehr werden wir uns demütigen und in alle Ewigkeit die Demut üben mit jenen Ältesten, die der hl. Apostel Johannes in der Geheimen Offenbarung sah, die niederfielen, anbeteten und ihre Kronen vor dem Thron niederlegten und sprachen: »Wir danken dir, Herr, allmächtiger Gott, der du bist, und der du warst und der du kommen wirst« (Offb. 4, 10.; 11, 17). Darum sollen wir anfangen, hier auf Erden jene Tugenden zu üben, die wir in alle Ewigkeit im Himmel zu üben hoffen. »Unser Herr und Heiland Jesus Christus hat sich selbst erniedrigt, und ward gehorsam bis zum Tode am Kreuze. Darum hat ihn auch Gott erhöht, und ihm einen Namen gegeben, der über alle Namen ist« (Phil. 2, 8 f.).

»Rette mich, Herr, vom bösen Menschen, vom gottlosen Manne rette mich!« (Ps. 139, 2). Wer ist dieser böse Mensch, dieser gottlose Mann, vor dem der Herr mich retten soll? Es ist mein innerer Mensch, der alte, verdorbene und stolze Mensch. Das Gebet bedeutet also: Rette mich, Herr, vor mir selbst, d.h. gib mir die Gnade, mich zu bessern und zu erneuern, damit ich nicht mehr länger jener irdische, weltliche und stolze Mensch bin, der ich bis jetzt war, beherrscht von seinen Leidenschaften, sondern daß ich erneuert werde nach dem Geist meines demütigsten Heilands Jesus Christus. »Rette mich, Herr, vom bösen Menschen, vom gottlosen Manne rette mich.«

Gebet

O Gott, der du den Hochmütigen widerstehst, den Demütigen aber deine Gnade gibst, verleihe uns die Tugend der wahren Demut, die dein eingeborener Sohn denen, die an ihn glauben, zum Vorbild gegeben hat, damit wir niemals durch Hochmut deinen Zorn verdienen, sondern durch Demut deiner Gnadengaben teilhaftig werden. Durch denselben Jesus Christus, unseren Herrn, der mit dir lebt und regiert in Einigkeit des Hl. Geistes, Gott von Ewigkeit zu Ewigkeit! Amen.

Gewissenserforschung über die Tugend der Demut

101. Nachdem du jetzt die Demut, ihre Notwendigkeit, ihre erhabenen Vorzüge und ihre Beweggründe kennengelernt hast, wird, so glaube ich, ein heiliges Verlangen dein Herz erfüllen, diese Tugend zu erwerben. Ohne den besonderen Beistand Gottes vermagst du je-

doch in dieser Sache nichts. Gott will aber auch keineswegs etwas ohne dich, nämlich ohne deine Mitwirkung tun. Darum bleibt dir nichts anderes übrig, als Gott inständig und mit kindlichem Vertrauen um seinen Beistand zu bitten; dann eifrig danach zu streben, diejenigen Mittel anzuwenden, die am meisten zum Erwerb dieser Tugend beitragen.

Die Geisteslehrer halten einstimmig die tägliche besondere Gewissenserforschung über eine Tugend für ein sehr wirksames Mittel, um diese zu erwerben. Darum füge ich hier eine Gewissenserforschung über die christliche Demut an. Zu deren guter Anwendung jedoch noch drei Vorbemerkungen:

Erstens: Wenn du täglich wenigstens einmal eine Gewissenserforschung anstellst, um die Fehler zu verbessern, die du gegen die Demut begangen hast, so ist es nicht notwendig, dich jedesmal über alle Fehler zu erforschen, die du hier aufgeführt findest. Du brauchst dann nur einen, höchstens zwei der wichtigsten Fehler, die du gewöhnlich gegen die Demut begehst, zum Gegenstand deiner Gewissenserforschung zu machen. Nachdem du diese Fehler abgelegt hast, wende dein Augenmerk bei der Erforschung deines Gewissens nach und nach den übrigen Fehlern zu, so lange, bis der Hochmut allmählich ausgerottet und die Demut fest in dir verwurzelt ist.

So muß man auch bei der Betrachtung vorgehen. Ganz allgemeine Vorsätze, z.B. nicht hochmütig sein zu wollen, demütig sein zu wollen, nützen ja nichts; sie pflegen vielmehr Unruhe hervorzurufen und den Geist niederzudrücken. Man muß sich auf jene Punkte konzentrieren, in denen wir im Alltag die häufigsten Fehler begehen. Doch ist es auch hier nicht förderlich, einen pauschalen Vorsatz zu fassen, z.B. zeitlebens in dieser Hinsicht keine Fehler mehr begehen zu wollen. Es genügt der Vorsatz, sich gerade heute mit großer Sorgfalt vor diesen Fehlern zu hüten.

So tat es auch König David. Er faßte und erneuerte seine Vorsätze und bemühte sich, sie zu halten, nicht von Jahr zu Jahr, von Monat zu Monat, sondern von Tag zu Tag: »Auf daß ich meine Gelübde erfülle von Tag zu Tag« (Ps. 60, 9). Um gute Vorsätze zu halten, ist es sehr hilfreich, sich für den Fall, daß man gegen sie verstößt, eine Buße aufzuerlegen und diese dann auch treu zu verrichten; z.B. sooft ich heute gegen meinen Vorsatz verstoße, will ich die heilige Seitenwunde Jesu Christi küssen, andächtig den Englischen Gruß beten usw.

Zweitens: Mache die Fehler, über die du deine Gewissenserforschung anstellst, zum Gegenstand deiner Anklage in der Beichte, in der Absicht, wegen deines Hochmuts desto mehr vor Gott beschämt zu werden; ferner deswegen, weil das hl. Sakramtent der Buße eine besondere und einzigartige Gnade gibt, uns hinsichtlich jener Fehler zu bessern, derer wir uns anklagen.[6] Ich will zwar nicht behaupten, daß manche der weiter unten erwähnten Fehler eigentliche Sünden seien. Dennoch steht es fest, daß sie zu den Unvollkommenheiten gehören und daher keineswegs außer acht zu lassen sind, denn Unvollkommenheiten tragen dazu bei, uns in den Fesseln der Sünde gefangen zu halten, und sie hindern uns, Tugend zu erwerben.

Hinsichtlich der Demut als der für unser ewiges Heil notwendigsten Tugend ist es immer sicherer, etwas zu viel als zu wenig Sorg-

---

6 Hinsichtlich der Beichte ist zu beachten, daß zu ihrer Gültigkeit das Bekenntnis eigentlicher Sünden notwendig ist (wenn es auch an sich nützlich ist, in das Bekenntnis auch Unvollkommenheiten einzubeziehen; zur Gültigkeit hinreichende Beichtmaterie sind sie allein gleichwohl nicht).

falt aufzuwenden. Und wirklich, derjenige wird nie in den Besitz der notwendigen Tugend kommen, der sich mit dem begnügt, was unumgänglich notwendig ist. »Wenn ihr nicht werdet wie die Kinder, werdet ihr nicht eingehen in das Himmelreich«, sagte Christus der Welt. Wir haben aber kein anderes Mittel, um klein zu werden, als die Demut; denn durch die Übungen der Demut wird unsere Eigenliebe immer kleiner.

Drittens: Lies öfters die hier folgende Gewissenserforschung über die Demut, um zu erkennen, wie es mit dir hinsichtlich der Demut wirklich steht, damit du nicht zu denjenigen gehörst, die meinen, sie seien demütig, es aber tatsächlich nicht sind. Der hl. Thomas sagt, daß die Demut gefördert wird, wenn man sein Gewissen über die Fehler erforscht, die man gegen irgendeine Tugend begangen hat (S. Th. II II, qu. 35, art. 1, ad 1). Um so mehr wird also die Prüfung über die Fehler gegen die Demut dazu beitragen, Demut zu erlangen. Auch manche weniger wichtige Punkte werden in dieser Gewissenserforschung besprochen. Stellst du aber fest, daß du in vielen von ihnen einen Fehler begangen hast, so achte nicht so sehr auf den Aspekt der Geringfügigkeit des Gegenstands, sondern auf die Häufigkeit der Verletzungen der Tugend. Du hast letztere Verletzungen um so mehr zu fürchten, je leichter du sie zu begehen pflegst.

In dem Maße, in dem du feststellst, daß du in diesem und jenem Punkt noch nicht demütig bist, kannst du die Schlußfolgerung ziehen, daß du hochmütig bist. Und selbst wenn eine solche Gewissenserforschung nur den Nutzen gewährt, deinen Hochmut zu erkennen, ist sie sehr wertvoll. Denn man fängt erst an, demütig zu werden, wenn man auf sich selbst blickt und seinen Hochmut erkennt.

Viele der erwähnten Dinge sind an sich nur angeraten, können aber unter bestimmten Umständen dennoch verbindlich sein, weil sie zur Erfüllung des Gebotenen notwendig sind, wie der hl. Thomas lehrt (S. Th. I II, qu. 72, art. 3; qu. 186, art. 2).

Kurzum, du darfst dich dieses Gewissensspiegels der Demut weder mit Skrupulosität noch mit Ängstlichkeit bedienen, als wäre jeder dieser Fehler eine Sünde, oder als ob du sofort in allem demütig sein könntest. Verwirf aber auch nicht verächtlich alles, was dir nicht ausdrücklich geboten zu sein scheint.

Du mußt in deinem Wunsch und Verlangen, die Demut zu erwerben, eifrig sein, und du solltest mit Fleiß und Sorgfalt darauf achten, diejenigen Mittel anzuwenden, die geeignet sind, die Demut zu erlangen. Empfiehl dich Gott; verfahre bei dieser Gewissensuntersuchung, wie Gott es dir eingibt und dein Gewissen es von dir fordert.

Die Demut kann unter drei verschiedenen Aspekten betrachtet werden, nämlich in Bezug auf Gott, auf den Nächsten und auf uns selbst. Sie wird auf zweierlei Weise geübt, nämlich innerlich und äußerlich. Man kann gegen die Tugend der Demut ebenso wie bei anderen Tugenden durch Gedanken, Worte, Werke und Unterlassungen sündigen. Laß uns also mit der Gewissenserforschung über die Fehler und Sünden gegen die Demut beginnen.

Gewissenserforschung über die Demut gegenüber Gott

102. Die erste Übung der Demut besteht darin, daß wir uns mit tiefster Ehrerbietung der unendlichen Majestät Gottes gänzlich unterwerfen, vor dem wir wie nichts sind: »Alle Völker sind wie ein Nichts

vor ihm« (Is. 40, 17). Denkst du jemals an dein Nichts in Bezug auf Gott? Daß du dein ganzes Wesen und Dasein von Gott erhalten hast? Daß du aufgrund innerer Notwendigkeit völlig von Gott abhängst? Daß du ohne Gott nichts Gutes tun kannst? »Ohne mich könnt ihr nichts tun« (Joh. 15, 5). Daß du ohne Gott weder etwas Gutes denken noch reden noch tun kannst? Der Apostel lehrt: »Niemand kann sagen: Herr Jesus, außer im Heiligen Geiste« (1 Kor. 12, 3). »Wir sind nicht tüchtig, durch uns selbst etwas zu denken, wie aus eigener Kraft, sondern unsere Tüchtigkeit ist aus Gott« (2 Kor. 3, 5). »Gott ist es, der in euch sowohl das Wollen als das Vollbringen wirkt nach seinem Wohlgefallen« (Philipp. 2, 13). Ich kenne diese Stellen der Hl. Schrift bereits, sagst du. Diese Kenntnis wird dir aber wenig nützen, wenn sie dich nicht zur aufrichtigen Demut führt, die unbedingt notwendig ist.

Der hl. Thomas sagt (S. Th. II II, qu. 161, art. 5), daß die Demut in erster Linie bewirkt, daß man seine Seele Gott unterwirft; diese Tugend sei sehr nahe mit den göttlichen Tugenden Glaube, Hoffnung und Liebe verwandt. So wie es aber auch bei diesen nicht hinreicht, bloß zu wissen, was wir glauben, hoffen und lieben müssen, sondern es auch notwendig ist, tatsächlich Akte des Glaubens, der Hoffnung und der Liebe zu erwecken, ebenso muß man auch Akte der Demut erwecken.

Jesus Christus hat uns die Demut des Herzens gelehrt. Unser Herz darf daher nicht müßig bleiben; gerade unser Herz muß die Demut üben. Welche Akte der Demut verrichtest du? Wie oft vollbringst du solche Übungen? Wie lange ist es her, daß du keine mehr verrichtet hast?

Es wäre töricht, auf die Belohnung, die den Demütigen verheißen ist, zu hoffen, ohne wirklich demütig zu sein, oder zumindest das Verlangen, demütig zu sein, oder ohne Akte der Demut zu verrichten. Bist du vielleicht ein solcher Tor? Bisweilen sprichst du manche demütige Worte, du seiest elend, armselig und nichts wert. Sagst du das aber aus wirklich aufrichtigem Herzen? Falls du aber fürchtest, dich selbst zu belügen, wenn du diese Worte in deinen Gedanken zu bestätigen würdest, so denke nur an die Lehre des hl. Thomas (loc. cit., art. 6, ad 1), daß jeder völlig wahrheitsgemäß von sich selbst sagen und glauben kann, er sei von sich aus ein Elender, indem er alle seine Fähigkeiten und Talente Gott zuschreibt.

103. Wie soll man die Demut vor Gott praktisch üben? Ich will es dir an einigen Beispielen zeigen. Stell dir vor, du stündest vor dem allgegenwärtigen Gott als ein verurteilter Verbrecher, der sich demütigt, um die Gnade der Verzeihung seiner Verbrechen zu erflehen: »Erbarme dich meiner, o Gott, nach deiner großen Barmherzigkeit« (Ps. 50, 1). Oder als ein dürftiger Bettler, der an allem Mangel leidet, der sich demütigt, um mildtätige Hilfe in seiner Not zu erbitten: »Unser tägliches Brot gib uns heute.« Oder als jener Kranke am Schwemmteich, der sich vor dem Heiland verdemütigt, um von seiner unheilbaren Krankheit befreit zu werden: »Herr, ich habe keinen Menschen« (Joh. 5, 7). Oder als jener Blinde, der sich demütigt, um in seiner Finsternis erleuchtet zu werden: »Herr, daß ich sehen möge« (Luk. 18, 4). Oder als das Kananäische Weib, das sich demütigt und ausruft: »Erbarme dich meiner, o Herr, hilf mir!« (Mt. 15, 22), die sich nicht scheut, sich mit den Hunden zu vergleichen, die nicht wert sind, etwas von der besseren Speise ihres Herrn zu bekommen, sondern damit zufrieden

sind, die Brosamen aufzulesen, die vom Tisch fallen. Die Demut des Herzens ist ihrer Natur nach einfallsreich: Wie unser Herz liebt, ohne einer Belehrung darüber zu bedürfen, wie es lieben soll, so demütigt es sich auch, ohne daß man es darüber zu belehren braucht, wie es sich demütigen soll.

104. Es gibt bestimmte Fälle, in denen wir verpflichtet sind, Tugendakte, z.B. des Glaubens, der Hoffnung und der Liebe zu erwekken. So gebieten es manchmal die Umstände und die Pflichten unseres Standes. So gibt es auch Fälle, in denen uns die Verpflichtung obliegt, die Demut des Herzens zu üben. Vor allem ist es notwendig, sich zu verdemütigen, wenn man sich im Gebet an Gott wendet, um von ihm eine Gnade zu erlangen, weil der Herr, unser Gott, nur auf die Demütigen sieht, nur sie erhört und nur ihnen seine Gnaden zu geben pflegt: »Der Herr sieht auf das Niedrige« (Ps. 137, 6). »O Herr, (...) der Demütigen und Sanftmütigen Gebet hat dir allezeit gefallen« (Jud. 9, 16). »Den Demütigen gibt Gott Gnade« (Jak. 4, 6). Wenn du nun zu Gott deine Zuflucht nimmst, um eine Gnade für Leib oder Seele zu erhalten, denkst du auch daran, die Demut zu üben?

Beim Gebet und besonders beim Vaterunser spricht man mit Gott. Wie oft sprichst du aber beim Verrichten deiner Gebete mit geringerer Ehrfurcht mit ihm als mit einem Menschen? Wie oft bist du in der Kirche, dem Haus Gottes, und hörst die Predigt, das Wort Gottes, und wohnst der hl. Messe und dem sonstigen Gottesdienst ohne jede Ehrerbietung bei? »Die Demut des Herzens«, sagt der hl. Thomas (S. Th. II II, qu. 161, art. 2), »wird von der äußeren Ehrerbietung begleitet.« Ihr Mangel ist zugleich ein Mangel der Demut, und dazu noch eine Sünde des Hochmuts, in der die Ehrerbietung beiseite gesetzt wird.

105. Je bedürftiger wir der Gnade sind, um die wir Gott bitten, desto mehr müssen wir uns demütigen. Demütigst du dich, wenn du in den Beichtstuhl gehst, um von Gott die Reue zu erflehen, die zur Gültigkeit des Sakraments erforderlich ist? Diese Reue kannst du, weil sie übernatürlich sein muß, nie und nimmer aus eigenen Kräften hervorbringen, du magst dich bemühen und anstrengen, soviel du auch willst: nur Gott kann sie dir geben. Auch ist es sicher, daß Gott dir die Gnade der Reue überhaupt nicht schuldig ist. Es ist vielmehr ausschließlich seine Güte, die dir eine so große Gnade gibt, ohne dein Verdienst.

Wenn du daher diese Gnade zu erhalten wünschst, so mußt du sie durch die Demut erbitten; du mußt aufrichtig bekennen, daß du sie nicht verdienst und nicht würdig bist, sie zu erhalten, sondern sie allein durch die Verdienste Jesu Christi zu erlangen hoffst. Wie hast du aber diese Demut, die man als eine gebotene bezeichnen kann, weil sie ein notwendiges Mittel ist, die Reue zu erlangen, bisher geübt?

106. Ebenso verhält es sich mit dem Vorsatz, der ebenfalls zum würdigen Empfang des hl. Bußsakraments notwendig ist. Der Vorsatz muß beständig und wirksam sein. Das kann er aber nicht sein ohne den besonderen Beistand Gottes. Achtest du also darauf, dich zu demütigen, um diese Hilfe zu erflehen? Erkennst und bekennst du deine Unbeständigkeit; daß du aus eigenen Kräften nicht stark genug bist, deinen Vorsatz auch nur in einer geringen Sache eine kurze Zeit zu halten, nicht einmal von einer Stunde bis zur nächsten, geschweige vom Morgen bis zum Abend?

Daher kommt es, daß du so leicht in dieselben Fehler zurückfällst: Du besitzt keine Demut. Der wahrhaft Demütige mißtraut sich gänzlich und setzt sein ganzes Vertrauen auf Gott; darum erlangt er von Gott wunderbare Hilfe: »Demütige dich vor dem Herrn, deinem Gott, und hoffe auf seine hilfreiche Hand« (Sir. 13, 9).

Wie oft sagst du nicht: Ich habe mir dies ganz fest vorgenommen. Ich werde meinen Vorsatz halten; ich fürchte nicht, ihm untreu zu werden. Wenn du aber so sprichst, vertraust du vermessen auf dich selbst und erkennst die Notwendigkeit der Hilfe Gottes nicht an. Sieh dich vor, daß du nicht zu jenen Verworfenen gerechnet werden mußt, »welche auf ihre Kraft vertrauten und vertilgt wurden« (Sir. 16, 8). Wenn du dich auch noch so wenig auf dich selbst verläßt, so kann dieses Wenige Grund eines tiefen Sturzes für dich werden, wie der fromme Job sagt: »Sie sind in der Höhe eine kleine Zeit, und bestehen nicht, und werden gedemütigt« (Job 24, 24).

107. Wie übst du ferner die Demut während des Bekenntnisses deiner Sünden beim Empfang des hl. Bußsakraments? Besonders in der Beichte mußt du dich mehr als sonst irgendwann demütigen als ein Schuldiger vor deinem Richter: »Verdemütige deine Seele vor dem Priester« (Sir. 4, 7) – ein Wort des Hl. Geistes.

Wie oft gibst du dir Mühe, unschuldig zu scheinen in dem Augenblick, in dem du dich schuldig bekennst? Indem du bald deine Sünden entschuldigst, bald ihre Bosheit verschleierst oder verminderst, bald auch anderen die Schuld zuweist, statt sie dir selbst zuzuschreiben? Dies alles ist ein wirklicher Mangel an Demut, und zwar nicht allein derjenigen Demut, die Rat, sondern derjenigen, die Gebot ist. Du mußt mit David sagen: »Ich bekenne wider mich meine Ungerechtigkeit dem Herrn« (Ps. 31, 5). Die Scham, die dich abhält, deine Sünden klar und deutlich zu bekennen, entspringt einzig und allein deinem Hochmut.

108. Es gibt aber auch Leute, die unter dem Vorwand, Akte der Demut zu üben, sich in der Beichte jedesmal über gewisse schwere und beschämende Sünden des früheren Lebens anklagen wollen. Gehörst du zu ihnen? Hüte dich davor, daß du dies nicht eher deswegen tust, um demütig zu scheinen als um demütig zu sein. Die Eigenliebe ist listig und versteht es, insgeheim für sich zu wirken. Der hl. Bernhard hat auf diesen Fehler hingewiesen (Serm. 6 in cant.). Er sagt: »Desto gefährlicher ist der Schaden bei der Beichte, je verborgener die Eitelkeit ist, die dabei obwaltet, in der Weise, das wir uns nicht scheuen, sogar Beschämendes von uns zu bekennen, nicht weil wir demütig sind, sondern weil wir für demütig gehalten werden wollen. Was ist verkehrter und unwürdiger, als die Beichte, den Hort der Demut, in den Dienst der Hoffart zu stellen?« Außerhalb der Beichte ist aber eine solche Demut überhaupt nicht angebracht, denn sie kann leicht anstößig werden durch das Reden über bestimmte Sünden, die nicht einmal genannt werden sollten.

Wenn du mit diesem sonderbaren Fehler behaftet bist, kann dies für dich kein Grund sein, stolz zu sein, sondern es muß deiner Verdemütigung dienen: »Was ist das doch für eine Ruhmsucht«, sagt der hl. Bernhard, »deswegen besser scheinen zu wollen, weswegen du schlechter scheinst, so als könntest du nicht für heilig gehalten werden, außer du würdest als lasterhaft erscheinen.«

109. Auch nach der Beichte mußt du dich deiner begangenen Sünden erinnern, um dein Herz zu Reue und Scham zu bewegen und

dich vor Gott zu verdemütigen. Denkst du daran, diese Demut zu üben? Dies ist eine gebotene Demut. »Das ganze Leben des Christen muß eine fortwährende Buße sein«, sagt das Konzil von Trient (sess. 14, cap. 2). Die ganze Kirche Christi war dort versammelt. Daher sind auch seine Beschlüsse über die Glaubens- und Sittenlehre unfehlbar.

Das hl. Konzil sagt: »muß.« Damit wird keine Ermahnung, sondern eine Notwendigkeit zum Ausdruck gebracht. Es schreibt damit keine Buße mit Geißeln, Bußhemden oder Fasten vor, sondern es spricht von Buße im allgemeinen; es will damit sagen: Wenn du es nicht vermagst, gewisse äußere Bußwerke zu verrichten, so darfst du doch keineswegs jene innere Buße vernachlässigen, die in der Zerknirschung und Demütigung des Herzens besteht. Du sollst mit David sprechen: »Erbarme dich meiner, o Gott, denn dir allein habe ich gesündigt. Ein zerknirschtes und gedemütigtes Herz wirst du, o Gott, nicht verachten« (Ps.50). Bemühst du dich um diese bußfertige Demut? Deine Sünden sind so groß, und dennoch lebst du so unbekümmert dahin, als wärst du unschuldig!

Erinnere dich an deine Pflicht, oft darüber nachzudenken: »Was habe ich getan?« (Jer. 2, 8). Was für ein großes Übel habe ich damit begangen, Gott zu beleidigen? Bitte den Herrn, daß er dich so erleuchten möge, daß du die Größe und Schwere deiner Sünde erkennst; dann wirst du mit David eine beständige Reue über sie empfinden und mit ihm sagen: »Ich erkenne meine Missetat« (Ps. 50, 5).

110. Wie notwendig die Demut ist, um würdig zur hl. Kommunion hinzuzutreten, kann dir der Glaube zeigen. Übst du aber auch bei der Vorbereitung zum Empfang dieses hochheiligen Sakraments und bei der Danksagung nach dessen Empfang die schuldige Demut? Du

beugst zwar in äußerlicher Demut dein Haupt und schlägst bei den Worten des Priesters »Domine, non sum dignus« (»O Herr, ich bin nicht würdig«) an deine Brust; besitzt du aber auch jene wahre Demut des Herzens, die notwendigerweise zu einer so heiligen Handlung gehört?

Zachäus wurde geheiligt, als er Jesus Christus in sein Haus aufnahm, weil er sich mit tiefer Demut zu seinem Empfang vorbereitete und mehr mit dem Herzen als mit dem Mund sagte: »O Herr, ich bin nicht würdig, daß du eingehst unter mein Dach« (Mt. 8, 8). Das allerheiligste Sakrament des Altares erheischt vor allem Demut. Als der Sohn Gottes im Schoß der allerseligsten Jungfrau Maria Mensch wurde, geschah dies insbesondere aufgrund ihrer Demut: »Er hat angesehen die Niedrigkeit seiner Magd« (Luk. 1, 48).

Würdest du doch bedenken, daß Gott es ist, den zu empfangen du dich nahst! Denkst du daran, daß Gott selbst dich dazu mahnt? »Seid still und seht, daß ich Gott bin« (Ps. 45, 11).

111. Wie verdemütigst du deinen Verstand hinsichtlich der Geheimnisse des katholischen Glaubens? Überläßt du dich vorwitzigen Grübeleien? Willst du die Geheimnisse des Glaubens begreifen? Vertraust du der menschlichen Vernunft mehr als der göttlichen Offenbarung? In Glaubensdingen ist Demut unerläßlich. Gott wird in desto höherem Maße geehrt, je demütiger man glaubt.

Dazu mahnt auch der Weise. Nachdem er gesagt hatte, daß Gott von den Demütigen geehrt wird, fügte er sogleich hinzu, man müsse insbesondere den Verstand demütigen: »Gottes Macht allein ist groß, und sie wird verherrlicht von den Demütigen. Was dir zu hoch ist, dem strebe nicht nach, und was über deine Kräfte ist, das suche nicht zu ergründen; sondern was dir Gott befohlen, daran denke allezeit, und bei seinen vielfältigen Werken sei nicht vorwitzig« (Sir. 3, 21 f.). Wo es sich um den Glauben handelt, sollen wir, wie der Apostel lehrt, weder das Warum noch das Wie ergrübeln wollen, sondern jegliche noch so hohen Geistesgaben in der Anbetung Jesu Christi demütigen: »Indem wir gefangennehmen jeden Verstand zum Gehorsam Christi« (2 Kor. 10, 5). Dies ist notwendig!

Ganz besonders, wenn Versuchungen gegen den Glauben entstehen, ist es notwendig, sich sogleich zu verdemütigen, ohne sich auf Streitgespräche mit dem Teufel einzulassen. Achtest du darauf, in diesem Punkt schnell und entschieden zu handeln? Sprichst du mit David: »Ich will mich nicht mit so spitzfindigen Grübeleien abgeben in großen, wunderbaren Dingen, die mir zu hoch sind?« (Ps. 130, 1).

112. So wie der Verstand in den Dingen, die zu glauben geboten sind, gedemütigt werden muß, so muß nicht weniger der Wille gedemütigt werden in den Dingen, die zu tun geboten sind. Vor allem hierin besteht das Wesen der wahren Demut. Doch wie bewahrst du diese Demut? Demütigst du dich im Gehorsam gegenüber den Geboten Gottes? Bist du zutiefst davon überzeugt, daß du dazu auf Erden bist, um den Willen Gottes und nicht den deinigen zu tun? Mit welcher Gesinnung betest du die dritte Bitte im Vater unser: »Dein Wille geschehe, wie im Himmel, also auch auf Erden«? (Mt. 6, 10). Wie oft sprichst du so mit deiner Zunge, aber ohne dein Herz?

113. Wie verhältst du dich, wenn du dazu versucht wirst, irgendein göttliches Gebot zu übertreten? Gerade in Versuchungen müssen wir die Demut üben. Sooft der böse Feind dich versucht, eine schwere Sünde zu begehen, versucht er dich auch dazu, Gott zu verachten, zu

beleidigen und dich gegen ihn zu empören. Bist du sofort bereit, die Versuchung zurückzuweisen, dich zu verdemütigen und deine Unterwerfung unter Gott zu bezeugen? Gerade dann sollst du mit dem Propheten sprechen: »Soll wohl meine Seele Gott nicht unterworfen sein? Gott ist meine Seele unterworfen, denn er selbst ist mein Gott« (Ps. 61, 2).

Hast du, wenn du das Unglück hattest, in eine schwere Sünde zu fallen, dich sofort verdemütigt und mit echter Reue Gott um Vergebung gebeten? Wie lange hast du die Todsünde in deinem Herzen getragen? Diese ganze Zeit hindurch hast du die Gnade Gottes für nichts erachtet, hast es mit stolzer Verachtung für nichts gehalten, in der Ungnade Gottes zu leben. Du warst jener Sünder, von dem Job gesagt hat: »Gott gab ihm Raum zur Buße, und er machte Mißbrauch davon zur Hoffart« (Job 24, 23).

114. Wie unterwirfst du deinen Willen dem Willen Gottes in Widrigkeiten? Gerade dann sollst du dich demütigen, wie der Heilige Geist durch den Mund des Apostels Petrus lehrt: »Demütigt euch unter die gewaltige Hand Gottes« (1 Petr. 5, 6).

Alle Trübsale hier auf Erden sind von Gott angeordnet. Auch die deinen sind dir gerade deswegen von Gott gesandt, um deinen Stolz zu demütigen und dich in der geschuldeten Demut zu bewahren. Nimmst du sie mit einer Gesinnung an, die den Absichten Gottes entspricht, indem du dich demütigst und mit dem Propheten sprichst: »Gut ist es mir, daß du mich gedemütigt hast« (Ps. 118, 71)?

Das beste Mittel, um von Gott die Befreiung von Trübsalen zu erlangen, besteht darin, uns zu verdemütigen. Dies bezeugt König David aus eigener Erfahrung: »Trübsal und Schmerz fand ich; ich ward gedemütigt, und er half mir« (Ps. 114, 3). Wendest du dieses Mittel an, dich in deinen Trübsalen zu demütigen, indem du vor Gott eingestehst, daß du sie verdient hast und es dir recht geschieht, für deinen Stolz gestraft zu werden?

Gott schickt dir die Widrigkeiten zu, um dich zu demütigen. Er demütigt dich, damit du durch die Demütigung demütig wirst. Welche Früchte der Demut hast du jedoch aus den bisher ertragenen Widrigkeiten gesammelt? Kannst du, wie Moses mit dem hebräischen Volk, sagen: »Wir freuen uns der Tage, in denen du uns gedemütigt hast« (Ps. 89, 15)?

115. Du besitzt vielleicht irgendeine besondere Gabe des Leibes oder des Geistes oder verrichtest gute Werke. Erkennst du dies alles als Gottes Gabe an? Gibst du Gott allein die Ehre, die ihm allein gebührt? »Dem alleinigen Gott sei Ehre und Herrlichkeit« (1 Tim. 1, 17). Dadurch, sagt der hl. Paulus, unterscheidet sich der Geist Gottes, der ein Geist der Demut ist, vom Geist der Welt, der ein Geist des Stolzes ist, denn wer den Geist Gottes hat, erkennt, daß alles, was er besitzt, ein Geschenk Gottes ist. »Wir aber haben nicht den Geist dieser Welt empfangen, sondern den Geist, der aus Gott ist, damit wir wissen, was uns von Gott geschenkt worden ist« (1 Kor. 2, 12).

Wozu sonst soll uns die Erkenntnis dienen, daß alles von Gott kommt, als alles auf Gott zu beziehen und ihm dafür zu danken? Dankst du Gott dem Herrn für die vielen Wohltaten, die er dir täglich erweist? Von Herzen, mit wahrer Demut? Hältst du dich dabei für so armselig, daß du in jede Sünde, ja selbst in die Hölle fallen würdest, wenn Gott dir mit seiner Hilfe nicht zur Seite stände? »Wenn nicht der Herr mir geholfen, so läge meine Seele beinahe in der Hölle« (Ps. 93, 17).

116. Nichts ist der Demut so zuwider, als bei der Übung guter Werke nach eigenem Ruhm zu suchen. Tust du zuweilen etwas Gutes in der Absicht, den Menschen zu gefallen, um gesehen und gerühmt zu werden? »Hütet euch«, ruft dir Christus zu, »daß ihr eure Gerechtigkeit nicht übt vor den Menschen, damit ihr von ihnen gesehen werdet« (Mt. 6, 1). Du bist tatsächlich ein Räuber an der Ehre Gottes, wenn du dir selbst aufgrund einer Gabe Gottes irgendeine Ehre zuschreibst. Erforsche deine Absichten: Sind sie allein darauf gerichtet, Gott zu verherrlichen?

Vorausgesetzt, daß du bei der Übung des Guten nicht danach strebst, Lob von Menschen zu erhalten: Unterläßt du es nicht manchmal, dasselbe Gute zu tun, um die Zuneigung und Gunst bestimmter Menschen nicht zu verlieren? Richtest du dich nicht nach ihrer Gesinnung und den Grundsätzen einer verweltlichten, gottvergessenen Lebensweise? Auch dies bedeutet, die Ehre der Welt mehr zu lieben als die Ehre Gottes. Das ist ein Fehler, der ganz besonders der Demut widerstreitet. Seiner haben sich jene Obersten der Juden schuldig gemacht, die an Christus glaubten, aber aus Furcht vor den Pharisäern nicht wagten, es zu bekennen: »Denn die Ehre bei den Menschen liebten sie mehr als die Ehre bei Gott« (Joh. 12, 43).

117. Hast du ein Gewissen, das von Ängstlichkeiten und Skrupeln geplagt wird? Sollte dem so sein, so erforsche dich, und du wirst möglicherweise feststellen, daß die eigentliche Quelle deiner Skrupel nichts anderes ist als deine Eigenliebe, nämlich deine Hoffart. Du bist ungelehrig und willst dich nicht damit zufriedengeben, was dein See-

lenführer dir sagt. Das ist nach der Lehre des hl. Thomas (S. Th. II II, qu. 48; qu. 49, art. 3, ad 4) eine Wirkung der Hoffart. Die Gelehrigkeit jedoch, diese liebenswerte Tochter der Demut, macht uns bereit, zu gehorchen.

Was bedeutet es, wenn wir in den Lebensbeschreibungen der Heiligen nichts von so vielen Aufregungen durch Skrupel lesen? Die Heiligen waren demütig. Wo aber Demut ist, da ist auch Ruhe des Geistes. Von nicht wenigen Skrupulösen weiß man, daß sie von dem gleichsam für unheilbar gehaltenen Übel der Skrupulosität dadurch geheilt worden sind, daß sie von Herzen sagten: O mein Gott! Ich klage mich über meine Hoffart an; ja, ich bereue meine Hoffart; ich bitte um deinen Beistand, um meine so große Hoffart abzulegen.

Solltest du erkennen, daß deine übertriebene Ängstlichkeit nicht so sehr von deiner Ungelehrigkeit, sondern eher von deinem Kleinmut herrührt, mußt du wiederum von dem großen heiligen Lehrer Thomas vernehmen, daß auch dein Kleinmut eine Frucht der Hoffart ist (S. Th. II II, qu. 133, art. 1). Denn beim Urteil über deine größere oder geringere Kraft bestehst du fest auf deiner Meinung, während du die richtigere Ansicht anderer nicht gelten lassen willst.

Wünschst du dir den Frieden und gewisse geistliche Tröstungen, die so sehr dazu beitragen, bereitwillig den Weg der Gebote Gottes zu gehen und immer eifriger im Dienst Gottes zu werden? Ich kann dir kein besseres Mittel angeben als dieses: Werde von Herzen demütig, und Gott der Herr wird deiner Seele unaussprechlichen Trost geben. »Mein Geist frohlockt«, sagt die allerseligste Jungfrau in ihrem Lobgesang. Sie fügt zu deiner Belehrung noch hinzu, daß Gott ihr diese

Freude ihres Geistes ihrer Demut wegen geschenkt hat: »Denn er hat angesehen die Niedrigkeit seiner Magd« (Luk. 1, 48).

118. Du hast einen aufrichtigen Willen, selig zu werden; also mußt du auch die Mittel ergreifen, die Gott zu deinem ewigen Heil angeordnet hat. Eines der vorzüglichsten und wesentlichsten Mittel ist aber die Demut, wie die Hl. Schrift bezeugt: »Denn dem demütigen Volke wirst du helfen« (Ps. 17, 28). »Die demütigen Geistes sind, wird er erretten« (Ps. 33, 19). »Wer demütigen Geistes ist, wird Ehre erlangen« (Spr. 29, 23).

Wie hoch schätzt du diese Demut? Wie übst du sie? Wie betest du zu Gott um diese Tugend? Glaubst du, sie sei dir geboten oder bloß angeraten, so daß es in deiner Willkür stünde, sie zu üben oder nicht?

Die Himmelspforte ist nicht nur eng, sondern auch niedrig. Darum sagte unser Heiland: »Wenn ihr nicht werdet, wie die Kinder; so werdet ihr nicht in das Himmelreich eingehen« (Mt. 18, 3). Daher wird nur der in das Himmelreich eingehen, »der sich demütigt« (Mt. 18, 4). Auf dem Weg zu unserem himmlischen Vaterland ist derjenige immer in Gefahr, der mit stolz erhobenem Haupt einhergeht; in Sicherheit aber lebt derjenige, der es demütig beugt. Möge sich das jeder zu Herzen nehmen!

Der hl. Johannes Chrysostomus erinnert in seinem Buch gegen die Tadler des Ordenslebens (Contra vitup. vit. monast., lib. 3) an folgendes: »Als der Herr sagte: Lernet von mir, denn ich bin sanftmütig und demütig von Herzen, sprach er nicht nur die Ordensleute an, sondern alle Menschen aller Zeiten. Alle Menschen insgesamt geht dieser Befehl an, niemand ausgenommen. Jesus Christus hat die Demut des Herzens nicht nur den Ordensleuten, sondern allen Menschen geboten.«

Gewissenserforschung über die Demut gegenüber dem Nächsten

19. Nach der Lehre des hl. Thomas besteht der erste Akt der Demut darin, sich Gott zu unterwerfen, der zweite Akt aber darin, sich aus Liebe zu Gott dem Nächsten zu unterwerfen, d.h. sich vor ihm zu demütigen. Dies gebietet auch der Hl. Geist im ersten Petrusbrief: »Seid daher untertan jeder menschlichen Kreatur um Gottes willen« (1 Petr. 2, 13). Auch ermahnt er uns durch den hl. Paulus, daß wir wetteifern sollen, einander in der Demut zu übertreffen: »Demütig achte einer den anderen höher als sich« (Phil. 2, 3).

120. Der Nächste kann aber in einem dreifachen Verhältnis zu dir stehen. Denn er ist entweder dein Vorgesetzter, deinesgleichen oder dein Untergebener. Ist er dein Vorgesetzter, so steht es völlig außer Zweifel, daß dir dann besonders ihm gegenüber Demut geboten ist. Das ist der ausdrückliche Wille Gottes, wie der Apostel Petrus bezeugt: »Seid daher untertan jeder menschlichen Kreatur um Gottes willen (...). Denn so ist es der Wille Gottes« (1 Petr. 2, 13. 15).

Begegnest du deinen Vorgesetzten und Oberen mit jener Demut des Gehorsams und Ehrfurcht, die deinem Stand ansteht? Wie nimmst du Zurechtweisungen auf, die sie dir etwa machen? Hast du ihnen gegenüber Demut des Herzens, von Herzen und mit gutem Willen, wie es der hl. Paulus fordert (Eph. 6, 7)?

Eine solche Demut mußt du notwendigerweise üben, wenn du Jesus Christus nachfolgen willst, »der sich selbst gedemütigt hat, und gehorsam geworden ist bis zum Tode« (Phil. 2, 8). Der Ungehorsam gegenüber dem Befehl des von Gott gesetzten Oberen kann zuweilen noch eine Entschuldigung zulassen, wenn man ihn nicht füglich ausführen konnte oder ihn aus Unachtsamkeit vergessen hat. Aber der Wille, nicht zu gehorchen, ist stets ein Akt einer nicht zu entschuldigenden Hoffart. »Nicht gehorchen zu wollen ist ein stolzes Unterfangen des Willens«, sagt der hl. Bernhard (Lib. de praecept. et dispens., cap. 11).

121. Wie verhältst du dich gegenüber deinesgleichen? Trachtest du danach, über anderen zu stehen? Bist du unzufrieden mit deiner Lage und verlangst danach, deinem Nächsten vorgezogen zu werden? Sooft sich in deinem Herzen das Verlangen regt, emporzusteigen und dich über andere zu erheben, mußt du dir selbst zurufen: Das ist die Sünde Luzifers, »der in seinem Herzen sprach: Ich will hinaufsteigen« (Is. 14, 13). Der hl. Thomas lehrt (S. Th. II II, qu. 161, art. 2), daß die Tugend der Demut wesentlich in der Mäßigung jenes Begehrens bestehe, das danach strebt, sich über andere zu erheben.

Hältst du dich für mehr als andere wegen einiger Vorzüge der Natur, der höheren Bildung oder der Gnade? Das ist wirklicher Hochmut. Ihn mußt du durch die Demut unterdrücken, indem du dich selbst als geringer achtest als andere, wie es denn auch leicht möglich ist, daß du in der Tat vor Gott geringer als andere bist.

122. Wie verhältst du dich gegenüber Untergebenen? Überhaupt gegenüber niedriger Gestellten? Diesen gegenüber sollst du dich am meisten in der Demut üben, nach dem Wort des Weisen: »Je größer du bist, desto mehr demütige dich in allem« (Sir. 3, 20). Sie sind zwar hinsichtlich ihres Standes geringer als du, bedenkst du jedoch

auch, daß sie vor Gott dir gleich sind? »Denn ihr wißt«, sagt der hl. Paulus, »daß ihr wie sie einen Herrn im Himmel habt« (Eph. 6, 9). Behandelst du sie gütig und freundlich, wie es der hl. Paulus verlangt: »Lasset euch hernieder zu den Niedrigen« (Röm. 12, 16)? Befiehlst du ihnen mit Stolz und in herrischer Art, gegen das Gebot Gottes, der nicht will, daß wir uns gegen niedriger Gestellte herrisch verhalten (1. Petr. 5, 3)? Wenn du sie pflichtmäßig bestrafen mußt, tust du es dann im Geist der Sanftmut, um sie zu bessern, »im Geist der Sanftmut«, wie der Apostel uns lehrt: »Und habe auf dich selbst acht, damit nicht auch du versucht werdest« (Gal. 6, 1)?

Es gibt jedoch auch eine andere Art von Demut, die tadelnswert ist und vor der der Hl. Geist uns warnt: »Sei nicht zu demütig in deiner Weisheit, damit du nicht erniedrigt und zur Torheit verleitet werdest« (Sir. 13, 11). Wer Talente und Fähigkeiten besitzt, um zu lehren, Rat zu geben und das Seelenheil kräftig zu fördern, sich aber, wie aus Demut, zurückzieht und vorgibt, er sei nicht fähig – wer ein Amt hat, das ihm die Pflicht auflegt, zurechtzuweisen, zu strafen und sein Ansehen zu behaupten, und seine Pflichten, wie aus Demut, vernachlässigt –, der ist nicht demütig, sondern schwach und kleinmütig. In solchen Fällen sollst du, soweit es dein äußeres Verhalten betrifft, die Regel des hl. Augustinus befolgen, »daß bei den Untergebenen das Ansehen des Vorgesetzten nicht durch eine allzu weit gehende Demut geschwächt werde« (Reg.).

So sehr ich dich auch dafür loben sollte, daß du dich für geringer an Verdiensten hältst als alle deine Untergebenen, »in den Gedanken deines Herzens«, wie es treffend der hl. Gregorius sagt (Mor., lib. 32, cap.17), so darf dies doch nicht dazu führen, daß das Ansehen des

Amtes der Verächtlichkeit preisgegebenoder zum Schaden anderer beeinträchtigt wird.

Wie dich dein Amt als Vorgesetzter nicht hindern darf, von Herzen demütig zu sein, so darf dir auch die Demut kein Hindernis dafür sein, das Ansehen deiner Stellung zu behaupten. »Haltet andere in eurem Herzen für höher, über die ihr der äußeren Stellung nach erhoben seid«, sagt der hl. Augustinus (angeführt vom hl. Thomas in S. Th. II II, qu. 161, art. 6, ad 1).

123. Gegenüber allen Menschen haben wir zwei Arten der Demut zu üben: eine Demut der Erkenntnis und eine Demut der Neigung. Die Demut der Erkenntnis besteht darin, daß wir uns im Innern unserer Seele für geringer erkennen und halten, als irgendeinen Menschen auf Erden. Deswegen empfiehlt uns auch unser Heiland Jesus Christus im Evangelium: »Setze dich auf den letzten Platz« (Luk. 14, 10). Er sagt nicht, daß wir uns einen Platz in der Mitte oder einen der letzten auswählen sollen, sondern den letzten, d.h., wie der hl. Bernhard erklärt, daß wir von uns selbst eine solche Meinung haben müssen, daß wir uns wirklich geringer schätzen als alle übrigen Menschen. »Daß du allein«, sagt derselbe heilige Lehrer, »d.h. als der Letzte von allen dasitzen sollst; ich sage nicht, daß du dich keinem Menschen vorziehen, sondern daß du es dich nicht einmal wagen sollst, dich mit irgendjemandem zu vergleichen« (Serm. 37 in cant.).

Diese Bemerkung entbehrt nicht einer tiefen Begründung: Du willst dich für besser halten als irgendeinen Menschen. Weißt du aber, ob nicht gerade derjenige, über den du dich erhebst, schon jetzt oder doch bald Gott dem Herrn viel wohlgefälliger sein wird als du, kraft einer Herzensverwandlung durch die Rechte des Allerhöchsten?

Der wahrhaft Demütige hält alle Menschen für besser als sich selbst und sich selbst für schlechter als alle anderen. Bist du auf diese Weise in Gedanken demütig? Es fällt dir sehr leicht, dich mit dieser oder jener Person zu vergleichen, ja dich so vielen nach Art des stolzen Pharisäers vorzuziehen: »Ich bin nicht wie die übrigen Menschen!« (Luk. 18, 11).

Bei dieser Erhebung deiner selbst über andere handelst du oft mit dem Schein einer gewissen Bescheidenheit, indem du sagst: Gott sei Dank! Ich bin nicht mit Lastern behaftet wie dieser oder jener Mensch. Gott sei Dank! Ich habe nicht so viel Böses getan wie diese oder jene Person. Wenn du aber wirklich erkennst, daß du alles von der Gnade Gottes erhalten hast, warum rühmst und erhebst du dich dann deswegen?

Wenn du dich für höher hältst als deinen Nächsten, er aber sich selbst für geringer hält als dich, so ist er demütiger als du und darum auch besser als du. Wenn du durch Gottes Gnade keusch, barmherzig und gerecht bist, so mußt du dich auch durch Gottes Gnade bemühen, demütig zu sein. Wie kannst du aber demütig sein bei einem solchen Übermaß an Wertschätzung deiner selbst, mit der du dich über andere erhebst?

Dort, wo der hl. Paulus lehrt, daß wir in heiliger Demut alle anderen für besser halten sollen als uns selbst, zeigt er uns auch, wie wir dies ereichen können, nämlich so, daß wir nicht das Gute im Auge haben, das wir besitzen, sondern auf das Gute schauen, das andere haben oder möglicherweise haben: »Daß nicht jeder auf das Seinige sehe, sondern auf das, was des andern ist« (Phil. 2, 14). Hierzu sagt der hl. Thomas, daß wir, wenn wir festhalten, daß alles Böse, das durch einen Menschen geschieht, vom Menschen kommt, und alles Gute, was im Menschen ist oder von ihm getan wird, von Gott kommt – wie es sich auch tatsächlich verhält –, wir immer völlig wahrheitsgetreu, in vierfacher Beziehung, von jeder Person sagen können, daß sie besser ist als wir.

Erstens, indem wir an uns betrachten, was von uns kommt, nämlich die Bosheit und die Sünde, am Nächsten aber das, was von Gott kommt, nämlich seine unzähligen Wohltaten; zweitens, indem wir auf eine besondere Tugend achten, die der Nächste etwa besitzt, die wir nicht haben; drittens, indem wir in uns einen Fehler erkennen, mit dem jene Person nicht behaftet ist; viertens, indem wir eine kluge Furcht hegen, es könnte in uns ein geheimer Hochmut sein, der all unsere Handlungen, auch die heiligsten, verdirbt, und daß wir uns in unserer Meinung täuschen könnten, wir seien gut, während wir es in Wirklichkeit nicht sind (S. Th. II II, qu. 161, art. 3, in 4, dist. 25, qu. 2, art. 3, ad 2).

124. Die Demut der Neigung besteht darin, daß wir, so wie wir uns als armseliger erkennen als alle übrigen Menschen, auch von anderen dafür gehalten werden wollen. Uns aufgrund unserer Selbstkenntnis in den eigenen Augen für gering und verächtlich zu halten, ist eine Demut der Notwendigkeit, weil wir der erkannten Wahrheit wegen nachdrücklich dazu verpflichtet sind. Aber zu wünschen, auch von anderen für gering und verächtlich gehalten zu werden, das ist die wahre und tugendhafte Demut des Herzens. »Jenes ist Notwendigkeit, dieses freier Wille«, sagt der hl. Bernhard (Serm. 42 in cant.). Und er fügt hinzu: »Ich fürchte, es könne jenen, den die Wahrheit erniedrigt, der Wille erheben.« Hüte dich sehr davor, es zu lieben, von

anderen hochgeschätzt zu werden, wenn du dich auch selbst nicht hochschätzt. Denn das würde heißen, ein Unding zu lieben, nämlich eine Lüge zu lieben.

Wie weit bist du noch von dieser Demut der Neigung entfernt! Wenn du manchmal befürchtest, daß einige deiner Fehler bekannt werden, wieviele Ausreden und Rechtfertigungen bringst du dann vor, damit dein Ansehen nur ja nicht durch den Vorwurf eines Fehlers, den du wirklich begangen hast, gemindert wird! Um mehr Ansehen zu erlangen, versuchst du, deine Fähigkeiten und Talente zur Schau zu stellen; und wenn deine Fähigkeiten gering, deine Talente klein sind, wie oft gibst du nicht vor, mehr davon zu besitzen, um dir größere Achtung zu verschaffen?

Solange du es schätzt, bei anderen Achtung zu genießen, weit davon entfernt, die Erniedrigung zu lieben, gehörst du in der Tat zu jenen stolzen Adamskindern, die der Prophet tadelte: »Warum liebt ihr die Eitelkeit und sucht die Lüge?« (Ps. 4, 3). Gestehe deinem Gewissen die Wahrheit ein, daß du mehr Hochmut als Demut besitzt, und daß du die Eitelkeit mehr liebst als die Wahrheit.

125. Die Demut der Neigung ist die eigentliche Demut des Herzens, die Jesus Christus gelehrt hat, die uns Kindern gleich macht und uns befähigt, in das Himmelreich einzugehen. Doch welche Beschämung für dich, bei der Gewissenserforschung über diesen Gegenstand gestehen zu müssen, daß du nicht einmal einen Schatten der wahren Demut besitzt! Man macht dich zur Zielscheibe eines Witzes, man verleumdet dich – wie verhältst du dich, wenn du es erfährst? Wirst du deswegen unruhig? Wirst du verdrießlich? Fängst du an, zu klagen? Unwillig zu werden? Scheint es dir, als tue man

dir Unrecht und raube dir deine Ehre? Bist du argwöhnisch? Leicht beleidigt? Hältst du auch die unbedeutendsten Dinge für Verstöße gegen die schuldige Achtung, für Verletzungen deiner Ehre?

Ich rede nicht von der Ehre, die in der Tugend begründet ist, sondern von jener elenden Ehre, die nach den Ansichten der Welt dafür gehalten wird. Welchen Wert legst du auf diese Ehre? Bist du kleinlich? Bist du wegen jedes kleinen Wörtchens, wegen jedes schlecht gewählten Ausdrucks beleidigt? Bist du schnell ärgerlich und unwillig? Hegst du leicht Abneigung und Feindschaft? Verlangst du unnachsichtig Entschuldigungen, Verdemütigungen und Wiedergumachungen? Zeigst du dich schwierig, wenn es darum geht, zu verzeihen? Fällt es dir schwer, dich zu versöhnen und mit deinem Beleidiger zu sprechen? Fürchtest du, dir etwas zu vergeben, wenn du dich als guter Christ versöhnst? Wenn es sich so verhält, wo ist da die Demut sowohl der Erkenntnis als auch der Neigung in jenem Grad, der notwendig ist, um selig zu werden?

126. Um noch deutlicher zu erkennen, wie sehr es dir an Demut fehlt, halte dir folgendes Bild vor Augen: Der Demütige zürnt nicht über seinen Beleidiger; nein, er ist ihm gegenüber sogar wohlwollend und erweist ihm Gutes für Böses, denn er sieht in dem, der ihn beleidigt, das Werkzeug der göttlichen Gerechtigkeit oder Barmherzigkeit, und ist überzeugt, daß er wegen seiner Sünden und Undankbarkeit gegenüber der Güte Gottes noch Schlimmeres verdienen würde. Und du?

Der Demütige beunruhigt sich nicht, wenn er erfährt, daß man schlecht von ihm spricht, sondern er versucht mit ruhigem Gemüt sich selbst zu bessern, obwohl er nicht getan hat, was ihm zur Last gelegt wird. Er beklagt sich nicht, daß er verfolgt werde; er äußert niemals, daß diejenigen, die schlecht über ihn reden, feindselige, böswillige und neidische Menschen seien, sondern er glaubt, daß sie ihn besser kennen, als er sich selbst kennt. Handelst du so?

Wird der Demütige zurechtgewiesen, so nimmt er es gutwillig auf und dankt demjenigen, der die Güte und Liebe hatte, ihn zurechtzuweisen. Er urteilt und spricht niemals schlecht von seinem Nächsten, weil er alle anderen für besser hält als sich selbst, und weil er sehr gut erkennt, daß er noch Schlimmeres tun könnte. Er lebt mit allen in Frieden und ehrt alle. Ohne selbst Ehrenbezeugungen zu erwarten, ist er der erste, der andere ehrt, wie es die hll. Apostel Petrus und Paulus befohlen haben: »Habt Frieden mit allen Menschen« (Röm. 12, 18). »Ehrt alle« (1 Petr. 2, 17). »Kommt einander mit Achtung zuvor« (Röm. 12, 10). Und du? Was sagst du von dir selbst?

Du meinst vielleicht, das seien Dinge, die nur die Vollkommenen beachten müßten. Aber es sind Dinge, die zur Demut gehören, und, soweit es dich betrifft, sogar geboten sein können. Hinsichtlich der Demut rate ich dir nicht, dich mit dem Grad dieser Tugend, der absolut notwendig ist, zufrieden zu geben, ohne einen einzigen Schritt weiter gehen zu wollen. Wenn du entgegnest: Ich bin zu diesem oder jenem Akt der Demut nicht verpflichtet, so kannst du dich sehr irren. Wie sehr auch deine äußere Demut von der Klugheit geleitet werden muß, so kannst du dich doch sicher der Verpflichtung zur inneren Demut des Herzens nicht entziehen.

127. Wenn der Demütige merkt, daß er seinem Nächsten Kummer oder Verdruß verursacht hat, so verdemütigt er sich schnell, bittet um Entschuldigung und Nachsicht und äußert sein aufrichtiges Be-

dauern über die von ihm verursachte Unannehmlichkeit. Der Demütige fürchtet sich auch davor, dann, wenn er sich von seinem Eifer mitreißen ließe, ein herrisches Verhalten an den Tag zu legen. Darum verfährt er mit großer Umsicht und wendet seinen Eifer mehr gegen sich selbst als gegen andere. Er legt bescheiden seine Ansicht dar, vermeidet Rechthaberei und ordnet seine Ansicht ohne Starrsinn derjenigen anderer Leute unter. Aber du?

Der Demütige hegt Ehrfurcht und Achtung gegenüber Höhergestellten; er ist gütig und freundlich gegenüber den ärmsten Menschen. Er verstößt nicht im geringsten gegen die gute Sitte, die schon vom Weisen empfohlen wurde: »Neige dein Haupt vor dem Großen, und antworte dem Armen friedlich und sanft« (Sir. 4, 7 f.). Bist auch du es gewohnt, so zu handeln?

Der Demütige versucht nicht durch Verstellung und affektierte Äußerlichkeiten als demütig zu erscheinen. Er empfindet vielmehr, wenn er sieht, daß man ihn für demütig hält, schmerzliche Verwirrung. Sein ganzes Wesen ist aufrichtig, einfach und geradlinig. Er ist bescheiden und hält seinen Stolz und Eigensinn nieder. Er ist nicht hartnäckig und hochfahrend, sondern folgsam, ehrerbietig, gehorsam. Und du?

Ach, erkenne doch, wie weit du noch in der Schule Jesu Christi zurückliegst! Er ist gekommen, um dir eine einzige Lehre zu geben, nämlich die Demut: »Lernet von mir; denn ich bin sanftmütig und demütig von Herzen«, und welche Fortschritte hast du bisher darin gemacht? Du wirst mir erwidern, daß viele dieser Übungen dir allzu schwer scheinen; aber sage dir selbst: Es ist schwer für den Unzüchtigen, keusch zu leben; schwer für den Geizigen, Almosen zu geben.

So ist es auch schwer für den Stolzen, Demut zu üben. Nicht weil die Demut an und für sich schwer ist, sondern sondern weil er sie sich durch seinen Stolz schwer macht. »Ihr selbst macht auch das Joch des Herrn schwer«, kann man dir mit Eusebius von Emesa zurufen (Hom. de Machab.).

Gewissensforschung über die Demut hinsichtlich unserer selbst

128. Richard von St. Viktor definiert die Demut als die innere Verachtung seiner selbst (Lib. 2, cap. 23, de epul. Inter hom.). Denke daher ein wenig darüber nach, welche Meinung du von dir selbst hegst. Wenn es dir scheint, du hättest eine gewissen Anspruch auf Ehren, du würdest Vorzüge, Reichtum oder Ehre besitzen, wie verhältst du dich bei diesen Trugbildern der Eitelkeit und Hoffart? Hast du Wohlgefallen daran? Verweilst du freiwillig und vielleicht auch noch mit dem Wunsch, dich immer mehr in sie zu vertiefen, in solchen Gedanken?

So wie jene, die die Keuschheit lieben, unreine Gedanken mit Verachtung und Abscheu zurückweisen, so müssen auch wir, wenn wir die Demut lieben, solche irdischen, stolzen Gedanken von uns weisen. »Laß den Fuß der Hoffart nicht über mich kommen.« (Ps. 35, 12). So mögen wir mit David beten, weil durch solche Gedanken Hoffart in unser Herz einzudringen beginnt, und wer sich daran gewöhnt, sich an solchen Gedanken zu erfreuen, entwickelt so eine böse Gewohnheit der Hoffart in seinem Herzen.

129. Denkst du an dein Nichts? Hältst du dich für etwas Besonderes? Wenn letzteres der Fall ist, führst du dich selbst in die Irre und betrügst dich. Denn, so spricht der hl. Paulus: »Wenn jemand sich

etwas zu sein dünkt, da er doch nichts ist, der betrügt sich selbst« (Gal. 6, 3). Bist du selbstgefällig? Rühmst du dich selbst wegen deiner Wissenschaft, wegen deiner Macht, wegen deines Reichtums oder wegen anderer Vorzüge der Natur oder der Gnade? Beherzige das Wort Gottes beim Propheten Jeremias: »Dieses spricht der Herr: Der Weise rühme sich nicht seiner Weisheit, und der Starke rühme sich nicht seines Reichtums» (Jer. 9, 23). Der hl. Paulus schreibt: »Wir dürfen uns nicht selbst gefallen« (Röm. 15, 1). Diese Ruhmsucht und Selbstgefälligkeit schleicht sich unbemerkt ein; wer aber demütig ist, bemerkt sie schnell und weist sie zurück, weil sie lauter Eitelkeit ist, nur Stolz erzeugt und das Herz aufbläht.

Ebenso verhält es sich mit dem geistlichen Leben. Hältst du dich für fromm, weil du manchmal etwas Gutes tust? Du wärst vielleicht fromm, wenn du dich nicht selbst für fromm hieltest. O denke doch an das von Gott verworfene Jerusalem, das, wie der Prophet sagt, sich für schön hielt, »sich auf seine Schönheit verließ« (Ez. 16, 15). So machst auch du es, »denn die Seele verläßt sich auf ihre Schönheit, wenn sie sich wegen einer guten Handlung innerlich erhebt«, sagt der hl. Gregorius (Ep. 26).

Der Stolze denkt viel lieber an das wenige Gute, das er tut, und die geringe Andacht, die er fühlt, als an das viele Böse, das er getan hat und noch täglich tut. Er verdrängt die Erinnerung an die Vielzahl seiner Sünden, um nicht gedemütigt und beschämt zu werden. Er denkt jedoch öfters über seine verschiedenen unbedeutenden Übungen der christlichen Frömmigkeit nach, um sich darin wohlzugefallen. »Sie schauen mehr auf das, was ihnen an ihnen gefällt, als auf das, was ihnen an ihnen mißfällt«, sagt ebenfalls der hl. Gregorius (Lib. 22 Mor., cap. 1) Hast du diese Neigung?

130. Die Demut lehrt uns, uns aller guten Dinge, die wir besitzen, für unwürdig zu halten, ja sogar der Luft, die wir einatmen, uns aber aller Leiden dieser Zeit und der Verachtung der Welt für würdig zu halten. Das sind die Gedanken eines demütigen Menschen! Er hat stets die Sünden vor Augen, die er begangen hat, und seine böse Neigung, diese auch in Zukunft zu begehen. Deswegen hält er sich für schlechter als die Mohammedaner, die des Lichtes der Offenbarung entbehren, während er selbst von ihm erleuchtet wird. Er hält sich für schlechter als alle Sünder, die sich der Schwere ihrer Sünden nicht bewußt sind und nicht den Beistand der Gnade erhalten haben, dessen er sich erfreut. Er hält sich für schlechter als die Juden, »die, hätten sie es erkannt, den Herrn der Herrlichkeit nie gekreuzigt haben würden« (1 Kor. 2, 8). Er hält sich sogar für schlechter als die Teufel, die nur ein einziges Mal in Gedanken gesündigt haben, während er so oft sogar in Werken gesündigt hat.[7] Hältst du jemals inne, um ernsthaft über diese Dinge nachzudenken?

131. Begibst du dich in gefährliche Gelegenheiten (zur Sünde), indem du sagst: Ich werde schon nicht sündigen – und dich so zu sehr auf deine eigene Kraft verläßt? Der hl. Gregorius schärft dir ein, daß nichts weiter von der Demut entfernt ist als eine solche Vermessenheit. »Nichts«, sagt er, »entfernt den Menschen weiter von der Demut, als ein vermessenes Vertrauen auf die Kraft der eigenen Tugend« (Lib. 22 Mor., cap. 3). Bist du beunruhigt und aufgewühlt beim Gedanken an deine Fehler oder deinen geringen Fortschritt auf dem

7 Vgl. Fußnote zu Nr. 95.

Weg der Tugend? Das ist Hoffart, die aus Vermessenheit entspringt, durch die du glaubst, aus eigenen Kräften Großes tun zu können. Du sollst dich demütigen, aber nicht entmutigen lassen. Lerne vom hl. Augustinus, der von sich selbst sagte: »Ich werde dessentwegen, was mir mangelt, demütiger sein« (In ps. 38). Ich werde fester in der Demut begründet, wenn ich betrachte, welche Tugend ich besitzen sollte und wie weit ich noch davon entfernt bin.

Handelst du weise, indem du deiner eigenen Einsicht mißtraust und nicht etwa hartnäckig auf deiner vorgefaßten Meinung beharrst, ohne auf die Ratschläge anderer hören zu wollen, besonders in sehr wichtigen Dingen? Das wäre ein bedeutender Fehler gegen die Tugend der Demut, und der Hl. Geist warnt dich davor: »Verlaß dich nicht auf deine Klugheit, und sei nicht weise in deinen Augen« (Spr. 3, 5 f.). Der hl. Hieronymus nennt es einen unerträglichen Stolz, wenn man sich der Meinung hingibt, man sei so weise, daß man des Rates anderer nicht bedarf: »Unerträglich ist die Hoffart, zu meinen, man benötige keinen Rat« (In cap. 1 Isa.).

132. Es ist notwendig, nicht nur in Gedanken, sondern auch in Worten demütig zu sein. Ein demütiger Mensch redet deshalb wenig und folgt dem Rat des Weisen: »Rede nichts unbedachtsam; darum laß deiner Worte wenig sein« (Pred. 5, 1). Viel zu reden ist eine Folge der Hoffart, weil wir uns einbilden, viel zu wissen und anderen unsere Gedanken und Meinungen aufdrängen wollen.

Achtest du auf deine Worte, um nichts zu deinem eigenen Lob zu sagen, oder irgendetwas, das dich als gelehrt, erfahren, weise oder tugendhaft erscheinen lassen soll, indem du einen Vorzug deiner Person oder deiner Familie zur Schau stellst? In diesen Dingen wird man leicht vom Stolz beherrscht. Der hl. Tobias warnt uns davor: »Laß die Hoffart niemals in deinem Sinne oder in deinen Worten herrschen« (Tob. 4, 14). Stellst du dich als Beispiel hin, indem du sagst, daß man in dieser oder jener Weise handeln solle, weil auch du so handelst oder gehandelt hast? Wenn du eine besondere Gabe Gottes besitzt, sprichst du darüber, indem du z.B. sagst: »Gott sei Dank, ich besitze diese oder jene Tugend«? Erinnere dich des Wortes des Engels Raphael an Tobias, daß man die verborgenen Gaben Gottes geheimhalten soll: »Das Geheimnis eines Königs zu verbergen ist gut« (Tob. 12, 7).

Du sprichst vielleicht zuweilen in nachteiligem Sinne von dir selbst, aber nur in der Absicht, daß andere dir hierin widersprechen. Das ist die Handlungsweise eines Menschen, »der sich arglistig demütigt« (Sir. 19, 23), der so tut, als fliehe er das Lob, indem er es sucht, als verachte er Ehrerweise, während er sie anstrebt. Gewöhne dich daran, weder Gutes noch Schlechtes von dir zu sagen, denn in beiden Fällen kann sich leicht Stolz einschleichen.

133. Welche Vorsichtsmaßnahmen wendest du an, wenn du hörst, daß man dich lobt? Die Eigenliebe ist sogleich bereit, einige Körner des eigenen Weihrauchs mit dem von anderen gestreuten zu vermischen. Ich meine damit, daß wir wegen der Verdorbenheit unserer Natur sogleich bereit sind, das uns gespendete Lob zuzulassen, als gebühre es uns gemäß der Wahrheit und Gerechtigkeit, und sich mit eitlem Wohlgefallen daran zu erfreuen. Dies alles ist aber Mangel an Demut.

Der hl. Augustinus, der von diesem Wohlgefallen spricht, das man bei Lobeserhebungen empfindet, richtet dieses Gebet an Gott:

»Herr, halte diese Torheit von mir fern« (Lib. 10 Conf., cap. 37). Denn er hielt das Vergnügen, das man an Eitelkeit und Lüge findet, für eine wahre Torheit. Wenn er hörte, daß andere ihn lobten, dachte er an seine früheren Sünden und betrachtete die Gerichte Gottes, indem er in seinem Innern sprach: »Ich kenne mich besser, als jene; aber Gott kennt mich noch besser, als ich« (Enarr. in ps. 25).

Wenn ein Herz wahrhaft demütig ist, muß es stets die ihm gespendeten Lobsprüche fürchten; es muß befürchten, das Lob sei falsch oder es raube ihm das Verdienst und den Lohn der wahren Tugend. So der hl. Gregorius (Mor., lib. 22, cap. 3).

Der Demütige, sagt der hl. Thomas, soll staunen, wenn jemand Gutes von ihm spricht, und sich über nichts mehr wundern, als darüber, daß man ihn lobt. So staunte auch die allerseligste Jungfrau Maria, als sie die Botschaft vom Erzengel Gabriel erhielt, daß sie die Mutter Gottes werden solle; sie wunderte sich zutiefst darüber, daß sie zu einer so herausragenden Würde erhoben werden sollte. »Einer demütigen Seele kommt nichts befremdlicher vor, als etwas über ihre eigene Vortrefflichkeit zu hören. So verhält es sich auch mit der Frage Mariens: ›Wie wird das geschehen?‹, auf die hin der Engel ihr einen Beweis gibt, nicht, um ihren Glauben zu schwächen, sondern vielmehr um ihrer Verwunderung zu begegnen« (S. Th. III, qu. 30, art. 4).

Doch sogar in eine Verachtung des Lobs kann sich Stolz einschleichen, wie der hl. Augustinus sagt: »Oft ist ein Mensch törichterweise stolz auf seine eigene törichte Selbstverachtung« (Lib. 10 Conf., cap. 28). Wo es notwendig ist, andere in ihrer Gegenwart zu loben, muß man nicht weniger Bescheidenheit als Klugheit anwenden, »damit die überaus gefährliche Versuchung zur Liebe nach eigenem Lob bei diesen keinen Eingang finde.« Diesen Rat gibt uns ebenfalls der hl. Augustinus (loc. cit.). Schmeichelei ist immer falsch, wir mögen uns selbst oder anderen schmeicheln.

134. Man sündigt auch gegen die Demut durch Prunk und Eitelkeit in der Kleidung. Diese sind nach den Worten der Königin Esther ein »Zeichen der Hoffart« (Est. 14 16). Wir müssen unser Herz von solcher Liebe freimachen, denn eine besonders schöne Kleidung ist nur angemessen, wenn sie der Würde unseres Standes entspricht und die rechte Absicht bei ihrer Verwendung vorhanden ist. »Sei nicht stolz auf deine Kleidung«, sagt der Hl. Geist (Sir. 11, 4).

Wie schön deine Kleidung auch sein mag, laß keine Eitelkeit in dein Herz einziehen. Mußt du öffentlich in einem prachtvollen Ehrengewand erscheinen, so hüte dich vor der Eitelkeit, »und erhebe dich nicht an dem Tage, wo du geehrt wirst« (Sir. 11, 4). Den übermäßigen Prachtaufwand, das eitle Wohlgefallen an sich selbst, das Verlangen, zu gefallen und die Blicke anderer auf sich zu ziehen, seinesgleichen zu übertreffen oder höheren Ständen in der Pracht der Kleidung gleichzukommen, muß man mäßigen und durch Demut niederhalten.

Der hl. Thomas gibt hierfür die ausgezeichnete Regel, »daß das Übermaß im äußeren Aufwand durch die Demut zurückgehalten werden muß« (S. Th. II II, qu. 161, art. 2). Was man in dieser Hinsicht das Standesgemäße nennt, muß seine Grenzen haben, die aufgrund der Ehrbarkeit und der christlichen Bescheidenheit zu ziehen sind, keineswegs aber gemäß der Hoffart und der verschwenderischen Prunksucht der Welt. Auch soll man durch die Demut jenen eitlen

Stolz zügeln, der sich unserer gefälligen Haltung oder schönen Gesichtsbildung wegen erhebt, »denn trügerisch ist die Anmut und eitel die Schönheit« (Spr. 31, 30).

135. Was bestimmte äußere Handlungen betrifft, die an sich gleichgültig sind, die aber durch eine gute Meinung zu tugendhaften werden, soll man mit besonderer Sorgfalt die Demut des Herzens üben, die der Heiland empfohlen hat. »Ich will demütig sein in meinen Augen«, sollen wir mit David sagen (2 Kön. 6, 22). Um diese gute Gewohnheit in der Demut gegenüber sich selbst zu erlangen, ist es von großem Nutzen, wenn man sich daran gewöhnt, auch anderen gegenüber demütig zu sein.

Deshalb bitte ich dich eindringlich, dich mit besonderer Sorgfalt zu fragen: Was denkst und hältst du von der Tugend der Demut? Glaubst du wirklich, daß die Demut des Herzens zu deinem ewigen Heil notwendig ist? Du weißt, daß man das Geheimnis der allerheiligsten Dreieinigkeit fest und standhaft glauben muß, und daß jeder, der daran zweifelt, ein Häretiker ist. Du sollst aber wissen, daß die von Jesus Christus im Evangelium vorgetragene Lehre von der Demut mit gleicher Festigkeit zu glauben ist, weil man nicht behaupten kann, daß die eine Lehre des Evangeliums wahrer sei als eine andere, und es müsse die eine mehr, die andere aber weniger geglaubt werden, denn jede von ihnen stammt aus dem Mund Jesu Christi, der die Wahrheit selbst ist.

Wenn du nun an diese Lehren über die Demut glaubst, wie übst du sie denn, und welche Mittel wendest du an, um demütig zu werden? Bittest du Gott darum? Nimmst du deine Zuflucht zur Fürbitte der allerseligsten Jungfrau Maria und deiner heiligen Schutzpatrone? Machst du dich vertraut mit solchen Gedanken, die besonders wirksam sind, dich die Demut zu lehren, z.B. die Gedanken an den Tod, das Gericht, die Hölle, und den Himmel, an die Ewigkeit, an die Schwere der Sünde und besonders an das Leiden Jesu Christi?

Ich bin völlig sicher, daß du niemals demütig werden wirst, wenn du die Mittel vernachlässigst, die zum Erlangen der Demut am besten geeignet sind. Wenn du aber nicht demütig von Herzen bist, wie willst du dann einmal vor dem Richterstuhl Gottes bestehen?

Präge deinem Herzen die schöne Mahnung ein, die der hl. Augustinus seinem Freund Dioskorus gibt (Ep. 113): »Weiche nicht, o Dioskorus, vom königlichen Weg der Demut ab, den Christus uns lehrte; obwohl die christliche Religion viele andere Tugenden gebietet, so ist doch die Demut die Haupttugend; denn mit der Demut erlangt man alle übrigen Tugenden; mit der Demut werden sie bewahrt; ohne die Demut aber gehen sie alle verloren.«

Über das Laster des Stolzes
Zur besseren Verwendung der Gewissenserforschung über die Tugend der Demut

136. Der Stolz ist nach dem hl. Thomas eine ungeordnete Gesinnung, aufgrund derer sich der Mensch vernunfts- und wahrheitswidrig höher schätzt, als er ist, und wünscht, auch von anderen höher geschätzt zu werden, als er tatsächlich ist (S. Th. II II, qu. 160, art. 19). Da aber eine solche Gesinnung der Vernunft widerspricht, ist sie sicher eine Sünde, und zwar eine besondere Sünde gegen die Tugend der Demut, die die Schwere einer Todsünde hat. Denn der hl. Paulus zählt die Hoffärtigen zu denjenigen, die »Gott dem verwerflichen Sinne über-

ließ (…) und die des Todes würdig sind« (Röm. 1, 28; 32). Es handelt sich jedoch häufig nur um eine läßliche Sünde, wenn nämlich die vollständige Erkenntnis oder die völlige Einwilligung nicht vorhanden ist.

137. Man zählt den Stolz zu den sieben Hauptsünden, weil er gleichsam eine Quelle ist, aus der so viele andere Sünden verschiedener Art entspringen. Deswegen machte auch der hl. Paulus, als er die unzähligen Bosheiten der Welt sah, seinen Schüler Timotheurs darauf aufmerksam, indem er an ihn schrieb: »Wisse, daß in den letzten Tagen gefährliche Zeiten kommen werden; denn es werden die Menschen sein voll Eigenliebe, habsüchtig, prahlerisch, hoffärtig, Lästerer, den Eltern ungehorsam, undankbar, lasterhaft, lieblos, unfriedsam, verleumderisch, unenthaltsam, grausam, schonungslos, verräterisch, frech, aufgeblasen, die Lüste mehr liebend als Gott« (2 Tim. 3, 2–4). Woher, sagt er, entspringt eine solche Flut von so großen Lastern? »Es werden die Menschen voll Eigenliebe sein.« Der Apostel Paulus wollte, wie der hl. Augustinus bemerkt (De Civ. Dei, lib. 14, cap. 13), damit sagen, daß all diese Übel wie aus einer Quelle aus dem entspringen, was er zuerst genannt, nämlich, daß die Menschen voll Eigenliebe sind. Dieses Übermaß an Eigenliebe ist aber nichts anderes als der Stolz, wie derselbe Heilige lehrt.

Daraus kann man schließen, daß ein Mensch, der den Stolz überwunden hat, ein ganzes Heer von Sünden besiegt, gemäß der Erklärung des hl. Gregorius (Mor., lib. 31, cap. 17) zu Job 39, 25 («Aus der Ferne wittert es den Kampf, (…) und des Heeres Schlachtgeschrei.«)

138. Unter den Hauptsünden steht die Hoffart obenan, ja sie muß eigentlich, nach dem hl. Thomas, nicht so sehr unter die Hauptsün-

den eingeordnet werden, sondern steht vielmehr über allen Hauptsünden als diejenige, die alle übertrifft. Die Hoffart ist das Hauptlaster, das alle anderen Laster mit sich bringt. Daher wird sie auch in der Hl. Schrift der Anfang aller Sünde genannt. »Die Hoffart ist der Anfang aller Sünde« (Sir. 10, 15). »Die Hoffart ist die Wurzel aller Übel« (1 Tim. 6, 10). Denn wie die Wurzel des Baums unter der Erde verborgen ist und ihren Saft in alle Zweige treibt, so liegt auch die Hoffart im Herzen verborgen und hat unbemerkt auf irgendeine Weise Einfluß auf jegliche Sünde. Und wahrhaftig, wann immer man eine Todsünde begeht, stellt man seinen eigenen Willen gegen den Willen Gottes und waffnet sich gegen ihn.

So spricht auch der hl. Job vom Sünder: »Er hat ausgestreckt seine Hand wider Gott, und wider den Allmächtigen seine Kraft gebraucht: ist angelaufen wider ihn mit vorgerecktem Halse und hat sich gewaffnet« (Job 15, 25–26).

In diesem Sinne sagt man, daß die Hoffart an und für sich die größte von allen Sünden sei. Denn der Hoffärtige erhebt sein Haupt und widersetzt sich Gott; er kümmert sich nicht darum, daß er Gott mißfällt, um nur sich selbst zu gefallen, indem er das All aufgibt und sich an sein eigenes Nichts klammert. »Gott verläßt er«, sagt der hl. Augustinus (De Civ. Dei, lib. 4, cap. 14), »sucht sich selbst zu gefallen und neigt sich seinem Nichts zu. Weswegen denn auch die Hoffärtigen in der Hl. Schrift Selbstgefällige genannt werden«, in Übereinstimmung mit dem, was der hl. Paulus schreibt: »Menschen voll Eigenliebe.« Derselbe Kirchenvater bemerkt, daß läßliche Sünden, die mehr aus menschlicher Gebrechlichkeit begangen werden, durch die hinzukommende Bosheit des Stolzes vielfach Todsünden werden:

«Es geschehen«, sagt er, »bisweilen Sünden aus menschlicher Schwäche, die, obgleich sie klein sind, dennoch groß und schwer werden, wenn sie durch die Hoffart vermehrt und schwerwiegender werden« (De Civ. Dei, lib. 4, cap. 14).

Gott hat mit einem Schwur beteuert, wie sehr er dieses Laster verabscheut. Beim Propheten Amos (6, 8) steht geschrieben: »Es schwört Gott, der Herr, bei sich selbst: Ich verabscheue die Hoffart.« Warum sollen wir uns dann wundern, wenn er dieses Laster härter als jedes andere bestraft? Der hl. Augustinus sagt hierüber: »Von allen Menschen, die sündigen, stürzt keiner tiefer ins Verderben als der Hoffärtige« (In ps. 35).

139. Betrachten wir nun, worin die schreckliche Gefahr dieses Lasters liegt.

Erstens: Während die anderen Laster nur die Tugend vernichten, der sie entgegengesetzt sind, z.B. die Unkeuschheit die Keuschheit, die Unmäßigkeit die Mäßigkeit, der Zorn die Sanftmut usw., so vernichtet die Hoffart alle Tugenden. Diese ist nach den Worten des hl. Gregorius (Mor. lib. 34, cap. 2) wie der Krebs, der nicht nur ein Glied verdirbt, sondern schleichend den ganzen Körper zugrunde richtet, gleichsam eine allgemeine und pestartige Krankheit.

Zweitens: Die anderen Laster hat man nur zu fürchten, wo es sich darum handelt, Böses zu tun; aber die Hoffart, sagt der hl. Augustinus, legt uns heimliche Fallstricke selbst dann, wenn wir Gutes tun. »Die übrigen Laster hat man bei Sünden, die Hoffart aber sogar bei guten Taten zu fürchten« (Ep. 118). Der hl. Isidor sagt in seinem Buch vom höchsten Gut: »Die Hoffart ist schlimmer als jedes andere Laster; schon darum, weil sie bei den Werken der Tugend entsteht und ihre Sündhaftigkeit weniger empfunden wird.«

Drittens: Wenn wir die übrigen Laster bekämpft und überwunden haben, so können wir uns darüber freuen; sobald wir uns aber freuen, die Hoffart überwunden zu haben, überwindet sie uns, und ist siegreich über uns in dem Augenblick, in dem wir uns rühmen, sie besiegt zu haben. Wenn der Mensch sich dafür lobt, die Hoffart besiegt zu haben, erhebt diese freudig ihr Haupt und spricht: »Siehe, ich triumphiere deswegen, weil du triumphierst« (hl. Augustinus, Lib. de nat. et gr., cap. 27).

Viertens: Die übrigen Laster zieht man sich schnell zu, man kann sie aber auch schnell ablegen; die Hoffart jedoch ist das Laster, das wir uns am ersten zuziehen und am letzten verlassen: »Die sich zu Gott bekehren, haben zuletzt noch gegen das zu kämpfen, was bei ihrer Entfernung von Gott die erste Sünde war« (hl. Augustinus, Enarr. 2 in ps. 118)-

Fünftens: Zu jedem guten Werk, soll es für die ewige Seligkeit fruchtbar sein, benötigen wir eine besondere Gnade Gottes. Nun gibt es aber kein Laster, das den Einfluß der Gnade so sehr verhindert wie die Hoffart, denn »Gott widersetzt sich den Hoffärtigen« (Jak. 4, 6).

Sechstens. Die Hoffart ist ein Merkmal der Verworfenen, und zwar das augenscheinlichste, wie der hl. Gregorius sagt (Mor. lib. 34, cap. 18).

Siebtens: Die übrigen Laster kann man leicht erkennen, sie daher auch leicht verabscheuen und ablegen; die Hoffart jedoch ist ein Laster, das man nicht so leicht erkennt, denn sie versteht es, sich zu maskieren und verschiedene Gestalten anzunehmen, so daß sie sogar das Aussehen der Tugend annimmt und sich den Schein der Demut gibt. Daher gelingt es nicht, ihr so leicht zu entgehen wie den übrigen Lastern, da man sich, wie der hl. Ambrosius sagt, »vor dem Verborgenen nicht so gut hüten kann wie vor dem Erkannten« (Ep. 82).

140. Diese letzte Gefahr ist für uns die größte von allen, die um so mehr zu fürchten ist, weil wir selbst nach allen Kräften dazu beizutragen scheinen, um das Laster nicht zu erkennen. Man sucht nach Gründen, Beschönigungen, Kunstgriffen, um seine eigene Häßlichkeit zu verschleiern. Man erfindet tausend Vorwände, um sich zu überzeugen, die Hoffart sei keine Hoffart und regiere keineswegs in unserem Herzen, auch dann nicht, wenn sie mehr denn je darin herrscht.

Wie die Demut von den blinden Freunden der Welt Feigheit und Schwäche genannt zu werden pflegt, so wird im Gegenteil die Hoffart Kraft und Größe genannt. Hoffärtig zu sein wird gedeutet als geistreich zu sein, den Anstand zu beachten, seine Ehre zu wahren, sich ausgezeichnet zu benehmen, vernunftgemäß zu handeln, seine Achtung zu behaupten, die Pflichten seines Standes zu erfüllen. Was für Worte der Eitelkeit! Halte ihnen die Worte der Wahrheit entgegen, die der Dulder Job gesprochen hat: »Wie Moder soll ich verzehrt werden« (Job 13, 28). »Zur Fäulnis sprach ich: Mein Vater bist du! Zu den Würmern: Mutter und Schwester seid ihr mir!« (Job 17, 14). Gehe jenen weltlichen Redensarten tiefer auf den Grund, und du wirst erkennen, daß in ihnen eigentlich äußerster Stolz zum Ausdruck kommt.

Dies allein ist es, um was ich dich bitte: daß du dich nicht selbst täuschst, wenn du auch leider von anderen auf diese Weise getäuscht worden bist. Strebe danach, dein eigenes Übel zu erkennen, wenn du davon geheilt werden willst. Ich empfehle dir nichts anderes, als daß du dich um die Erkenntnis der Wahrheit bemühst. Scheint dir die Erkenntnis der Wahrheit schwer, so ist das ein Zeichen, daß du hoffärtig bist.

Der hl. Thomas wird dich davon überzeugen. Auf zweierlei Weise, sagt er, kann man die Wahrheit erkennen, nämlich mit dem Verstand und mit dem Herzen. Der Hoffärtige erkennt sie nicht mit dem Verstand, denn Gott hat sie ihm verborgen, wie Christus sagt: »Du hast dieses vor Weisen und Klugen verborgen« (Mt. 11, 25), nämlich vor den Hoffärtigen, wie es der hl. Augustinus erklärt (Serm. 8 de verb. Dom.). Noch weniger erfaßt er sie mit dem Herzen. Denn derjenige kann keine Freude an der Wahrheit finden, der sich an der Eitelkeit erfreut. »Während sich die Hoffärtigen an ihrer eigenen Vortrefflichkeit ergötzen, haben sie Ekel an der Wahrheit« (hl. Thomas, S. Th. II II, qu. 162, art. 3).

Der Hoffärtige hat keine Freude an Predigten, Betrachtungen und Unterweisungen über die ewigen Wahrheiten, sie sind ihm vielmehr lästig. Findest du, daß es sich mit dir so verhält, dann mußt du dich für hoffärtig halten. Jedoch demütige dich ein wenig, wenigstens während du diese Unterweisung liest, damit dir Erleuchtung vom Ewigen Vater des Lichtes zuteil wird, wie der Heiland sagt: »Ich preise dich, Vater, Herr des Himmels und der Erde, daß du dies den Kleinen geoffenbart hast!« (Mt. 11, 25), nämlich den Demütigen, wie der hl. Augustinus hinzufügt (Serm. 8 de verb. Dom.).

141. Der hl. Gregorius und der hl. Thomas lehren, daß man auf vierfache Weise durch wirkliche Akte der Hoffart sündigen kann. Die

erste besteht darin, daß jemand glaubt, von sich selbst aus irgendein Gut des Leibes oder des Geistes zu besitzens, und sich dessen als seines ihm eigenen Gutes rühmt, ohne an Gott zu denken, welcher der Geber jeden Gutes ist.

Durch diese Hoffart sündigte Arphaxad, der König der Meder, der »sich rühmte als ein Machthaber in der Macht seines Heeres« (Jud. 1, 4). Auf dieselbe Weise sündigte der König Nabuchodonosor, der seiner eigenen Macht die Erbauung Babylons zuschrieb, indem er sprach: »Ist das nicht das große Babylon, das ich zur Wohnung des Königs erbaut habe, durch meine starke Macht und zu Ehren meiner Herrlichkeit?« (Dan. 4, 27). So sündigte auch der reiche Mann im Evangelium (Luk. 12, 18 f.), der sich in seinen reichlichen Einkünften wohlgefiel, und, diese als sein eigenes Hab und Gut betrachtend, zu sich selbst sprach: »Ich will alle meine Güter zusammenbringen und dann zu meiner Seele sagen: Meine Seele, du hast großen Vorrat an Gütern auf sehr viele Jahre.« Durch dieselbe Hoffart versündigt sich deshalb auch jeder, der sich gefällt, sich brüstet und sich rühmt wegen hervorragender Geistesgaben oder großen Reichtums, wegen vornehmer Abkunft, wegen Klugheit und Beredsamkeit, wegen Schönheit des Leibes oder wegen Pracht in der Kleidung – und der, gleichsam als gelte ihm Gott für nichts, sich selbst deswegen hochachtet und auch von anderen hochgeachtet werden will.

Dies ist Hoffart, denn obwohl Gott uns alle diese Güter zu unserem Gebrauch gegeben hat, so hat er sich die Ehre davon vorbehalten, die ganz und gar sein ist und ihm allein gebührt: »Dem alleinigen Gott sei Ehre und Herrlichkeit« (1 Tim, 1, 17). Wer aber diese Ehre sich selbst zueignet, ist hoffärtig. Daher muß man mit dem hl.

Thomas sagen, daß es, um eine Sünde der Hoffart zu begehen, nicht notwendig ist, ausdrücklich zu meinen, jene Güter seien uns nicht von Gott gegeben geworden, was vielmehr eine Sünde des Unglaubens wäre, sondern daß es, um Hoffart zu sein, schon hinreichend ist, sich ihrer als eigener Güter zu rühmen.

142. Auf die zweite Weise sündigt man durch Hoffart, wenn man zwar anerkennt und bekennt, dieses oder jenes Gut von Gott erhalten zu haben, dies aber den eigenen Verdiensten zuschreibt, man mag es nun innerlich wirklich so glauben oder wünschen, daß andere es glauben, oder sich äußerlich so verhalten, als habe man in der Tat durch eigenes Verdienst jene Güter erlangt.

Auf diese Weise sündigte auch Luzifer durch Hoffart, der, geblendet von der Schönheit und Vortrefflichkeit seines Geistes, den Allerhöchsten zwar noch als den Schöpfer aller Dinge anerkannte, aber nichtsdestoweniger anmaßend wähnte, es verdient zu haben und würdig zu sein, an der Seite Gottes im Himmel zu sitzen: »Auf dem Berge des Zeugnisses will ich mich niederlassen« (Is. 14, 13). Und aus diesem Grund weist ihn der hl. Bernard zurück: »O du Unverschämter, was hast du denn gearbeitet, um schon zu thronen?« Was hast du getan, o Verwegener, um eine so große Ehre zu verdienen? So sündigten durch Hoffart jene Verworfenen (Luk. 18, 9), die zwar mit dem Pharisäer Gott die Ehre gaben wegen des Guten, das sie taten, und wegen des Bösen, das sie nicht taten: »Gott ich danke dir« usw., die aber gleichwohl »sich selbst zutrauten, daß sie gerecht seien«, sich selbst für Leute von großem Verdienst hielten »und die übrigen verachteten«.

So sündigt offenbar durch Hoffart jeder, der sich vermißt, irgendein Gut zu verdienen oder verdient zu haben. Denn wenn wir das eigene Verdienst hervorkehren, stellen wir Gott als Schuldner jener Gnaden hin, die nicht mehr Gnaden sein würden, wenn sie von uns verdient worden wären. Wir können wohl sagen, daß wir durch unsere Sünden den Zorn Gottes und jede Strafe verdienen, wie Job sagte: »O würden gewogen meine Sünden, womit ich den Zorn verdient habe!« (Job 6, 1). Wir können jedoch nicht sagen, daß wir die Gnade irgendeines Gutes verdienen, »denn sonst wäre Gnade nicht mehr Gnade«, sagt der hl. Apostel Paulus (Röm. 11, 6).

Ja, mit dem demütigen hl. Apostel Paulus muß jeder spechen: »Durch die Gnade Gottes bin ich, was ich bin« (1 Kor. 15, 10). Wenn ich reich, vornehm, gesund bin, oder mich mit sonstigen Gütern ausgezeichnet sehe, so ist es Gott, der mir all dies gegeben hat, und zwar nicht wegen meines Verdienstes, sondern einzig und allein aus Gnade und Güte. Wenn ich mich des Bösen enthalte, wenn ich das Gute tue – beides ist Gottes Gnade, der nicht wegen meines Verdienstes, sondern allein wegen seiner Barmherzigkeit mir beisteht. »Durch die Gnade Gottes bin ich, was ich bin.« Wer demnach dasjenige, was er ist oder was er hat, seinen eigenen Verdiensten zuschreibt, der ist ein Hoffärtiger, weil er der Gnade und der Barmherzigkeit Gottes den Ruhm streitig macht. Darum schließt die heilige Kirche ihre Gebete weise mit den Worten: »Durch Jesus Christus, unseren Herrn« usw. Dadurch beteuern wir gegenüber der göttlichen Majestät, daß wir die im Gebet erwähnten Gnaden und Güter durch die Verdienste Jesu Christi erbitten; und daß, wenn wir erhört werden, dies nur durch die Verdienste Jesu Christi geschieht.

Das ist ein Punkt von großer Wichtigkeit, an den wir uns oft erinnern sollen, um nicht so leicht aus Unachtsamkeit in die gefährlichste Hoffart zu fallen. Der hl. Augustinus schärft uns ein, wir mögen wohl bedenken, nicht nur, daß wir alles Gute, was wir haben, von Gott haben, sondern auch, daß wir es einzig und allein durch seine Barmherzigkeit und nicht durch unser Verdienst haben. »Wenn der Mensch erkennt«, sagt er, »daß alles, was er Gutes hat, von der Barmherzigkeit Gottes herrührt, und nicht von seinem Verdienst, so ist er nicht hoffärtig« (In ps. 84).

143. Die dritte Weise, in der man durch Hoffart sündigt, besteht darin, daß man sich zuschreibt, irgendein Gut zu besitzen, das man in Wirklichkeit nicht besitzt, welcher Art auch immer es sein mag; sei es, daß man sich wegen eines eingebildeten Vorzugs in Gedanken hochachtet oder auch von anderen hochgeachtet werden will; sei es, daß man sich den Anschein gibt, als habe man einen solchen Vorzug; oder sei es nur, daß man wünscht, einen Vorzug zu haben, den man nicht hat, um sich deshalb rühmen und damit großtun zu können. Dies alles ist sündhafte Hoffart.

So sündigte jener Bischof von Laodicea, der sich für reich an Verdiensten hielt, während er an ihnen ganz arm war. Deswegen sagte der Herr auch zu ihm, daß er ihn ausspeien werde aus seinem Mund: »Ich werde dich ausspeien aus meinem Munde; denn du sprichst: ich bin reich, habe Überfluß und bedarf nichts, und weißt nicht, daß du elend und erbärmlich bist, und arm und blind und bloß« (Offb. 3, 16 f.). Es sündigt also durch eine solche Hoffart, wer immer sich hochachtet oder mit Worten und Werken sich darum bemüht, von anderen für gelehrter, reicher, vornehmer, erfahrener oder tugendhafter usw. gehalten zu werden, als er in Wirklichkeit ist.

Es kann ein Akt der Tugend sein, solche Dinge zu einem guten Zweck zu begehren. Wenn man z.B. wünscht, gelehrter zu sein, um der Kirche desto besser dienen zu können, oder reicher zu sein wünscht, um mehr Almosen geben zu können. Aber so etwas zu verlangen, um glänzender auftreten, anderen gleichstehen und eine größere Auszeichnung genießen zu können, ist Hoffart. Leider gibt es nur wenige, die nicht davon angesteckt wären; der eine in dieser, der andere in jener Weise. Fast jeder sucht als mehr zu erscheinen und für höher gehalten zu werden, als er es in Wirklichkeit vor Gott ist. Doch wer macht sich daraus ein Gewissen?

Es kann manchmal der Fall sein, daß die Hoffart, sei es aus Mangel an Einwilligung, sei es wegen Geringfügigkeit der Sache, keine schwere Sünde ist. Jedoch an sich ist sie immer eine sehr schwere Sünde, weil der Mensch sich durch jene Hoffart dem Gesetz Gottes entzieht, das ihm vorschreibt, sich innerhalb der Grenzen seines Standes zu halten. »Es ist unzweifelhaft, daß in ihr das Wesen einer Todsünde enthalten sei«, lehrt der hl. Thomas (S. Th. II II, qu. 162, art. 5 ct 6). Er lehrt ferner, daß, je größer das Gut ist, das wir zu haben uns rühmen, ohne es wirklich zu besitzen, desto sündhafter auch unsere Hoffart ist. Daher ist es strafwürdiger, sich den Anschein eines Heiligen zu geben, als sich als adelig oder reich auszugeben, denn die Heiligkeit ist ein größeres Gut als Adel und Reichtum.

Zu dieser Art Hoffart gehört auch die Entschuldigung der Sünde, die man begangen hat. Denn entschuldigt man sich damit, es nicht getan zu haben, so erklärt man sich für unschuldig und rühmt sich einer Unschuld, die man nicht besitzt. O wie oft sündigt man in dieser Weise durch Hoffart, ohne sich auch nur im geringsten der Hoffart bewußt zu sein? Auch das Verschweigen von Sünden im Beichtstuhl, ihr Entschuldigen sowie das Verharmlosen ihrer Bosheit geschieht aus Hoffart.

144. Die vierte Art, durch Hoffart zu sündigen, besteht darin, sich eines Gutes, das man wirklich besitzt, zu bedienen, um als einzigartig zu erscheinen, anderen vorgezogen zu werden und größere Ehre und Achtung zu genießen. Jedes Gut des Leibes oder der Seele, der Natur, des Glücks oder der Gnade, ist ein Geschenk Gottes. Dieses Gottesgeschenk dazu zu gebrauchen, um sich durch es über andere zu erheben, ist Hoffart.

Durch eine solche Hoffart sündigte der Pharisäer im Tempel, der seine eigene Rechtschaffenheit als etwas ganz Ausgezeichnetes betrachtete und sich deswegen über die anderen, besonders aber über den Zöllner, erhob: »Ich bin nicht wie die übrigen Menschen, wie die Räuber, Ungerechten, Ehebrecher, oder auch wie dieser Zöllner« (Luk. 18, 11). Er hielt sich für den Rechtschaffensten von allen, und so war er der Hoffärtigste von allen. In derselben Hoffart sündigten auch jene Jünger, die sich ihrer besonderen Herausgehobenheit über das Volk bei der Austreibung der Teufel rühmten. Sie kehrten mit Freuden zurück und sprachen: »Herr, auch die Teufel sind uns untertan« (Luk. 10, 17). Ganz treffend antwortete ihnen aber der göttliche Heiland: »Ich sah den Satan wie einen Blitz vom Himmel fallen« (Luk. 10, 18). Als wollte er sagen: Hütet euch, daß ihr euch nicht mit dem stolzen Luzifer erhebt, um nicht wie er zu fallen.

Der hl. Gregorius bemerkt, es gebe in der Tat keine Hoffart, »die sich der teuflischen mehr nähert als diese« (Mor., lib. 23, cap. 4). Denn wer sich unter Verachtung anderer emporschwingen will, ahmt Luzifer nach, der sich über alle Engel bis zur ersten Stufe am Thron Gottes erheben wollte. Das war die Sünde Luzifers, an Erhebung zu denken und danach zu verlangen: »Der du sprachst in deinem Herzen: Zum Himmel werde ich aufsteigen« (Is. 14, 13). Wie Luzifer sündigt auch derjenige, der, unzufrieden mit seinem Stand, an nichts anderers denkt, als wie er immer höher aufsteigen könne. »Ich will aufsteigen; ich will aufsteigen!« Ein teuflisches Laster, vor dem sich jeder hüten sollte, »damit er nicht«, wie der hl. Paulus sagt, »aufgeblasen werde, und nicht in das Gericht des Teufels falle« (1 Tim. 3, 6).

Besonders ist hier noch hervorzuheben, was auch der vorhin genannte heilige Papst beklagt, wie man gewöhnlich allzu oft in diese schlimmste Hoffart verfalle. Auch steht es außer Zweifel, daß dies wirklich eine schwere Sünde ist, da Gott und der Nächste dadurch beleidigt werden. Und wieviele Menschen, Männer und Frauen, Ordensleute und Weltleute jeden Standes und Ranges sündigen so oft und wiederholt durch diese Hoffart, daß sie bei ihnen zu einer vorherrschenden bösen Gewohnheit wird!

Allgemein sieht man, daß jeder in seiner Kunst, sei sie auch noch so gering, besonders herausragen möchte. Jeder verlangt und sucht zuerst den übrigen gleichgeachtet zu werden, sodann auch mit besonderer Auszeichnung höher zu steigen: »Ich will hinaufsteigen«, jeder in seinem Kreise und noch über seinen Kreis hinaus. Der Reiche, als Reicher, hält sich für höher als den Gelehrten; der Gelehrte, als Gelehrter, hält sich für höher als den Reichen; der Keusche meint, er stehe höher als der, der Almosen gibt; dieser hält sich wiederum für besser als den Keuschen usw. Ach, was für eine Hoffart! Und doch gibt es so wenige, die erkennen, daß sie hoffärtig sind.

145. Der hl. Gregorius unterscheidet treffend die Hoffart bei Menschen jeden Standes und Ranges und beschreibt ihre Merkmale (Mor., lib. 34, cap. 18). Einige, sagt er, werden hoffärtig wegen ihres Reichtums, andere wegen ihrer Beredsamkeit. Einige wegen weltlicher und irdischer Vorzüge, andere wegen kirchlicher Vorzüge oder wegen der Gnaden des Himmels. Vor Gott aber ist dies alles Hoffart, wie weit wir auch, von Eitelkeit verblendet, davon entfernt zu sein glauben. Wenn jemand, der sich früher wegen der eitlen Ehre der Welt über andere erhob, sich jetzt wegen seiner Frömmigkeit überhebt, so hat die Hoffart nie sein Herz verlassen. Sie wohnt vielmehr beständig in ihm; nur hat sie, um nicht erkannt zu werden, eine andere Gestalt angenommen.

Ferner ist zu bedenken, daß Vorgesetzte und Untergebene nicht auf gleiche Weise von der Hoffart versucht werden. Die Hoffart versucht die Großen, indem sie ihnen den Wahn in den Kopf setzt, sie hätten ihre Würde durch eigenes Verdienst erhalten, und kein Untergebener könne ihnen gleichkommen. Sie versucht die Untergebenen, den Blick von ihren eigenen Fehlern abzulenken und die Taten des Vorgesetzten scharf zu beobachten und zu bekritteln. Daher sprechen sie mit einer gewissen Freiheit über den Vorgesetzten und begegnen ihm übermütig. Und dann nennt man Hoffart beim Vorgesetzten Eifer und Anstand, beim Untergebenen Freimut.

Bald redet man aus Hoffart mit lauter Stimme, bald schweigt man verbittert, ebenfalls aus Hoffart. Der Hoffärtige ist ausgelassen in der

Freude, finster und verzweifelt in der Trübsal; er zeigt sich äußerlich bescheiden, ohne bescheiden zu sein; er ist stark genug, andere zu beleidigen, aber zu schwach, eine Beleidigung zu ertragen. Er ist träge im Gehorsam, unverschämt, wenn er Rechtsansprüche macht, aber nachlässig darin, seine eigenen Verbindlichkeiten und Pflichten zu erfüllen. Er ist gleich bei der Hand, sich mit Dingen abzugeben, die ihn nichts angehen. Es gibt kein Mittel, ihn zu einer Sache zu bewegen, zu der er nicht von sich selbst aus Neigung hat. Ist irgendwo ein Amt zu besetzen, daß er zu erlangen wünscht, so gibt er sich den Anschein, als wolle er es ablehnen, um dann gleichsam genötigt zu werden, es anzunehmen, da es ihm willkommen ist, daß ihm Gewalt angetan werde bei solchen Dingen, die er aufs heftigste verlangt, weil er fürchtet, sich verächtlich zu machen, wenn sein heimliches Verlangen offenbar würde. So der hl. Gregorius.

146. Nachdem wir die Hoffart an und für sich betrachtet haben, müssen wir noch ihre Wirkungen erwägen. Insbesondere gibt es acht nahe miteinander verwandte und weit verbreitete Laster, die unmittelbar von der Hoffart abstammen. Diese sind: Vermessenheit, Ehrgeiz, Neid, Ruhmsucht, Prahlerei, Heuchelei, Ungehorsam, Zwietracht. Wir wollen sie mit dem hl. Thomas erklären.

Die Vermessenheit ist ein Laster, durch das wir uns für fähig halten, etwas aus uns selbst tun zu können, was unsere Kräfte übersteigt, unter Außerachtlassung des für uns notwendigen göttlichen Beistands. So verfehlt sich durch Vermessenheit jener Sünder, der glaubt, er könne sich zu Gott bekehren, wann und wie es ihm gut scheine und beliebe, als wäre die Bekehrung ein Werk seiner freien Willkür; der, obwohl er in Sünden dahinlebt, dennoch hofft, selig zu werden. So sündigt ferner, wer zu sündigen fortfährt mit der Zuversicht, Vergebung zu erhalten; wer glaubt, er könne ohne den Beistand der Gnade die Versuchungen überwinden, die Sünde vermeiden, die Gebote Gottes halten oder sonst eine gottgefällige Handlung setzen, z.B. einen Akt des Glaubens, der Hoffnung, der Liebe oder der Reue erwecken, oder ein für die ewige Seligkeit verdienstliches Werk verrichten, oder im Guten beharren und selig werden.

Das alles geht aber über unsere Kräfte. Zu meinen, man könne dies vollbringen, ohne den besonderen Beistand Gottes und ohne von Gott die notwendige Hilfe zu erbitten, ist eine Sünde der Vermessenheit, ist eine schwere Sünde, die aus der Hoffart entspringt, durch die man sich brüstet, eine Tugendkraft zu besitzen, die man nicht hat. »O überaus böse Vermessenheit, woher kommst du?«, sagt der Weise (Sir. 37, 3). Der hl. Gregorius antwortet auf die Frage, welches die Sünde sei, die der fromme Job die größte Missetat nennt, dies sei die Vermessenheit, die dem Urheber der Gnade Schmach antue, weil sie sich die Kräfte für ein gutes Werk anmaßt (Mor., lib. 22, cap. 10).

147. Der Ehrgeiz ist ein Laster, durch das man mit leidenschaftlichem Verlangen nach Ehre sucht. Da diese Ehre jedoch ein Zeugnis der Achtung und Hochschätzung ist, das verdienstvollen Tugenden und denen zuteil wird, die einen höheren Rang innehaben, und weil es feststeht, daß wir aus uns selbst kein Verdienst besitzen, vielmehr alles und jedes von Gott haben, so gebührt nicht uns, sondern Gott allein solche Ehre.

Ferner, angenommen, Gott habe die Ehre als ein Mittel verliehen, das uns befähigt, dem Nächsten zu nützen, so ist es unsere Pflicht, jede Ehre, die wir genießen, dazu zu verwenden, das Wohl des Nächsten zu fördern. Zweierlei ist demnach hierbei zu beobachten, um dem Ehrgeiz zu entgehen. Man muß erstens wirklich das Verdienst der Ehre besitzen und zweitens erkennen, daß die Ehre, die man uns erweist, Gott zukommt, und uns nur insofern etwas bedeuten soll, als sie uns in die Lage versetzt, dem Nächsten nützlich zu sein. Wo die eine oder die andere Bedingung fehlt, begeht man eine Sünde des Ehrgeizes.

Demnach ist derjenige ehrgeizig, der sich bemüht, ein Amt oder eine Würde, sei es im Staat oder in der Kirche, zu erlangen, ohne die dazu notwendigen Tugenden und Fähigkeiten zu besitzen, oder der alles in Bewegung setzt, um würdigeren Mitbewerbern vorgezogen zu werden. Ehrgeizig ist jeder, der mehr Achtung, Ehrfurcht und Verehrung verlangt, als ihm seiner Würde gemäß zukommt; der als ein Herzog geehrt werden will, während er nur ein einfacher Edelmann ist; der als ausgezeichneter Redner, großer Gelehrter gelten und für bewunderungswürdig in seinem Fach gehalten werden will, während er nur zu den Mittelmäßigen oder sogar zu den Geringsten gehört.

Ehrgeizig ist ferner jemand, der, ohne irgendwie an die Ehre Gottes oder an den Nutzen des Nächsten zu denken, ein Amt im Staat oder in der Kirche begehrt und zu erhalten sucht, einzig des zeitlichen Gewinns wegen, um mit dem daraus bezogenen Einkommen seine Familie zu bereichern und emporzubringen; oder wer einzig im Hinblick auf die Ehre des Vorrangs und der Würde zu einer solchen Stelle gelangen will, »aus Begierde, zu herrschen und mit dem hochmütigen Verlangen, der Erste zu sein«, wie der hl. Augustinus sagt (De Civ. Dei, cap. 14).

Daraus, daß dieses Laster an mehreren Stellen im Evangelium von Jesus Christus aufs äußerste verabscheut wird (Mt. 18; 20, 23.; Mk. 9.; Luk. 9; 12.), schließen die hl. Kirchenväter, daß der Ehrgeizige sich im Stand der Todsünde befinde. Leider wird diese Sünde sogar von den frömmsten Personen leicht begangen, wie der hl. Ambrosius sagt: »Jene, die kein Laster ergötzen, keine Lüsternheit reizen, keine Habsucht verkehren konnte, macht oftmals der Ehrgeiz schuldig. Das Schlimmste ist, daß kaum jemand sich wegen des Ehrgeizes beunruhigt fühlt. Denn ein Gewissen, das über ein Laster unrichtig urteilt, weil es mit der Leidenschaft im Bunde steht, kann selten geheilt werden« (Lib. 4 in Luc.).

148. Der Neid ist eine Traurigkeit über das Glück des Nächsten, indem man sich einbildet, sein Glück sei für uns ein Unglück, durch das unser Ruhm beeinträchtigt oder unsere eigenen Interessen irgendwie benachteiligt werden könnten. Daher empfindet man besonders hinsichtlich solcher Güter Neid, die von der Welt geschätzt werden, nämlich: Reichtum, Ehrenstellen, Gunst und Freundschaft der Großen, Wissenschaft, Lob, guter Ruf, Frömmigkeit und alles, was unserer Meinung nach dazu beiträgt, uns Ansehen, Achtung und Ehre zu verschaffen.

Das ist auch die Ursache, warum sich in uns der Neid regt, wenn wir sehen, daß jemand reicher oder gelehrter, oder ein anderer weiser und tugendhafter ist oder mehr Fähigkeiten und Talente besitzt als wir. Deswegen möchten wir ihn gerne seines Gutes beraubt sehen, um ihn auch jenes Ruhmes, jener Ehre und sonstiger Vorteile beraubt zu sehen, die nach unserm Dafürhalten vielmehr uns als ihm gebühren.

Die Sünde des Neids besteht nun darin, daß wir anstatt, wie es unsere Pflicht ist, uns über das Gut des Nächsten zu freuen, uns darüber betrüben und in unserer Hoffart wünschen, es selbst zu besitzen, um den Nächsten durch unser Verdienst übertreffen zu können. Ein eigentlich teuflisches Laster, wie der Weise es nennt: »Neid des Teufels« (Weish. 2, 24). Daher befiehlt uns der Hl. Geist durch den Mund des Apostels Paulus nachdrücklich, uns vor dem Neid zu hüten (im Brief an die Galater 5, 26, wo es heißt): »Lasset uns nicht eitler Ehre nachtrachten, so daß wir einander reizen, einander beneiden«, denn durch den Neid kann man sich, sei es auf die eine oder andere Weise, sehr schnell einer Todsünde schuldig machen. Aber leider trifft man dieses Laster allenthalben an, in den Familien, in den Gemeinden, in jedem Stand, bei Vornehmen und Geringen, bei Reichen und Armen, bei Weltleuten und selbst bei Geistlichen und Ordensleuten.

Das ganze Urteil entspringt aber aus einem falschen Gewissensurteil, durch das wir den Neid für kein so großes Übel halten. Daher kommt es, daß wir, obschon der Neid eine so überaus böse Sache ist, uns weder vor ihm fürchten noch ihn vermeiden, und uns auch keine Mühe geben, uns davon zu befreien. Hierüber sagt der hl. Cyprian: »Der Neid scheint ein leichtes Vergehen zu sein; weil man es für leicht hält, wird es nicht gefürchtet; da man es nicht fürchtet, wird es nicht geachtet; weil man es nicht achtet, wird es nicht leicht vermieden und führt daher zu einem blinden und unbemerkten Untergang« (Lib. de zelo et livore).

149. Die Ruhmsucht ist ein ungeordnetes Verlangen nach Lobsprüchen, und eine Begierde, das eigene Verdienst möge rühmlich

bekannt werden. In drei Fällen ist aber dieser Ruhm eitel und sündhaft:

Erstens: Wenn jemand wegen einer Tugend oder wegen sonstiger Vorzüge an Leib und Seele, die er nicht besitzt, nach Lob verlangt; oder wenn der Mensch wegen eines gebrechlichen, vergänglichen Gutes gerühmt werden will, das des Lobes nicht wert ist, z.B. wegen der Gesundheit, der Schönheit und anderer körperliche Vorzüge, wegen des Reichtums, des Pomps, der Pracht und der übrigen sogenannten Glücksgüter.

Zweitens: Wenn sich jemand beim Streben nach Lob und Beifall auf das Ansehen eines Menschen stützt, dessen Urteil wertlos ist.

Drittens: Wenn man das gespendete Lob weder auf die Ehre Gottes noch auf das Wohl des Nächsten hinordnet, ist dies immer eine Übertretung des Verbots der Hl. Schrift: »Lasset uns nicht eitler Ehre nachtrachten« (Galat. 5, 26); »Tut nichts aus Streitsucht und eitler Ehre« (Phil. 2, 3). Die Ruhmsucht wird zur Todsünde, wenn man gelobt werden will wegen einer bösen Tat, die man verübt hat oder die man noch verüben will; oder auch, wenn man sich einer Sünde rühmt, die man weder begangen hat noch begehen will. Ferner, wenn man wegen eines guten Werkes gepriesen werden will, das man nicht getan hat, wobei man sich den Anschein gibt, als habe man es getan. Die Ruhmsucht wird zur schweren Sünde, wenn man das Gute nur deswegen tut, um von den Leuten gesehen und gepriesen zu werden.

Die Ruhmsucht ist überhaupt immer eine sehr gefährliche Sünde, nicht nur durch ihre Schwere, sondern besonders wegen der überaus schlimmen Folgen, die sie zeitigt; denn sie verhindert den Beistand der Gnade in der Seele und macht sie für Todsünden anfällig: »Der eitle Ruhm wird eine gefährliche Sünde genannt, nicht allein wegen ihrer Schwere, sondern auch deswegen, weil sie zu schweren Sünden disponiert, indem sie nämlich allmählich bewirkt, daß der Mensch seiner inneren Güter beraubt wird«, so der hl. Thomas (S. Th. II II, qu. 132, art. 3.).

Wer an eitler Ruhmsucht leidet, läuft Gefahr, sogar den Glauben zu verlieren, gemäß dem Wort Jesu: »Wie könnt ihr glauben, da ihr Ehre voneinander nehmt?« (Joh. 5, 44). Der hl. Augustinus äußert bei der Betrachtung, daß die Menschen so selten dieses große Übel erkennen, daß niemand eine bessere Einsicht habe als jener, der das Verlangen nach Lob – die Ruhmsucht – für ein Laster halte (De Civ. Dei, lib. 5, cap. 13).

150. Das Laster der Prahlerei wird begangen, wenn der Mensch, der ein allzu großes Verlangen hat, von anderen gerühmt zu werden, sich selbst zu rühmen und zu erhöhen anfängt, seine Taten übertreibt und aufbauscht, um sein Verdienst als größer erscheinen zu lassen, als es wirklich ist. Man nennt dies auch Großsprecherei, Ruhmrednerei oder Angeberei. Der hl. Augustinus nennt sie die »gefährlichste Pest von allen« (De Ord., lib. 1, cap. 11). Der hl. Ambrosius nennt sie eine »vom Teufel gelegte Schlinge, um selbst Vollkommene und in der Tugend Starke zu fangen« (Lib. 4 in Suc.). Sie ist in der Tat ein abscheuliches Laster, denn während sich der Mensch einer Sache, die er nicht hat, rühmt, belügt er sein eigenes Gewissen und Gott. Gott selbst rügt die Lüge der Prahlerei an Moab, wo er durch den Propheten spricht: »Es ist sehr stolz (…). Ich kenne sein Prahlen, daß seine Kraft nicht demselben entspricht« (Jer. 48, 29 f.). Die Prahlerei wird eine schwere Sünde, wenn jemand sich rühmt, eine Sünde begangen

zu haben; wenn er sich selbst lobt unter Verachtung anderer; oder wenn er sich lobt und erhöht wegen des Übermaßes von Hoffart, die sein ganzes Herz erfüllt. Die Prahlerei ist etwas allgemein verbreitetes, das nicht selten, sondern häufig vorkommt; es wird daher auch leicht zur bösen Gewohnheit.

151. Die Heuchelei ist ein Laster, durch das man sich den Anschein gibt, man besitze Tugend und Heiligkeit, ohne diese zu besitzen. Derjenige aber ist insbesondere ein Heuchler zu nennen, der, in seinem Herzen böse gesinnt, sich äußerlich fromm und rechtschaffen stellt. Keinem Laster ist Jesus Christus im Evangelium entschiedener entgegengetreten, wie der Heuchelei, indem er acht Weherufe dagegen aussprach, die ebensoviele Verfluchungen sind. Der hl. Gregorius bemerkt, daß die Heuchler, von der Hoffart verblendet und in der Bosheit verhärtet, gewöhnlich unbußfertig sterben, ohne jemals in sich zu gehen, wohl aus dem Grund, den der hl. Petrus Chrysologus anführt; denn während die Heilmittel, die man zur Besserung anderer Laster anwendet, von gutem Erfolg sind, ist die Krankheit der Heuchelei so bösartig, daß sie die Heilmittel selbst vergiftet, in der Weise, daß sie nur dazu dienen, das Übel zu nähren und zu vergrößern. »Brüder«, sagt dieser Heilige, »diese Pest müßt ihr fliehen, die aus Heilmitteln Krankheiten schafft, aus der Arznei eine auszehrende Schwäche bereitet und die Heiligkeit in Laster verkehrt.«

Die Heuchelei ist immer eine Todsünde, wenn jemand vorgibt, fromm und heilig zu sein, und nur so zu scheinen sucht, ohne sich im geringsten darum zu bemühen, es zu werden, weil ihm am Urteil der Menschen mehr gelegen ist als am Urteil Gottes. Sie ist außerdem eine desto größere Sünde, wenn man Heiligkeit heuchelt, um den eigenen Aufstieg zu fördern und Vertrauen zu gewinnen, um dann Böses zu tun oder schlechte Grundsätze verbreiten zu können, oder auch, um Ehre oder weltliche Güter zu erlangen.

Ebenso schwer sündigt durch Heuchelei, wer in gewissen, nicht gebotenen, sondern freiwilligen guten Werken oder in der Beobachtung gewisser kleiner Vorschriften sich skrupulös zeigt, aber nebenbei sich kein Gewissen daraus macht, die wesentlichen Pflichten der Religion oder seines Standes zu verletzen und die wichtigeren Punkte des Gesetzes zu übertreten, wie jene Pharisäer und Schriftgelehrten es taten, denen der Heiland verwies, »daß sie eine Mücke durchseihen, aber ein Kamel verschlingen« (Mt. 23, 24). Schwer sündigt ferner derjenige durch Heuchelei, der im Dienst Gottes eine rechte Absicht zu haben vorgibt, die er nicht hat, »und nicht Gott, sondern den Menschen zu gefallen sucht; der nicht nach der Bekehrung der Menschen, sondern nach ihrer Gunst trachtet.«, so der hl. Thomas (S. Th. II II, qu. 61, art. 2.).

Die Heuchelei wird von den Kirchenvätern gewöhnlich »Verkehrtheit, Bosheit, Gottlosigkeit« genannt. Es ist nicht nur leicht, in Heuchelei zu verfallen, sondern auch, sich darin zu verstricken und daran zu gewöhnen, bis hin zur Verleugnung Gottes. Nicht selten fängt man an, Gott mit einem gewissen heiligen Eifer zu dienen; wenn aber der Eifer nachläßt, so dient man Gott nicht mehr, sondern man stellt sich nur noch so, als diene man ihm, um den äußeren Schein zu retten. »Wehe euch, ihr Heuchler!«

152. Der Ungehorsam ist eine Sünde, durch die man das Gebot des Vorgesetzten mit Verachtung übertritt. Der Ungehorsam wird oft zur Todsünde auch in geringfügigen Dingen, weil, wie der hl. Bernhard

sagt, nicht so sehr die Beschaffenheit der gebotenen Dinge oder die einfache Übertretung des Gebotes zu beachten ist, sondern vielmehr die Hoffart des Willens, der sich demjenigen nicht unterwerfen will, dem er Gehorsam schuldig ist: »Nicht die einfache Übertretung des Befehls, sondern das stolze Widerstreben des Willens macht den Ungehorsam strafwürdig« (Lib.de praecept. et dispens., cap. 11).

Die Schwere der Sünde des Ungehorsams ist nach folgenden drei Gesichtspunkten zu ermessen:

Erstens: Nach der Würde des Vorgesetzten. Denn je höher derjenige steht, der den Befehl erteilt, desto schwerer wiegt der Ungehorsam. Deswegen ist es eine schwerere Sünde, Gott ungehorsam zu sein als den Menschen, eine größere Sünde, dem Papst ungehorsam zu sein als dem Bischof, eine strafwürdigere, Vater und Mutter ungehorsam zu sein als anderen Verwandten. Auch ist es eine größere Sünde, wenn man mit Verachtung der Person, die gebietet, als nur mit Verachtung des Gesetzes ungehorsam ist.

Zweitens: Im Hinblick auf die Beschaffenheit der gebotenen Sache. Je wichtiger der Gegenstand des Gebots, besonders bei den Geboten Gottes, desto schwerwiegender ist auch der Ungehorsam. Daher ist der Ungehorsam gegen die Gebote der Liebe zu Gott eine größere Sünde, als gegen die Gebote, welche die Liebe zum Nächsten betreffen.

Drittens: In bezug auf die Form des Befehls, mit welcher der Vorgesetzte seinen Willen kundtut, daß man ihm in der betreffenden Angelegenheit gehorcht. Hauptsächlich aber ist es immer die Hoffart, durch die der Ungehorsam zur größeren Sünde wird, da der Wille sich demjenigen nicht unterwerfen will, dem er nach der Anordnung

Gottes untertan sein muß (vgl. beim hl. Thomas S. Th. II II, qu. 69, art 1; qu. 105).

153. Die Zwietracht ist eine Uneinigkeit unter Menschen, die sich in bestimmten Dingen, in denen sie zur Ehre Gottes und zum Wohl des Nächsten übereinstimmen könnten, nicht einigen wollen. Sie ist eine schwere Sünde; denn der hl. Paulus zählt die Uneinigkeiten zu jenen Sünden, die jemanden, der sie sich zuschulden kommen läßt, vom Himmelreich ausschließen (Gal. 5, 20). Gott selbst bezeugt es, daß er denjenigen, der Zwietracht unter den Menschen sät, nicht nur haßt, sondern sogar verabscheut (Spr. 6, 19).

Zwietracht und Uneinigkeit entstehen gewöhnlich aus Hoffart, die uns dazu veranlaßt, unser eigenes Wohl und unsere eigene Ansicht dem Wohl und den Ansichten anderer vorzuziehen. Aus dieser Quelle der Hoffart entspringen außerdem: »Streitigkeiten, Zänkereien, Halsstarrigkeit, Verleumdung, üble Nachrede, Ohrenbläserei, Parteiungen, Haß, Feindseligkeiten« (S. Th. II II, qu. 37, art. 1 et 2; qu. 38, art. 2; qu. 132, art. 5) und so viele andere Übel ohne Zahl und Maß.

Sammle dich nun und erforsche dein Gewissen. Wenn du siehst, daß die Hoffart in den verschiedenen hier genannten Punkten über dich herrscht, dann erwäge, wie sehr dir daran gelegen sein muß, sie durch die Demut zu bekämpfen. Denn wenn du die Hoffart besiegt hast, hast du ein ganzes Heer von Sünden jeglicher Art überwunden. Und um dich selbst dazu anzuspornen, denke daran, daß im Gericht Gottes jeder Stolze verurteilt werden wird und nur der Demütige ein gnädiges Urteil erwarten kann. Demütig zu sein bedeutet, zu den Auserwählten zu gehören, die selig werden. Aber stolz zu sein bedeutet, zu den Verworfenen zu gehören, die verdammt werden. »Der

Stolz ist das augenscheinlichste Kennzeichen der Verworfenen, wie im Gegenteil die Demut das Merkmal der Auserwählten ist«, sagt der hl. Gregorius. (Hom. 7 in Evang.; Mor. lib. 3, cap. 17).

Gelobt sei Jesus Christus!

Inhaltsangabe

Die Zahlen beziehen sich auf die Randummern

Die Eigenschaften der Demut. Die Demut ist:

1. tätig: Num. 32, 42
2. großmütig: 31 33, 122
3. gelehrig: Num. 33, 117, 131
4. zart: 25, 128
5. vorsichtig: 37, 127
6. bescheiden: 85, 127, 134
7. geehrt: 63
8. ehrerbietig: 42, 104, 126, 127
9. sinnreich: Num. 103
10. geduldig: Num. 13, 33, 35, 63, 64, 125, 126

Einteilung der Demut. Die Demut wird eingeteilt in:

1. innere und äußere: 85, 126
2. eingegossene und erworbene: 74
3. Demut der Erkenntnis und des Willens: 123, 124, 125
4. Demut des Rates und des Gebotes: 5, 97, 101, 105, 107, 109
5. wahre und falsche: 31, 32, 35, 79, 120, 122, 132, 133, 139

Wirkungen der Demut. Die Demut erhält:

1. den Frieden und die Liebe: 42, 50, 82, 126
2. die Ruhe der Seele: Num. 29, 34, 45, 82

Die Demut bewahrt:

1. vor Sünden: 27, 29, 40, 106
2. vor den Gelegenheiten der Sünde: 37, 131

Beweggründe der Demut. Die Beweggründe, weswegen wir die Demut üben sollen, sind:

1. Die Armseligkeiten des Leibes und der Seele: 6, 7
2. Die begangenen Sünden: 7, 8, 9, 10, 11, 28, 41, 44, 61, 109, 130
3. Die Furcht vor der göttlichen Gerechtigkeit: 10, 62
4. Die Bosheit und Schwäche unserer zur Sünde hinneigenden Natur: 7, 11, 12, 13, 14, 1, 46, 47, 48, 58
5. Unsere Unzulänglichkeit, das Gute zu tun: 14, 15, 19, 90, 202
6. Die Unbeständigkeit, im Guten zu verharren: 13, 47, 48, 106
7. Der Sündenfall heiliger Personen: 12
8. Die Versuchungen: 36, 92, 113
9. Die verborgenen Gerichte Gottes: 46, 47, 48, 62, 123
10. Die Wohltaten (Gnaden) Gottes: 68, 75, 76
11. Die Eitelkeit der Welt: 87
12. Die eigene Hoffart: 67, 101
13. Das eigene Nichts:6, 31, 32, 51, 66, 68, 75, 76, 86, 102, 129
14. Das Wenige, was wir von Tugend an uns haben: 20, 22, 23, 24, 56, 58
15. Das Beispiel Jesu Christi: 2, 4, 18, 21, 98, 99
16. Das Beispiel der allerseligsten Jungfrau Maria: 100, 133
17. Das Beispiel der Heiligen: 22, 18
18. Der Gedanke an den Tod: 7, 44, 52
19. Der Gedanke an das Gericht: 47, 53
20. Der Gedanke an die Hölle: 54, 78
21. Der Gedanke an die Ewigkeit: 55, 60
22. Der Gedanke an den Himmel: 60, 78

Übung der Demut. Die Demut muß geübt werden:

Die Hoffart:

Wirkungen der Hoffart. Die Hoffart ist:

Gnadenbild Unserer Lieben Frau vom Rosenkranz in Pompeji

»Heute ist der Tag des Bittgebets zur Muttergottes von Pompeji. Unsere Mutter Maria möchte immer mit uns gehen, uns nahe sein und uns mit ihrer Fürsprache und ihrer Liebe unterstützen.«

(Papst Leo XIV. am 8. Mai 2025, dem Tage seiner Erhebung auf den Stuhl Petri)

Die Demut des Herzens,

leicht zu erreichen und zu bewahren durch das Gebet des Rosenkranzes, vom Verfasser selbst als Ergänzung hinzugefügt

Die Demut wird in diesem kleinen Werk als eine notwendige Tugend gelehrt, die man bald wünscht, bald erhofft, bald durch Akte des Herzens übt. Aber ich füge hinzu, daß wir uns diese Tugend so zum Ziel setzen müssen, daß wir all unsere betrachtenden, mündlichen und Stoßgebete darauf ausrichten, sie zu erwerben; und auch wenn wir tatsächlich aus unseren Gebeten keinen anderen Vorteil ziehen würden als nur den, demütig zu sein – selig wären wir, denn so besäßen wir mehr als notwendig ist, um die Vollkommenheit und das ewige Heil zu erlangen.

Aber auch dann, wenn man zu einem anderen besonderen Zweck eine Betrachtung halten, ein bestimmtes Laster ausrotten, eine heftige Leidenschaft überwinden, eine bestimmte Tugend erwerben oder sich im christlichen Leben stärken will: Wer sieht nicht ein, daß es wiederum die Demut ist, die von der Vorsehung Gottes als einziges unumgänglich notwendiges Mittel angeordnet ist, um all diese Ziele zu erreichen?

Denkt man über irgendeine Tugend in der übernatürlichen Ordnung nach, die auf die ewige Seligkeit ausgerichtet ist, so erkennt man, daß sie ohne eine besondere Gnade Gottes nicht erworben werden kann, weil jeder mit dem Weisen sprechen kann und muß: »Indem ich aber erkannte, daß ich nicht anders ihrer mächtig sein könnte, es würde mir denn von Gott gegeben, (...) so trat ich vor den Herrn« usw. (Weish. 8, 21).

Außerdem ist es sicher, daß Gott gerechterweise den Stolzen die Gunst seiner Gnadenhilfe veweigert und sie nur den Demütigen in liebevoller Barmherzigkeit gewährt, denn es steht geschrieben: »Gott widersteht den Hoffärtigen, den Demütigen aber gibt er Gnade« (Jak. 4, 6).

Wenn wir also diese oder jene Tugend erwerben wollen, müssen wir absolut davon überzeugt sein, daß dazu die Demut notwendig ist, da wir ohne sie niemals die Gnade erhalten werden, arm im Geiste, keusch, gehorsam, barmherzig, sanftmütig oder irgendwie in derjenigen Weise tugendhaft und eifrig zu sein, die einem von der Religion geforderten übernatürlichen Beweggrund entspricht.

Die Demut ist außerdem nicht weniger dazu notwendig, eine Tugend zu erwerben, als dazu, bereits erworbene Tugenden zu bewahren. Schauen wir auf unser vergangenes Leben zurück, um daraus für die Zukunft zu lernen und diese richtig zu ordnen: Wenn wir sehen, daß wir in der Vergangenheit so oft in schwere Fehler gefallen und uns in unseren Vorsätzen, wie wir sie dem Beichtvater gegenüber bekundet hatten, als unbeständig erwiesen haben, werden wir wiederum, wenn wir ernsthaft darüber nachdenken, feststellen, daß all unsere Sünden irgendwie auf unseren geheimen Stolz zurückzuführen sind.

Jesus Christus hat im Evangelium vorhergesagt: »Wer aber sich selbst erhöht, wird erniedrigt werden« (Mt. 23, 12). Und so ist es: Gott erniedrigt diejenigen, die nicht demütig sein wollen, und läßt zu Recht zu, daß jeder, der sich selbst erhöhen will, fällt. Sind wir denn nicht wiederholt in die Sünde mit all ihren traurigen Folgen gefallen? Der Grund dafür besteht darin, daß wir uns zuvor in einem Akt des Stolzes erhöht hatten, weil, wie der hl. Augustinus sagt, »der Stolz sowohl der Anfang der Sünden als auch ihre Ursache und ihr Ziel ist« (Lib. de salut. docum., cap. 18). Und gerade aus diesen unglücklichen

Erfahrungen müssen wir lernen, wie sehr Demut dazu notwendig ist, um uns in der Tugend zu festigen und den zu einem christlichen Leben erforderlichen lebendigen Eifer zu bewahren. Aber wenn die Demut das einzige Mittel ist, alle anderen Tugenden zu erwerben und bewahren, wie soll man dann diese Tugend der Demut selbst erwerben und bewahren?

Zu diesem Zweck weise ich dich auf die Andacht zur allerseligsten Jungfrau Maria hin, und bitte dich, meine folgenden Bemerkungen wohl zu erwägen. Es wird dir bekannt sein, daß sämtliche Theologen, gestützt auf die maßgebliche Meinung der Kirchenväter, die Andacht zur Gottesmutter als ein Kennzeichen der Auserwählung ansehen; und wenn du den Grund dafür wissen willst, nenne ich ihn dir, um dich zu ermutigen.

Seitens der allerseligsten Jungfrau sind zwei Dinge notwendig, damit man auf sie wirklich die Hoffnung auf das ewige Heil gründen kann: daß sie nämlich denjenigen, der die Andacht zu ihr pflegt, retten kann, und daß sie dies auch tatsächlich tun will. Ein Fürst, der einen Untertanen ehren kann und will, wird ihn auch ehren; so wird auch Maria, wenn sie jemanden, der ihr ergeben ist, retten kann und will, mit Sicherheit retten. Erwägen wir also, ob sie dies will und kann.

Was ihre Macht anbetrifft, so führe ich folgenden Grund an: Es ist sicher, daß ein guter Mensch, wer immer er auch sei, Ursache der Rettung eines Sünders sein kann, denn er kann der Grund seiner Bekehrung sein, wenn er ihm durch seine Gebete die Liebe zu Gott und die Reue über seine Sünden erbittet (Ambr. Sup. Luc., cap. 5). Daher ist es auch lobenswert, sich dem Gebet eines anderen anzuempfehlen, gemäß dem Rat des hl. Jakobus: »Betet füreinander, damit ihr das Heil erlangt« (Jak. 5, 16), damit so der eine auf die Fürsprache eines anderen hin dasjenige erhält, wessen er am meisten für sein Heil bedarf.

Dies ist eine Lehre, die schon vom hl. Kirchenvater Augustinus betont wurde, als er von der Bekehrung des hl. Paulus sprach: Wer, so Augustinus, machte diesen Sohn des Verderbens zu einem Gefäß der Auserwählung? Wer machte einen Gotteslästerer zu einer Posaune des Hl. Geistes, einen Kirchenverfolger zum Apostel? Und er antwortet: Wir haben dies den Gebeten des hl. Stephanus zu verdanken. »Deswegen wurde Paulus aufgerichtet, weil Stephanus erhört wurde« (Serm.1 de S. Stephano; Lib. de dono persev., cap. 22). Stephanus betete, als er von den Juden gesteinigt wurde, für Paulus, der dort zugegen war, und alsbald wurde Paulus' Name aus der Liste der Verworfenen getilgt und dem goldenen Buch der Heiligen eingefügt.

Wenn nun aber ein Heiliger, der nichts anderes ist als ein Diener Gottes, hinsichtlich des Heils eines Sünders einen so großen Einfluß ausüben kann, was wird dann nicht erst Maria, die in ihrer Eigenschaft als Mutter Gottes im Reich der Barmherzigkeit unbegrenzte Macht besitzt, zugunsten der ihr Ergebenen vermögen? »Nein, es fehlt ihr nicht an Macht«, bemerkt ausgezeichnet der hl. Bernhard, »denn sie ist die Mutter des Allmächtigen« (Serm. 1 de Salve Regina; Serm. dom. 2 post Epiph.). Wie könnte es auch derjenigen, welche die Mutter des Allmächtigen ist, an Macht mangeln? Folglich kann sie ihre Diener retten. Und wenn sie dies kann, ist dann etwa zu bezweifeln, daß sie es auch will?

Um einen so törichten Zweifel aus unseren Gedanken zu verscheuchen, genügt es, an die milden Worte der Weisheit zu denken, welche die hl. Kirche auf Maria anwendet: »Ich bin die Mutter der schönen Liebe« (Sir. 24, 24); »Ich liebe, die mich lieben« (Spr. 8, 17). Du weißt, daß Lieben nichts anderes bedeutet, als jemandem wohlzuwollen. Wenn daher Maria diejenigen liebt, die sie lieben und von Herzen verehren, wie könnte sie ihnen dann nicht das Gut des ewigen Heils wünschen, welches das höchste und wichtigste Gut ist, das man einer Seele wünschen kann? Folglich kann und will sie sie retten, und etwas anderes zu behaupten, würde bedeuten, ihre Vollkommenheit schmählich herabzusetzen. Wenn sie also ihre Diener retten kann und will, wie kann man sich dann irgendwie schwertun, davon überzeugt zu sein, daß sie sie auch tatsächlich retten wird?

Es ist jedoch zu erklären, in welcher Weise Maria dies tut. Denn es ist ja wahr, daß Jesus Christus gesagt hat, daß er der Weg ist, auf dem man zur ewigen Seligkeit gelangt: »Ich bin die Türe« (Joh. 10, 9); niemand wird gerettet, außer durch ihn: »Niemand kommt zum Vater, außer durch mich« (Joh. 14, 6). Nichtsdestoweniger können wir, ohne der Macht des Sohnes Gottes irgendwie Abbruch zu tun, ganz zu Recht sagen, daß seine allerheiligste Mutter die treue Helferin bei der Ausführung seiner Pläne ist. Und auf welche Weise?

Befragen wir hierzu den hl. Augustinus. Worin besteht die Auserwählung? Diese beinhaltet, antwortet dieser Heilige (Lib. de dono persev., cap. 14), die Gewährung bestimmter Gnaden, kraft deren die Auserwählten mit unfehlbarer Sicherheit gerettet werden. Weil aber, außer Jesus Christus, niemand diese Gnaden der Würde und dem Recht nach verdienen kann, handelt Maria folgendermaßen:

Da sie will, daß einer ihrer Verehrer gerettet wird, trägt sie dafür Sorge, daß ihm die Verdienste Jesu Christi wirksam zugute kommen.

Sie erbittet für ihn jene Gnadenhilfen, die für ihn am besten geeignet und passend sind, seine Seele zu retten. So erlangt dieser das ewige Heil. Um dies besser zu erklären, bediene ich mich eines Beispiels:

Nehmen wir an, daß jemand sich an ein Laster gewöhnt hat und immer wieder in schwere Sünden fällt, sich jedoch nach der Besserung seines Lebens sehnt und deshalb Maria verehrt, damit sie ihm beisteht. Was tut nun Maria, um ihm kraftvoll zu Hilfe zu eilen? Sie weiß genau, was notwendig ist, um einer Seele zu helfen und sie zu retten. Und da sie ebenfalls weiß, daß Gott seine Gnaden nur den Demütigen gibt, nimmt sie dies zum Ausgangspunkt: Sie vermittelt diesem Menschen bestimmte Erkenntnisse, die ihm dabei helfen, demütig zu werden.

Um nun Demut zu erlangen, ist es von Nutzen, sich der eigenen Lauheit, Bosheit und Schwäche bewußt zu werden; um seine Sünden zu erkennen, sofern sie Verbrechen gegen Gott sind, sich an das Leiden Jesu Christi, an den Tod, das Gericht, die Hölle und die Ewigkeit zu erinnern. Diese lichtvollen Erkenntnisse vermittelt ihm Maria, in einer schwer zu beschreibenden Weise: ganz sanft, aber auch ganz kraftvoll. Auf diese Weise wird der Mensch demütig, ohne sich dessen bewußt zu sein, und durch den Kanal der Demut fließen dann die notwendigen Gnaden in sein Herz: Er bekehrt sich vollständig, beharrt im Guten und rettet so seine Seele.

Folgendes ist hier im wesentlichen zu beachten: Um das Heil zu erlangen, ist Beharrlichkeit im Guten notwendig, wie Jesus Christus es uns im Evangelium lehrt: »Wer aber ausharrt bis ans Ende, der wird gerettet werden« (Mt. 10, 22). Um nun im Guten beharrlich zu sein, bedarf es der besonderen göttlichen Gnadenhilfe. Gott selbst sagt durch den Propheten: »Nur bei mir ist Hilfe für dich« (Os. 13, 9). Die göttliche Gnadenhilfe aber setzt Demut voraus, denn Gott blickt mit dem Auge seiner Barmherzigkeit auf die Demütigen: »Gott (...) schaut auf das Geringe (Demütige)« (Ps. 112, 5 f.), und gewöhnlich erteilt er nur ihnen seine Gnade: »Den Demütigen aber gibt er Gnade« (Jak. 4, 6). Und um die Demut zu erlangen, von der die Beharrlichkeit und die ewige Seligkeit abhängen, ist zweifellos die Andacht zu Maria eines der wirksamsten Mittel: Als Mutter des Allmächtigen ist es ihr möglich, alles zu tun, was sie will, und als Mutter der Barmherzigkeit wünscht sie für ihre Verehrer jedwedes Gute.

Es stellt sich nun die Frage, wie man ein wahrer Marienverehrer sein kann: Was ist dazu notwendig? Diese Frage muß mit großer Umsicht beantwortet werden.

Wollte man nämlich sagen, zu einer wahren Verehrung Mariens reiche es hin, ab und zu an sie zu denken, indem man einige Gebete verrichtet, gelegentlich ihr zu Ehren fastet oder die hl. Kommunion empfängt, wenn es sich so aus einem bestimmten Anlaß ergibt oder gewisse menschliche Rücksichten es erfordern, während man ansonsten in der Sünde oder in der freiwilligen Gelegenheit zur Sünde dahinlebt – so würde dies Verwegenheit, Anmaßung und Unbußfertigkeit begünstigen, der Ergebenheit an das Laster Vorschub leisten und der allerseligsten Jungfrau zur Unehre gereichen, weil sie ja auf eine solche Weise nicht nur als Schützerin der Sünder, sondern der Sünde erscheinen würde.

Wollte man hingegen behaupten, eine wahre Andacht zu ihr erfordere das Vermeiden jeglicher Sünde, vollständige Abtötung und die praktische Nachfolge in ihren heroischen Tugenden, so wäre dies freilich insofern angemessen, als der Königin des Himmels niemals eine so würdige Verehrung erwiesen wird, als wenn wir sie nachahmen. Zugleich wäre dies aber ein Anlaß zum Kleinmut und würde eher dazu führen, daß alle, die an sich den guten Wunsch haben, die wahre Marienverehrung zu üben, sich von ihr abwenden.

Wie könnten denn auch Sünder die Andacht zu Maria üben, wenn man, um sie üben zu können, schon ein Heiliger sein müßte? Um überhaupt irgendwie die Andacht zu Maria üben können, ist die Nachahmung ihrer Tugenden keine Voraussetzung; vielmehr ist die Nachahmung ihrer Tugenden eine Frucht, die durch die Andacht zu Maria erworben und dann vervollkommnet werden muß.

Es kommt also darauf an, daß man sich einen solchen Begriff von dieser Andacht bildet, der weder dazu verleitet, sich aufgrund dessen, daß man sie in geringem Maße übt, bereits als fromm und zum Heil vorherbestimmt zu wähnen, noch verzweifen läßt, als wäre das Streben nach Frömmigkeit ein unmögliches Unterfangen. Die Andacht zu Maria darf weder durch allzu große Nachsicht mit uns selbst wertlos gemacht noch unsere menschliche Gebrechlichkeit durch ein Übermaß an Strenge überfordert werden. Wie aber läßt sich ein richtiges Verständnis der Andacht zu Maria praktisch gewinnen? Gestatte mir dazu zwei Bemerkungen:

In drei Gruppen lassen sich jene Kinder der heiligen Kirche unterteilen, die nach einer echten Andacht zur allerseligsten Jungfrau verlangen: Die einen sind die Unschuldigen, die anderen die Büßer und wieder andere die Sünder. Eines jedoch ist es, was als das Wichtigste von ihnen allen gefordert wird: der gute Wille. Das heißt: Wer unschuldig ist, muß den guten Willen haben, in der Unschuld zu verharren; wer Buße tut, den festen Entschluß, auf dem Weg der Buße fortzuschreiten; und wer in Lastern gefangen ist, das aufrichtige Verlangen, sich zu bekehren und sein Leben zu bessern..

Kann man von einem Sünder, der in der Tiefe seines Herzens noch ein Verlangen nach dem ewigen Heil hegt, weniger verlangen als eben diesen guten Willen zur Besserung? Nun, mit gerade diesem guten Willen muß er seine Zuflucht zu Maria nehmen und umso fester auf ihre Macht und Güte vertrauen, je mehr er Grund dazu hat, wegen der eigenen Erbärmlichkeit und Unbeständigkeit an sich selbst zu verzweifeln. Sie weist niemals jemanden zurück, der in einer solchen Weise zu ihr flieht, um ihren Beistand zu erbitten. Und um sie zu bewegen, uns jene barmherzigen Augen zuzuwenden, mit denen sie ihre Verehrer anzublicken pflegt, empfehle ich als Zweites: täglich wenigstens ein Drittel des Psalters des Rosenkranzes (d.h. 5 Gesätze) zu beten.

Sind dies vielleicht maßlose Forderungen, als würde man zu viel verlangen? Es könnte vielmehr scheinen, als fordere man zu wenig. Doch dem ist nicht so: Wo Klugheit waltet, da herrscht auch Billigkeit; so wird weder die menschliche Natur mit einer allzu großen Bürde belastet, noch die Frömmigkeit herabgewürdigt. Denn einerseits: Welche große Schwierigkeit kann darin bestehen, Maria täglich mit dem Drittel des Rosenkranzpsalters zu ehren? Und wer vermag andererseits zu schildern, wie sehr Maria durch das andächtige Gebet des Rosenkranzes geehrt wird?

Ich glaube nicht, mich hierin zu täuschen. Hast du die Unschuld bewahrt, so bete andächtig den Rosenkranz mit dem guten Willen, sie weiterhin zu bewahren. Bist du ein Büßer, so bete andächtig den

Rosenkranz mit dem guten Willen, in der Buße auszuharren. Bist du ein Sünder, so bete andächtig den Rosenkranz mit dem guten Willen, dich zu bessern. Und zweifle nicht daran, daß Maria dich in die Schar ihrer Diener aufnehmen und dir in allen Gefahren, die dir drohen, wunderbar beistehen wird.

Zahllos sind die Andachtsübungen, welche die Verehrer der Gottesmutter in frommer Absicht eingeführt haben; und ich hege die größte Ehrfurcht vor all jenen, die von der heiligen Kirche gutgeheißen sind. Auch will ich es nicht versäumen, so viele andere zu loben, die eine tiefe und wahre Frömmigkeit im Stillen lehren können. Doch bin ich zutiefst davon überzeugt, daß die Andacht des Rosenkranzes an sich die kostbarste, Maria die liebste und für uns die nützlichste und wirksamste ist. Von denen, die den Rosenkranz beten, darf man sagen, daß sie Kinder der guten Hoffnung sind; und wenn ich bedenke, wie viel Maria zu ihrem zeitlichen und ewigen Wohl getan hat, noch tut und stets zu tun bereit ist, so wende ich mich an sie mit den Worten des Weisen: »Das Können steht dir zu Gebote, wenn du nur willst (...), du erwecktest in deinen Kindern frohe Hoffnung« (Weish. 12, 18 u. 19). Es genügt schon, zu bedenken, was der Rosenkranz eigentlich ist, um für ihn nicht weniger Eifer als Hochschätzung zu empfinden.

Was ist der Rosenkranz? Nichts anderes als eine fromme Verbindung von Geheimnissen und Gebeten – jener Geheimnisse, welche die heiligsten sind, die unser Glaube verehrt, und jener Gebete, die am wirksamsten sind, um unsere Hoffnung zu stärken. Es sind fünfzehn Geheimnisse, welche alles Erhabene im Leben Jesu Christi und seiner heiligsten Mutter umschließen; so sehr, daß man den Rosenkranz mit einem Wort Tertullians (De orat., Cap. 1) ein *Evangelii breviarium* nennen könnte – einen mystische Zusammnenfassung dessen, was das Evangelium enthält.

Die Gebete bestehen aus fünfzehn *Pater noster* und einhundertfünfzig *Ave Maria*. Da uns nun das Gebet des Herrn, das Pater noster, von Jesus Christus gegeben wurde, der es die Apostel selbst gelehrt hat, und da ebenso der Gruß des *Ave Maria* vom Erzengel Gabriel begonnen, von der heiligen Elisabeth fortgeführt und von der heiligen Kirche vollendet wurde – so daß man sagen darf, daß uns sowohl der Anfang als auch die Mitte und das Ende dieses Gebets vom Heiligen Geist gegeben wurden –, welche Andacht könnte dann als erhabener betrachtet werden als der Rosenkranz mit seiner Verbindung dieser Geheimnisse und Gebete?

Daraus läßt sich auch ermessen, wie teuer diese Andacht Maria ist; denn welch eine Freude, so dürfen wir glauben, bereitet man ihr, wenn man jene Gebete verrichtet, die durch die Erinnerung an ihre Freuden, ihre Schmerzen und ihre Herrlichkeiten geadelt sind? Sie selbst offenbarte dem heiligen Dominikus, daß der Rosenkranz ein ihr überaus wohlgefälliger Ehrerweis sei (Annal. Praedic., 1115).

Um jedoch zu ermessen, wie wirksam diese Andacht für uns ist, um jede Gnade zu erbitten und zu erlangen, beachte man genau die bewundernswerte Weisheit, mit welcher der Rosenkranz zusammengestellt wurde. Bei jedem Geheimnis werden nach dem *Pater noster* zehn *Ave Maria* gebetet. Aus welchem Grunde? Dies ist es, was bedacht werden muß, da hierin eine gewichtige Wahrheit verborgen liegt. Wir müssen zunächst wissen, daß das *Pater noster* – wie insbesondere der heilige Kirchenvater Augustinus hervorhebt –, obgleich es nur aus wenigen Worten besteht, dennoch den Sinngehalt eines jeden anderen Gebetes in sich schließt. Und obschon es nur sieben Bitten sind, die in diesem Gebet an den Ewigen Vater gerichtet werden, so ist in ihnen nichtsdestoweniger alles enthalten, wessen wir bedürfen mögen, »sei es, um Güter zu erlangen, Übel zu meiden oder begangene Sünden zu tilgen.«

Stellen wir uns irgendeine Gnade vor, von der wir wünschen, daß Gott sie uns gewährt, sei es für den Leib oder für die Seele, für dieses oder für das zukünftige Leben: es bedarf nichts weiter, als sich des *Pater noster* in der richtigen Weise zu bedienen, und Jesus Christus verspricht uns im Evangelium, daß wir kraft dieses Gebetes erhört werden: »Bittet, so wird euch gegeben werden« (Lk. 11, 9). Wenn aber schon dieses Gebet eine so große Wirksamkeit bei Gott besitzt, weshalb wird dann im Rosenkranz noch so oft der Englische Gruß, das *Ave Maria*, hinzugefügt?

Der hl. Bernhard antwortet hierauf: Es ist vollkommen wahr, daß wir schon durch das Gebet des Herrn allein jede Gnade von Gott erhalten können. Doch wenn auch dieses Gebet an sich das Verdienst besitzt, Erhörung zu finden, da es von der Weisheit des Erlösers selbst so geordnet wurde – wie oft lastet nicht auf uns die Schuld unserer Sünden, derentwegen wir nicht würdig sind, überhaupt gehört zu werden? »Eure Sünden haben Gottes Antlitz vor euch verhüllt, daß er nicht erhört«, spricht der Prophet Isaias (59, 2). Aus weiser Einsicht wird daher im Rosenkranz nach dem *Pater noster* so oft das *Ave Maria* wiederholt, mit dem wir die allerseligste Jungfrau anflehen, daß sie kraft ihrer Würde Fürsprache für uns einlegen möge, damit unser Gebet nicht von Gott verworfen werde. »Wir empfehlen unser

Gebet Maria an«, so der hl. Bernhard, »damit wir nicht zurückgewiesen werden« (Serm. de nat. Virg.).

Solange wir allein beten, müssen wir an uns verzagen, da wir doch so geringe und unwürdige Geschöpfe sind. Wenn sich aber Maria anschickt, für uns und mit uns zu beten, welche unserer Bitten sollte dann – und wären wir die lasterhaftesten Sünder der Welt – nicht doch Gehör und Erhörung verdienen?

Das *Pater noster* ist wie eine Bittschrift, in welcher der göttlichen Majestät unsere elenden Nöte dargelegt werden; doch wer sähe nicht den gewaltigen Unterschied zwischen jener Eingabe der Bittschrift, die durch uns geschieht, und jener, die durch die Himmelskönigin vollzogen wird? Zu uns mag der Herr sprechen wie zu den törichten Jungfrauen: »Ich kenne euch nicht« (Mt 25, 12) – ich weiß nicht, wer ihr seid; ja, er könnte einem jedem von uns den Vorwurf entgegenschleudern: »Du böser Knecht« (Mt 18, 32) – geh fort von hier, du nichtsnutziger Knecht. Doch wurde Maria jemals eine Bitte abgeschlagen? Wann wäre es je geschehen, daß sie vor dem Thron Gottes nicht mit wärmster Huld empfangen und bezüglich jedweder Gnade, die sie erbat, erhört worden wäre?

»Bitte, meine Mutter«, so spricht ihr Sohn zu ihr, mit soviel gütigerem Herzen als einst Salomon zu seiner Mutter: »Bitte, meine Mutter! Denn es ziemt sich nicht, daß ich dein Angesicht zurückweise« (3 Kön. 2, 20); bitte um alles, was du willst, o meine Mutter, die du immer bei mir in Gnaden stehst. »Laß mich deine Stimme hören« (Hld. 8,13); laß mich nur deine Stimme hören, so wird es mir eine Ehre und Freude sein, all deine Wünsche zu erfüllen.

Bekannt ist die Geschichte des Königs Assuerus: Wie er, erzürnt über das jüdische Volk, dessen Ausrottung beschlossen hatte. Nun galt es, ihm eine Bittschrift zu überreichen, um sein Erbarmen zu erflehen; doch fand sich niemand, der sich hätte zutrauen können, auf einen glücklichen Ausgang zu hoffen. Da überreichte Königin Esther die Bittschrift, und sogleich fand sie Gnade.

Man lese diese Begebenheit in der Heiligen Schrift, und während man einerseits die sanftmütige Weise erwägt, mit der die Königin sich Gehör zu verschaffen wußte, und andererseits das Wohlwollen, das ihr der König erwies, so sei daran erinnert, daß die heiligen Kirchenväter in Esther gemeinhin eine Vorabbildung Mariens erkennen – jene, »die seinen Augen gefiel« (Esth. 5, 2), die allezeit Wohlgefallen fand vor den Augen des Himmelskönigs. Kaum hat sie für ihre Verehrer das Wort ergriffen, so wird sie auch schon erhört; ja, der himmlische König geht ihr voll Güte entgegen, um sie zu fragen: »Was willst du, das dir zuteil werde?« (Esth. 5, 6). Was begehrst du von mir? Denn ich setze dich zur Mittlerin meiner Gnaden ein.

Eben deshalb wird dem Gebet des Herrn des *Pater noster* der Englische Gruß des *Ave Maria* beigefügt: um die allerseligste Jungfrau zu bewegen, diese Bittschrift für uns Gott zu überreichen und zu erwirken, daß sie erhört werde. Und um sie hierzu zu bewegen – welcher erhabenen Beredsamkeit bedient sich da die heilige Kirche!

Sie beginnt damit, sie mit der Ehrbezeugung des Erzengels Gabriel zu grüßen: »Gegrüßet seist du, Maria, voll der Gnade, der Herr ist mit dir.« Sodann ehrt sie sie mit dem Lobpreis der hl. Elisabeth: »Du bist gebenedeit unter den Weibern, und gebenedeit ist die Frucht deines Leibes, Jesus.« Danach fährt sie fort: »Heilige Maria, Mutter Gottes, bitte für uns Sünder« –Heilige Maria, du bis überaus würdig in den Augen Gottes, da du seine reinste Mutter bist; wir aber sind arme Sünder, ganz unwürdig, vor dem Angesicht Gottes zu erscheinen. Erweise und daher die Güte, für uns zum Herrn zu flehen, »jetzt und in der Stunde unseres Todes«. Kann es wohl ein wirksameres Gebet geben, um die allerseligste Jungfrau zu verpflichten, bei Gott für uns Fürsprache einzulegen, damit das Gebet des *Pater noster* Erhörung finde? Doch hierin liegt noch nicht die ganze Kraft dessen, was ich erklären will.

Erinnern wir uns an das, was der heilige Johannes über die Hochzeit zu Kana berichtet. Er schreibt zunächst, daß Maria dort mit Jesus Christus und seinen Jüngern anwesend war; sodann, daß mitten im Fest der Wein ausging; schließlich, daß Maria sich an ihren Sohn wandte, um ihm die Not der Gäste darzulegen: »Sie haben keinen Wein« (Joh. 2, 3), womit sie ihn stillschweigend um ein Wunder bat. Und hier frage ich: Wer hat Maria gesagt, daß der Wein fehlt? Wer hat sie aufgesucht? Wer hat sie gebeten, die Allmacht ihres Sohnes anzurufen? Niemand. Kaum hatte sie es bemerkt, brachte sie sogleich und ohne Zögern die Bitte um die Gnade vor. Ist sie also so bereitwillig, daß sie sich sogar einsetzt, um jenen zu helfen, die sie gar nicht darum bitten? Ja; und dies ist die wichtige Lehre, die ich mit dem hl. Bernhardin von Siena daraus entnehme: »Wenn sie dies tat, ohne gebeten zu werden, was wird sie erst tun, wenn man sie bittet?« (Serm. 9). Wenn Maria als Mutter der Barmherzigkeit sich oft aus Güte sogar für jene verwendet, die sie nicht bitten – was wird sie dann erst für jene tun, die sie durch den Rosenkranz verehren und sie nicht nur einmal, sondern einhundertfünfzigmal anrufen? Und sie rufen sie mit einhundertfünfzig Englischen Grüßen an, die ihr so kostbar sind, und schmücken diese Gebete zudem mit dem schönen Kranz ihrer fünfzehn liebsten Geheimnisse.

Nehmen wir an, Maria würde für ihre Verehrer nichts anderes tun, als jenes Gebet des *Pater noster* vor den Thron Gottes zu tragen, das von ihnen im hochheiligen Rosenkranz gebetet wird. Dies allein würde bereits genügen, um meinem Argument volles Gewicht zu verleihen. Wenn Maria für ihre Verehrer eine Bitte vor Gott bringt, so wird sie stets erhört; denn niemals wird ihr etwas verweigert, wie bereits gesagt wurde. Für die Beter ihres Rosenkranzes bringt Maria die Bitte vor Gott, er möge das Gebet des *Pater noster* erhören, welches sieben Bitten für jedes Bedürfnis an Leib und Seele, für Zeit und Ewigkeit enthält. Folglich werden die Verehrer des Rosenkranzes in jeder ihrer Nöte durch die Fürsprache Mariens erhört werden. O welch trostreicher Gedanke!

Mich wundert nicht, was der sel. Alanus schreibt: Ihm sei von der allerseligsten Jungfrau selbst geoffenbart worden, daß das treue Beten des Rosenkranzes »eines der deutlichsten Zeichen der Auserwählung zur Seligkeit ist« (Psalt., p. 2, cap. 11). Wenn wir nämlich im Gebet des *Pater noster*, das uns von Jesus Christus selbst gelehrt wurde, Gott um all jene Dinge bitten, die wir für unser ewiges Heil am nötigsten brauchen – was würde uns dann noch zu unserer Rettung fehlen, wenn dieses Gebet von Gott erhört wird? Können wir aber, wenn wir den Rosenkranz andächtig beten, etwa daran zweifeln, daß dieses Gebet erhört wird? Schaltet sich doch Maria ein, die wir so viele Male angefleht haben, für uns zu Gott zu beten – und die wir um jener Liebe willen gebeten haben, die sie zu den erhabensten Geheimnissen aus dem Leben ihres Sohnes hegt.

Es fällt mir keineswegs schwer, jenem Bericht Glauben zu schenken, den man im Leben des hl. Dominikus liest: Als der Heilige an einem Besessenen den Exorzismus durchführte und den höllischen Geist im Namen Gottes zwang, die Wahrheit zu sagen, fragte er ihn, ob es wohl Verehrer des heiligsten Rosenkranzes gäbe, die zur Hölle verdammt seien. Darauf antwortete der Dämon: Niemand von jenen geht verloren, die den Rosenkranz bis zu ihrem Tode andächtig beten; denn Maria erfleht ihnen eine wahre Reue über ihre Sünden. – Ich habe, wie gesagt, keine Schwierigkeit, dies zu glauben; und sollte es vorkommen, daß jemand den Rosenkranz betet und dennoch verlorengeht, so bin ich überzeugt, daß dies geschieht, weil er kein wahrer Verehrer Mariens war; weil er verstockt im Laster dahinlebte, ohne den Willen, sich zu bessern; oder weil er die Liebe zum Rosenkranz bereits vor seinem Tode verloren hatte, wie es die Bosheit seines Herzens durch ein gerechtes Urteil Gottes herbeigeführt hat.

Im übrigen läßt sich nicht leugnen, daß die Unbesonnenheit gewisser falscher Eiferer tadelnswert ist, die – sogar öffentlich und in einer Weise, die ans Anstößige grenzt – zu äußern wagen, daß noch ganz andere Dinge heilsnotwendig seien, als bloß den Rosenkranz zu beten. Das weiß ich sehr wohl; aber was folgt daraus? Es ist ebenso auch noch anderes notwendig, als nur die Sakramente zu empfangen; ist es ja außerdem erforderlich, die Gebote Gottes zu halten. Doch so wie der andächtige Empfang der Sakramente ein höchst wirksames Mittel dazu ist, um in seinem Leben die Pflichten eines Christen zu erfüllen, besitzt da nicht auch das treue Beten des Rosenkranzes eine große Wirkmacht? Wie viele große Sünder haben durch diese Andacht die Gnade erhalten, sich zu bekehren, ein gottgefälliges Leben zu führen, einen guten Tod zu sterben und gerettet zu werden! Es ist folglich nicht notwendig, bereits fromm und tugendhaft zu sein, um mit der Andacht des Rosenkranzes zu beginnen.

Wenn ich auch schlecht sein mag, so kann ich dennoch die Andacht des Rosenkranzes pflegen, sofern ich nur den Wunsch in mir trage, ein rechtschaffener Mensch zu werden, und den Rosenkranz zu diesem Zweck bete. Es ist so völlig falsch, zu meinen, daß der Rosenkranz für Sünder nicht geeignet wäre, daß man vielmehr im Gegenteil sagen könnte, er sei geradezu für sie geschaffen – sowohl hinsichtlich der Betrachtung der Geheimnisse als der Gebetsworte. Die Geheimnisse sind jene der Erlösung, gewirkt durch Jesus Christus, der von sich sagte: »Ich bin nicht gekommen, Gerechte zu berufen, sondern Sünder« (Mk. 2, 17). Und gerade die Sünder sind es, die sich dieser Geheimnisse am meisten erinnern müssen, um in sich den Glauben, die Hoffnung und die Liebe zu beleben.

Das *Pater noster* ist in besonderer Weise für Sünder da, können sie doch völlig wahrheitsgemäß sprechen: »Vergib uns unsere Schuld.« Auch das *Ave Maria* ist für die Sünder, weil ausdrücklich gebetet wird: »Bitte für uns Sünder«. Und Maria selbst, zu deren Ehre der Rosenkranz gebetet wird, flößt den Sündern eben durch jenen trostreichen Titel einer »Zuflucht der Sünder«, unter dem die Kirche sie anruft, allen Mut ein, sich vertrauensvoll an sie zu wenden.

Der Rosenkranz trägt seinen Namen, weil er gleichsam eine Krone aus Rosen ist, die man dem Haupt der Himmelskönigin aufsetzt. Er wird nach den Rosen benannt, denn so wie die Rosen ihre Pracht inmitten von Dornen entfalten, so setzt Maria ihre Ehre darein, die Sünder zu beschützen. Sie wird versinnbildlicht durch den Rosenstock, der in Jericho gepflanzt ist: »wie ein Rosenstock in Jericho« (Sir. 24, 18). Und warum gerade in Jericho, dem Sinnbild der sündigen Seelen, und nicht vielmehr in Jerusalem, dem Sinnbild der gerechten Seelen, wie es die heiligen Kirchenväter (hl. Gregor, Hom. 2 in Evang.; hl.. Bernhard, Epist. 236) erklären?

Den Grund hierfür kann man den heiligen Gesängen des Hohenliedes entnehmen, welche, wie Abt Rupert (In Cant. 1, 7) sagt, in besonderer Weise auf die allerseligste Jungfrau zu beziehen sind. Dort legt ihr der Heilige Geist, welcher ihr geliebtester Bräutigam ist, das Amt einer Hirtin auf und empfiehlt ihr unter anderem, Sorge für ihre Böcklein zu tragen: »Geh hinaus, du Schönste unter den Frauen, und weide deine Böcklein«. Wenn aber mit den Böcklein, wie das Evangelium sagt (Mt. 25, 33), die Sünder gemeint sind: Aus welchem Grunde werden diese Maria anempfohlen und nicht vielmehr die Lämmer und Schafe, welche ein Sinnbild der guten Seelen sind? Warum sagt man zu ihr: »Weide die Böcklein«, und nicht vielmehr: »Weide meine Lämmer, weide meine Schafe«, wie es zum hl. Petrus gesagt wurde? Ach! Dies ist der herrlichste Ehrentitel, den man der Mutter Gottes beilegen kann! Wäre es denn ein besonderer Ruhm für sie, wenn sie sich nur der guten Seelen annehmen wollte? Der höchste Glanz ihrer Macht und ihrer Milde besteht eben darin, daß sie sich auch der Sünder mit solcher Liebe annimmt.

Doch eines ist dabei wohl zu beachten: Der Heilige Geist hat Maria nicht alle Sünder anempfohlen, wer auch immer sie sein mögen; denn er sagte nicht allgemein: »Weide die Böcklein«, sondern: »Deine Böcklein«. Daher nimmt sie nur jene Sünder unter ihren Schutz, die die Ihren sind. Und wer sind diese »ihre« Sünder? Auf diese Frage antworten der hl. Bonaventura (In psalt. Virg., ps. 86) und der hl. Thomas von Villanova (Conc. 2 de nativ. Virg.); sie lassen die allerseligste Jungfrau mit dem Vers aus Psalm 86, 4 so über sich selbst sprechen: »Ich will Rahabs gedenken und Babylons als solcher, die mich kennen.« Ich werde mich der Sünder erinnern, in welche Laster sie auch versunken sein mögen; ich werde für sie sorgen und ihnen helfen, wenn sie nur zu jenen gehören, »die mich kennen«, d.h. solche, die mich verehren. Seht, dies sind »ihre« Sünder.

Es ist wie mit den Dornen: Es gibt Dornen, an denen Rosen blühen, und solche, die keine Rosen tragen. Genauso müssen wir zwei Arten von Sündern unterscheiden: jene, die Maria aufrichtig verehren, und jene, denen diese Liebe fehlt. Und genau das ist der entscheidende Punkt: Nur jene Sünder zählt sie zu den Ihren, nur sie birgt sie schützend unter ihrem Mantel, die ihr aufrichtig zugetan sind.

Prüfen wir daher uns selbst. Sind wir Sünder? Wenn dem so ist, dann lassen wir statt Verzagtheit Vertrauen walten und seien wir zumindest »Sünder Mariens«: Sünder, die ihr ergeben sind, die treu ihren Rosenkranz beten und den aufrichtigen Willen zur Besserung hegen. Dann wird sie uns unfehlbar zu Hilfe kommen!

Man mag mich fragen, auf welche Weise der Rosenkranz gebetet werden soll, damit diese Andacht wahrhaftig sei. Mit den Worten des hl. Bonaventura antworte ich, daß Maria nicht auf jene achtet, die ihren Lobpreis nur oberflächlich hersagen, sondern vielmehr Wohlgefallen an jenen hat, die es mit der gebührenden Innigkeit und Ehrfurcht verrichten: »Sie selbst sucht solche, die sich ihr mit Hingabe und Ehrfurcht nahen.« Beim Rosenkranz bedeutet dies zweierlei:

Zuerst gilt es, bei jedem Gesätz ein wenig zu verweilen, um das ihm eigene Geheimnis zu betrachten. Dabei sollen Empfindungen der Freude oder des Mitleids unser Herz bewegen, so wie es das Geheimnis jeweils nahelegt; denn in diesen Mysterien liegt das eigentliche Wesen des Rosenkranzes beschlossen. Während das Gebet des Herrn und der Englische Gruß gleichsam den Leib des Rosenkranzes bilden, so sind die Geheimnisse seine Seele. Darum muß man über diese – und sei es auch nur für eine kurze Weile – nachsinnen, damit die Andacht wirklich innerlich sei.

Sodann soll man bei den Gebeten im Geiste auf das achten, was der Mund ausspricht. Denn die Englischen Grüße bloß herzusagen, während man unterdessen ganz zerstreut an völlig andere Dinge denkt, bedeutet nicht, Maria zu ehren. Gott beklagte sich durch den Propheten Isaias über die Hebräer, weil sie ihm zwar im Tempel Hymnen und Psalmen sangen, in Gedanken aber bei weltlichen Dingen und ganz zerstreut waren: »Ihr Herz ist fern von mir« (Is. 29, 13). Ebenso klagt auch Maria über jene Christen, die den Rosenkranz beten und dabei kaum wissen, was sie sagen, so sehr schweift ihr Herz umher und verweilt bei allem anderen, nur nicht bei ihr.

Um den Rosenkranz mit wahrer Andacht zu beten, bedarf es der Aufmerksamkeit; und Maria selbst hat uns hierfür ein wunderbares Beispiel hinterlassen. Als ihr der Engel die Botschaft brachte und sie die Worte vernahm: »Gegrüßet seist du, voll der Gnade«, da schreibt der Evangelist, daß sie, in tiefer Sammlung, über die Erhabenheit dieses Grußes nachzusinnen begann: »Sie bedachte bei sich, was dies für ein Gruß sei« (Lk. 1, 29).

Wenn nun wir das *Ave Maria* sprechen, so laßt auch uns bedenken, welch ein Gruß dies ist: der edelste, würdigste und liebste, den man Maria darbringen kann. *Cogitemus qualis sit ista salutatio* – Bedenken wir wohl, was dieser Gruß bedeutet! Wenn wir dies recht erwägen, wie sehr wird unser Herz von heiliger Freude erfüllt werden und welche Ehrfurcht wird sich dann auch in unserer äußeren Haltung zeigen!

Wie kläglich ist es doch, wenn manche das Rosenkranzgebet mit nachlässiger Körperhaltung verrichten, das Gebet durch eitle Worte unterbrechen, die Augen unstet umherschweifen lassen und in einer solchen Hast beten, daß man kaum ein Wort versteht! Bedenken wir doch: Beim Rosenkranzgebet sprechen wir mit Gott, mit Jesus Christus und mit seiner heiligsten Mutter. Wie kann man ihnen nur mit so wenig Ehrfurcht begegnen!

Als der Engel Maria in ihrem Kämmerlein zu Nazareth erschien, so schreibt der hl. Thomas, begrüßte er sie voll tiefer Verehrung: »Der Engel erwies ihr Ehrerbietung.« Nirgends sonst findet es sich, daß ein Engel einem Geschöpf solche Ehre erwiesen hätte – außer Maria gegenüber, als der Engel zu ihr sprach: »Gegrüßet seist du, voll der Gnade«. Dies soll uns ein Ansporn sein, den Gruß an Maria stets mit tiefster Ehrfurcht zu sprechen.

Zu all dem muß noch die Beharrlichkeit hinzukommen, denn es genügt nicht, den Rosenkranz nur hin und wieder zu beten. Vielmehr geziemt es sich, täglich wenigstens den dritten Teil zu verrichten und sorgsam darauf zu achten, ihn nicht zu unterlassen, es sei denn aufgrund eines schwerwiegenden Hindernisses. Halten wir also fest: Um Maria im allgemeinen treu zu dienen, bedarf es des aufrichtigen Willens, sich ihrem Schutz anzuvertrauen; um aber der Andacht des Rosenkranzes wahrhaft zugetan zu sein, bedarf es insbesondere der Betrachtung der Geheimnisse, der wachen Aufmerksamkeit auf das Gebet der Lippen, der inneren wie äußeren Ehrfurcht und der Beständigkeit, in dieser frommen Gewohnheit auszuharren.

Es ist nun an der Zeit, den Faden unserer ursprünglichen Betrachtung wieder aufzunehmen. Dies ist das Ziel, zu dem ich nun Schritt für Schritt gelangt bin, auch wenn der Weg dorthin wie ein Umweg erscheinen mochte. Nachdem ich immer wieder betont habe, daß Demut für uns unumgänglich ist – sei es, um uns von unseren Lastern zu befreien, um Tugenden zu erwerben oder um letztlich unser ewiges Heil zu wirken; nachdem ich zudem dargelegt habe, daß die Verehrung der allerseligsten Jungfrau ein überaus kostbares Mittel ist, um diese Demut zu erlangen; so wende ich mich nun unter diesem Gesichtspunkt ihrem hochheiligen Rosenkranz zu. Unter allen Formen der Marienverehrung hebe ich ihn als jene hervor, die am wirksamsten und geeignetsten ist, um eben diese Demut zu erbitten.

Ich habe bereits dargelegt, wie sehr Maria den Rosenkranz liebt. Und da wir wissen, wie teuer ihr auch die Demut ist – da sie ja nach dem Vorbild ihres Sohnes stets in diese Tugend den ganzen Glanz ihrer Herrlichkeit setzte –, bin ich fest davon überzeugt: Wer Maria durch den Rosenkranz um die Gnade der Demut bittet, wird ganz gewiß erhört werden. Denn man erbittet von ihr eine Gnade, die ihrem innersten Wesen entspricht, und tut dies auf eine Weise, die ihr von allen die liebste und – so muß man sagen – die angemessenste ist. Betrachtet man nämlich den Rosenkranz in sich selbst, so ist er eine Andacht, die in sämtlichen Gebeten und Geheimnissen nichts als Demut atmet.

Vom Geist der Demut ist das *Pater noster* ganz durchdrungen; ebenso ist das *Ave Maria* erfüllt vom Geist der Selbstverleugnung. Und welches von den fünfzehn Geheimnissen – sei es ein freudenreiches, ein schmerzhaftes oder ein glorreiches – würde dem Herzen nicht Empfindungen tiefster Demut einflößen? Wenn man den Rosenkranz aufmerksam und mit der geziemenden Betrachtung betet, so empfängt man noch während des Gebets selbst die Gnade, die Demut in edelsten Herzensregungen wirklich zu üben.

Damit du erkennst, daß dies zutrifft, möchte ich dir dies nun näher darlegen. Um daraus wahren Nutzen für dein Leben zu ziehen, lege ich dir zweierlei ans Herz: Erstens sollst du die Demut hochschätzen und liebgewinnen, getragen vom aufrichtigen Verlangen, sie zu besitzen; denn sie ist dir in jeder Hinsicht notwendig. Zweitens sollst du im Vertrauen auf die Fürsprache der allerseligsten Jungfrau den Rosenkranz in jener Weise beten, die ich dir nun erklären werde – indem du bei jedem *Pater noster* und jedem *Ave Maria* über die Bedeutung der Worte nachsinnst und bei jedem Geheimnis bei dem verweilst, was darin vor dein geistiges Auge gestellt wird.

Diese Weise des Betens soll dir nicht als schwierig erscheinen; es ist vielmehr ein Leichtes, sie zu erlernen, wenn man sich die Gedanken und Affekte des Herzens einmal fest eingeprägt hat. Wenn man diese erst einmal wirklich verinnerlicht hat und sie dann treu übt, so erwächst daraus eine heilsame Gewohnheit, die uns das ganze Leben hindurch begleiten wird. Man kann davon in jener Stunde einen guten Gebrauch machen, die für das Gebet bestimmt ist; und es wird das Gebet sehr fruchtbringend sein, da sich so mündliches und inneres Gebet in frommer Weise zusammenfügen.

Die Gnade der Demut gehört zu den kostbarsten Schätzen, welche Gott für uns in seiner Barmherzigkeit bereithält, und sie ist zugleich eine der erhabensten Gaben, die er den Auserwählten schenkt. Daher dürfen wir nicht müde werden, um sie zu bitten. Wir dürfen sicher sein, daß alle Gebete und Mühen unseres ganzen Lebens wohl angewandt sind, wenn sie diesem Ziel dienen. Denn Gott um Demut zu bitten, bedeutet nichts Geringeres, als ihn auch um alle anderen Tugenden zu bitten, die aus ihr notwendig hervorgehen – ja, ihn um die Gnade der Beharrlichkeit bis ans Ende und damit um unser ewiges Heil zu bitten.

Der hl. Bernhard schreibt, daß Jesus Christus in der Demut den Inbegriff seiner ganzen Lehre und all seiner Tugenden zusammengefaßt hat: »Er selbst sah in der Demut den höchsten Glanz seiner Lehre« (Epist. 24). Ebenso müssen auch wir erkennen, daß die Demut für uns *alles* bedeutet. Wenn mir vor meinem Ende die Gnade geschenkt wird, jene wahre Demut des Herzens zu besitzen, die Jesus Christus von uns fordert, so darf ich mich für alle Ewigkeit selig preisen.

Der Rosenkranz in seinen Gebeten und Geheimnissen erklärt, um durch die Fürsprache der allerseligsten Jungfrau die Demut zu erlangen

Da Jesus Christus wußte, daß wir aus uns selbst heraus zu nichts Gutem fähig sind, was unser ewiges Heil betrifft, und da er zudem sah, wie sehr wir der Zuflucht zum Ewigen Vater im Gebet bedürfen, wollte er uns zu unserem Besten selbst lehren, wie wir beten sollen. »Ihr sollt daher also beten«, spricht er im Evangelium (Mt. 6, 9): »Vater unser, der du bist im Himmel«, und was darauf folgt. Er hat dies so klar und deutlich gesagt, daß wir beim Verrichten dieses Gebetes sicher sein dürfen, den Ewigen Vater so anzurufen, wie es sich geziemt; denn wir beten dann in jener Weise, die uns sein menschgewordener Sohn gelehrt hat.

In welcher Not wir uns auch befinden mögen, das Gebet des *Pater noster* ist für jedes Anliegen ein kostbarer Schatz. Doch gerade in unserem tiefen Bedürfnis nach Demut gibt es sicher kein angemesseneres Gebet, um Gott um diese Gnade zu bitten; denn jedes seiner Worte ist vom Geist der Demut durchdrungen. Wenn du also danach verlangst, demütig zu werden, so dringe tief in den Sinn seiner Worte ein und lasse sie in deinem Herzen feste Wurzeln schlagen.

Das Gebet des Herrn

Pater noster. Mein Gott, mein Herz bebt vor Scham, wenn ich Dich »Vater« nenne; denn dieser Name erinnert mich nur zu sehr an meine bittere Undankbarkeit. Es gibt keinen Vater, der so voller Liebe ist wie Du – und doch gibt es unter all Deinen Kindern wohl kaum eines, das so lieblos und undankbar war wie ich.

Qui es in caelis. Vor Deiner unendlichen Majestät, die im Himmel so glorreich erstrahlt, beuge ich mich tief bis zur Erde. Ich, der ich nichts bin als Staub und Asche, demütige mich vor Dir und wage kaum, mein Angesicht zu Dir zu erheben.

Sanctificetur nomen tuum. Dies ist die erste Bitte, die ich vor Dich bringe. Bewirke Du, o Gebieter der Herzen, daß Dein heiliger Name von allen geehrt und verherrlicht werde. Doch wer könnte Dir Ehre und Herrlichkeit erweisen, wenn nicht jener, der demütig ist? Mache mich also demütig durch Deine allmächtige Kraft; denn je mehr Demut ich besitze, desto mehr werde ich fähig sein, Deine erhabene Größe zu preisen und anzubeten.

Adveniat regnum tuum. Zu einem überaus hohen Ziel hast Du mich erschaffen: um schon jetzt durch Deine Gnade und später in Ewigkeit in Deiner Herrlichkeit an Deiner Seite zu herrschen. Doch woher kommt einem so armseligen Wurm wie mir eine solche Ehre zu? Ich danke Deiner unendlichen Güte! Ach, schenke mir doch die Gabe der Demut; denn Du selbst hast das Gesetz gegeben, Deine Gnade und Deine Herrlichkeit allein jenen zu schenken, die demütig sind.

Fiat voluntas tua. Laß mich in keinerlei Weise meinen eigenen Willen tun, o mein Gott; denn dieser ist nur allzu sehr dem Bösen zugeneigt. Es ist Dein Wille, der es verdient, in mir und durch mich vollkommen erfüllt zu werden, und darum erflehe ich Deine Hilfe. Ich weiß gewiß, daß es Dein Wille ist, daß ich demütig und sanftmütig von Herzen sei. So geschehe denn dieser Dein Wille, der über alles heilig ist.

Sicut in caelo et in terra. Mit jener Demut, mit der Dir Deine Engel im Himmel voll Ehrfurcht dienen und gehorchen, so verlange auch ich, Dir hier auf Erden zu dienen und zu gehorchen. Zwar bin ich einer solchen Gnade nicht würdig; doch verdient es Dein Wille nicht, auf Erden ebenso wie im Himmel mit größter Treue erfüllt zu werden?

Panem nostrum quotidianum da nobis hodie. Jeden Tag, jede Stunde und in jedem Augenblick bedarf ich Deiner stärkenden Gnade, o Herr. Um diese Gnade flehe ich Dich an – in der demütigen Haltung eines Bettlers, der den Reichen um ein Almosen bittet. Ich bin überaus arm und elend; und es wäre wahrlich kein geringes Almosen, wenn Du mir die Gnade schenktest, meine eigene Armut und mein tiefstes Elend gut zu erkennen.

Dimitte nobis debita nostra. Und da meine Schuld vor Deiner Gerechtigkeit so groß ist, werfe ich mich Deiner Barmherzigkeit zu Füßen und flehe Dich an, sie mir zu vergeben. Ich habe schwer gesündigt, o mein Gott, ganz besonders durch den Hochmut, der mein größtes Laster ist. Doch ach, habe Erbarmen mit mir und stehe mir mit Deiner Gnade bei, damit ich Dir meinerseits so gut wie möglich durch entsprechende Demut Genugtuung leiste.

Sicut et nos dimittimus debitoribus nostris. Von ganzem Herzen vergebe ich jedem, der mich auf irgendeine Weise beleidigt hat. Ja, es geschah mir recht, daß man mich kränkte; denn welches Übel hätte ich von Deinen Geschöpfen nicht verdient, nachdem ich es gewagt habe, Dich, meinen höchsten Schöpfer, zu beleidigen? Daß ich die Unbilden vergebe, die man mir zugefügt hat, fällt nicht ins Gewicht; daß Du mir aber die Sünden vergibst, die ich gegen Dich begangen habe, das ist allein das Werk Deiner unendlichen Milde.

Et ne nos inducas in tentationem. Nein, niemals mehr will ich Dich beleidigen, und ich werde es auch nicht mehr tun, solange Deine helfende Hand mich stützt. Doch meine Gebrechlichkeit und Schwäche sind so groß, daß ich von ihnen alles befürchten muß; darum bitte ich Dich, halte mich fern von den Gefahren. Die gefährlichste Versuchung trage ich in mir selbst: es ist mein tief verwurzelter Hochmut. Und gerade wegen dieses Hochmuts flehe ich Dich an, mich in Deiner Güte zu bewahren.

Sed libera nos a malo. Von jedem Übel werde ich befreit sein, sobald ich frei vom Hochmut bin. Er ist das Übel, aus dem alles Unheil entspringt, das zeitliche wie das ewige. Und wer, o Gott der Herrlichkeit, könnte mich von diesem Übel befreien außer Dir? Ach, so befreie mich doch und schaue nicht auf meine Unwürdigkeit, sondern auf die Verdienste Jesu, Deines über alles demütigen Sohnes.

Amen. So sei es; und so ist es. In Dich setze ich all mein Vertrauen, o mein Gott! Du bist die Wahrheit selbst; und Du weißt, daß ich, wenn ich Dich um Demut bitte, Dich um nichts anderes bitte als die Liebe zur Wahrheit. Damit ich mich allezeit darin freue, daß Du jenes höchste Gut bist, das Du bist, und daß ich aus mir selbst heraus nicht mehr bin als ein armseliges Nichts.

Der Englische Gruß

Ave, Maria. Gott grüße Dich, o Maria! Niemals kann der Allerheiligsten Dreifaltigkeit genug dafür gedankt werden, daß sie sich Deiner Demut und Deines Gehorsams bedienen wollte, um jenen großen Schaden zu heilen, den uns Eva durch ihren ungehorsamen Hochmut zugefügt hat.

Gratia plena. Du bist voll der Gnade, mehr als die Apostel, mehr als alle Heiligen und alle Engel; denn Du bist vor allen anderen die Demütigste schlechthin gewesen.

Dominus tecum. Der Herr ist mit Dir. Mit Dir ist der Ewige Vater, der Dich als Seine demütigste Tochter erkennt. Mit Dir ist der Ewige Sohn, der Dich zu Seiner demütigsten Mutter erwählt hat. Mit Dir ist der Heilige Geist, der Dich zu Seiner demütigsten Braut erkoren hat. Du bist das Heiligtum der Allerheiligsten Dreifaltigkeit, die von Deiner tiefsten Demut gleichsam hingerissen war.

Benedicta tu in mulieribus. Du bist gebenedeit unter den Frauen durch das Privileg, Jungfrau und Mutter zugleich zu sein; und Du bist in einzigartiger Weise gesegnet um Deiner unvergleichlichen Demut willen. Denn als Dir verkündet wurde, daß Du die Mutter Gottes sein solltest, hast Du Dich selbst nur als seine Magd betrachtet.

Et benedictus fructus ventris tui, Jesus. Und gebenedeit ist die Frucht Deines Leibes, Jesus, der gekommen ist, die Welt durch seine Demut zu erlösen. Er ist der Urquell allen Segens, aus dessen Fülle die Gnade auch auf Dich und auf alle Kinder Adams übergeflossen ist.

Sancta Maria, Mater Dei. Heilige Maria, die Du die Mutter der Barmherzigkeit bist, weil Du die Mutter Gottes bist: Dein Name und Deine Würde, die beide eine Frucht Deiner Demut waren, erfüllen mein Herz mit Zuversicht. Welches Gut dürfte ich nicht von Dir erhoffen, wenn Du bei Deinem Sohn für mich eintrittst?

Ora pro nobis peccatoribus. Ach, bitte für uns Sünder, doch ganz besonders für mich, der ich unter allen Sündern der Bedürftigste bin. Bitte Gott für mich, daß er mein Herz wandle; daß er es, so hart und hochmütig wie es ist, reuevoll und demütig mache.

Nunc et in hora mortis nostrae. Die Tugend der Demut ist es, deren ich am meisten bedarf; ihretwegen empfehle ich mich Dir an, damit Du sie für mich von der göttlichen Majestät erbittest. Ebenso empfehle ich mich Dir für den Augenblick meines Todes: Möge es mir dann nicht an Demut fehlen, damit ich hinübergehe, um jene Herrlichkeit zu genießen, die den Demütigen verheißen ist.

Amen. So sei es, o Mutter der Weisheit, Mutter der Wahrheit, Mutter der Demut. Es genügt, daß Du für mich bittest; dann wird das aufrichtige Verlangen meines Herzens, demütig zu werden, sicher Erhörung finden.

Fasse beim Beten der *Ave Maria* die Absicht, Maria jenes *Pater noster*, das du zuvor gesprochen hast, gleichsam in die Hände zu legen. Sie möge es als eine Fürbitte für deine Nöte dem Ewigen Vater darbringen, es seiner Güte empfehlen und für dich die Erhörung deines Gebets um die ersehnte Gnade erwirken.

Die freudenreichen Geheimnisse

Erstes freudenreiches Geheimnis: Die Verkündigung an Maria

Betrachte in diesem Geheimnis die drei Lehren der Demut, die uns hier geschenkt werden: vom Erzengel Gabriel, der sich tief vor Maria neigt; von Maria, die sich vor Gott demütigt; und vom Sohn Gottes, der sich dazu verdemütigt, Mensch zu werden. O, wie würdig ist es doch, die Demut dieser drei erhabenen Vorbilder nachzuahmen!

Ich freue mich mit Dir, o Maria, über jene Freude, die Dein Herz erfüllte, als der Engel Dir die Botschaft von Deiner göttlichen Mutterschaft brachte. Ich danke Dir für das Vorbild Deiner Demut, die Du uns hinterlassen hast, indem Du Dich als Magd des Herrn bezeichnetest, während Du doch erwählt warst, seine Mutter zu werden. Bitte den Ewigen Vater, daß er um der Verdienste Jesu Christi sowie um seiner und Deiner Demut willen mein Gebet erhöre. *Pater noster …*

Zweites freudenreiches Geheimnis: Der Besuch bei der heiligen Elisabeth

Betrachte Maria, wie sie in das Haus des Zacharias eintritt, während sie Jesus Christus in ihrem Schoße trägt. Schon bei ihrer ersten Begegnung verneigt sich Johannes der Täufer im Leibe der Elisabeth voll Demut, da er die Nähe seines Erlösers erkennt. Auch Elisabeth demütigt sich vor Maria in staunender Bewunderung darüber, daß die Mutter Gottes die Güte besaß, ihr die Ehre dieses Besuches zu erweisen. Es ist die Gegenwart der Gottesmutter, die das Herz mit Demut erfüllt.

Ich freue mich mit dir, o Maria, über jenen Trost, den Du empfandest, als Du Jesus neun Monate lang in Deinem Schoße trugst. Ich danke Dir für jene Demut, die Du der heiligen Elisabeth und dem heiligen Johannes dem Täufer geschenkt hast. Ach, schenke sie doch auch mir und bitte den Ewigen Vater, daß er um der Verdienste Jesu Christi sowie um seiner und Deiner Demut willen mein Gebet erhöre.

Drittes freudenreiches Geheimnis: Die Geburt Jesu im Stall

Betrachte Maria mit ihrem Kinde an der Krippe. Jesus ist der König, Maria die Königin des Weltalls – und doch dient ihnen ein Stall als Herberge. Der Sohn Gottes hätte in einem königlichen Palast geboren werden können; doch er kommt in einer armseligen Hütte zur Welt, gebettet auf Heu, inmitten zweier Tiere. Empfiehl dich dem König und der Königin der Demütigen an.

Ich freue mich mit Dir, o Maria, über jene große Freude, die Dein Herz erfüllte, als Du Dein Kind Jesus geboren sahst. Ich danke Dir für jene Demut, mit der Du gemeinsam mit Deinem göttlichen Kinde die Allerheiligste Dreifaltigkeit geehrt hast. Bitte den Ewigen Vater, daß er um der Verdienste Jesu Christi sowie um seiner und Deiner Demut willen mein Gebet erhöre. *Pater noster …*

Viertes freudenreiches Geheimnis: Die Darstellung Jesu im Tempel

Betrachte Maria, wie sie in den Tempel geht, um sich zu reinigen; wie sie ihr Kind Jesus den Armen des greisen Simeon anvertraut und es dem Ewigen Vater darbringt. Welche Demut der Gottesmutter, sich als reinigungsbedürftig zu zeigen, obgleich ihre jungfräuliche Reinheit vollkommen makellos war! Welche Demut Jesu, sich den

Anschein eines Erlösungsbedürftigen zu geben, während er doch der Erlöser der Welt war!

Ich freue mich mit Dir, o Maria, über jene Tröstung, die Dein Herz erfüllte, als Simeon Deinen Sohn Jesus als das erkannte und offenbarte, was er war: der Heiland der Welt. Ich danke Dir, daß Du ihn mit so großer Demut auch für mich aufgeopfert hast. Bitte den Ewigen Vater, daß er um der Verdienste Jesu Christi sowie um seiner und Deiner Demut willen mein Gebet erhöre. *Pater noster …*

Fünftes freudenreiches Geheimnis: Das Wiederfinden Jesu im Tempel

Betrachte Maria, wie sie ihr verlorenes Kind Jesus sucht. Sie glaubt, ihn vielleicht wegen irgendeines ihr nicht bekannten Fehlers ihrerseits verloren zu haben. Welch eine Demut! Um dieser Demut willen findet sie ihn nach drei Tagen wieder. Welch ein Jubel! Allein durch Demut läßt sich Jesus Christus finden.

Ich freue mich mit Dir, o Maria, über jene helle Freude, die Dich erfüllte, als Du Deinen verlorenen Sohn wiederfandest. Ich danke Dir für die Lehre, die Du mir hinterlassen hast: daß Jesus nur von jenen gefunden wird, die demütig sind. Ach, erflehe mir diese Demut! Bitte den Ewigen Vater, daß er um der Verdienste Jesu Christi sowie um seiner und Deiner Demut willen mein Gebet erhöre. *Pater noster …*

Die schmerzhaften Geheimnisse

Das erste schmerzhafte Geheimnis: Jesus, der am Ölberg Blut schwitzt

Betrachte Jesus Christus im Garten Gethsemane, wie er am Boden liegt und von einer tödlichen Todesangst überfallen wird. Er schwitzt Blut aus seinem ganzen hochheiligen Leibe. O, wer vermöchte zu erfassen, wie es in seinem Herzen aussah – zerknirscht unter der Last unserer Sünden und tief gebeugt vor dem Ewigen Vater!

O heiligste Maria, opfere für mich der göttlichen Majestät die Betrübnisse und Demütigungen Deines über alles liebenswürdigen Sohnes auf. Erflehe mir die Gnade jener Demut, die er mir am Ölberg durch seine abgrundtiefe Selbstverleugnung verdient hat. Auf Deine Fürsprache vertraue ich. Bitte den Ewigen Vater, daß er um der Verdienste Jesu Christi sowie um seiner und meiner Demut willen mein Gebet erhöre. *Pater noster …*

Zweites schmerzhaftes Geheimnis: Die Geißelung Jesu an der Säule

Betrachte Jesus Christus, wie er unter tiefster Beschämung seiner Kleider beraubt, an die Säule gebunden und von den Schergen grausam geschlagen wird. Er ist über und über mit Wunden bedeckt und klagt doch nicht; vielmehr demütigt er sich, und es scheint ihm, als sei dies alles noch zu wenig und als verdiene er für unsere Sünden noch weit Schlimmeres. Welch unbegreifliche Geduld und Demut!

O heiligste Maria, opfere für mich der göttlichen Majestät die Schmach und die Qualen auf, die Dein über alles demütiger Sohn unter den Geißelhieben so schmerzvoll erduldete. Ich sehne mich danach, ihn in seinen Tugenden und ganz besonders in seiner Demut nachzuahmen, wie ich mich dazu verpflichtet weiß; doch ich fühle mich so kraftlos und empfehle mich daher dir an. Bitte den Ewigen Vater, daß er um der Verdienste Jesu Christi sowie um seiner und Deiner Demut willen mein Gebet erhöre. *Pater noster …*

Drittes schmerzhaftes Geheimnis: Die Dornenkrönung Jesu

Betrachte Jesus mit der Dornenkrone auf seinem Haupt. Es sind lange, harte und spitze Dornen, die seine Stirn durchbohren und ihm unsägliche Qualen bereiten. O, welch ein Schmerz! Er wird mit einem Rohr geschlagen, man speit ihm ins Angesicht und verspottet ihn; er aber schweigt, demütigt sich und opfert all seine Qualen und Schmach dem Ewigen Vater für uns auf. O, welch eine Demut! Eine wahre Demut des Herzens!

O heiligste Maria, opfere für mich der göttlichen Majestät die Demut des Königs der Herrlichkeit auf, der hier zum Verachtetsten und Schmählichsten unter den Menschen herabsank. Mit den Zeichen dieser Demut wird er einst kommen, um die Hochmütigen zu richten; doch stehe du mir bei, jetzt so zu leben, daß ich jenen Segen empfangen darf, der den Demütigen verheißen ist. Bitte den Ewigen Vater, daß er um der Verdienste Jesu Christi sowie um seiner und Deiner Demut willen mein Gebet erhöre. *Pater noster …*

Viertes schmerzhaftes Geheimnis: Jesus trägt das schwere Kreuz

Betrachte Jesus, wie er in großer Liebe zum Kreuz es selbst auf seine Schultern nimmt. Obwohl er durch die vielen Wunden und den großen Blutverlust überaus geschwächt ist, macht er sich damit auf den Weg nach Kalvaria. Er küßt das Kreuz und lehrt uns damit: Um zur Seligkeit auserwählt zu sein, genügt es nicht, das Kreuz bloß zu tragen; man muß es auch mit Demut zu tragen wissen.

O heiligste Maria, opfere für mich der göttlichen Majestät das zutiefst demütige Herz Jesu auf, das unter der Last seines Kreuzes zugleich seufzt und liebt. Auch mir mangelt es nicht an Kreuzen, und sie werden mir auf meinem Lebensweg auch künftig nicht fehlen. Was mir jedoch fehlt, ist die Demut; und ich bitte dich inständigst, mir diese zu vermitteln. Bitte den Ewigen Vater, daß er um der Verdienste Jesu Christi sowie um seiner und Deiner Demut willen mein Gebet erhöre. *Pater noster …*

Fünftes schmerzhaftes Geheimnis: Die Kreuzigung Jesu

Betrachte Jesus, wie er sich aus freiem Willen auf dem Kreuze ausstreckt und geschehen läßt, daß man ihm Hände und Füße mit Nägeln durchbohrt. So an das Holz geheftet, wird er in die Höhe gehoben, wo er nach drei Stunden qualvollen Todeskampfes sein Leben hingibt. Seine Mutter war bei all dem gegenwärtig; ihr Herz war mit ihm ans Kreuz geheftet. Seit Anbeginn der Welt wurde Gott niemals so verherrlicht wie durch die Demut Jesu und Mariens auf dem Kalvarienberg.

O heiligste Maria, Du Königin der Martyrer am Fuße des Kreuzes: Opfere für mich der göttlichen Majestät die Kreuzigung, den Todeskampf und das Sterben deines über alles demütigen Sohnes auf. Gerade beim Anblick des gekreuzigten Jesus erkenne ich meinen Hochmut am deutlichsten; und wann endlich wird dieser Hochmut sich beugen? O Mutter der Barmherzigkeit, habe Erbarmen mit mir!

Bitte den Ewigen Vater, daß er um der Verdienste Jesu Christi sowie um seiner und Deiner Demut willen mein Gebet erhöre. *Pater noster …*

Die glorreichen Geheimnisse

Erstes glorreiches Geheimnis: Die Auferstehung Jesu Christi

Betrachte Jesus, wie er, vom Tode zu einem herrlichen Leben auferstanden, seiner betrübten Mutter erscheint, die noch immer ganz vom Schmerz über sein bitteres Leiden erfüllt war. Welchen Jubel mußte Maria empfinden, als sie ihren Sohn in solcher Herrlichkeit erblickte, den sie kurz zuvor noch unter so tiefer Schmach hatte sterben sehen! Der Herrlichkeit geht allezeit die Demut voraus, und Gott säumt nicht, die Demütigen zu belohnen und zu trösten.

Ich freue mich mit Dir, o glorreiche Maria, über die verherrlichte Demut deines Sohnes und über den Trost, den dein demütiges Herz empfangen hat. Du hast mehr als alle anderen die Schmerzen seines erniedrigenden Leidens mitempfunden, und so durftest Du auch mehr als alle anderen den Jubel seiner triumphierenden Auferstehung erfahren. Ich erbitte von Dir nun nicht, an Deiner Tröstung teilzuhaben, wohl aber an deiner Demut. Bitte den Ewigen Vater, daß er um der Verdienste Jesu Christi sowie um seiner und Deiner Demut willen mein Gebet erhöre. *Pater noster …*

Zweites glorreiches Geheimnis: Die Himmelfahrt Jesu Christi

Betrachte Jesus, wie er, umhüllt von einer strahlenden Wolke, zum Himmel auffährt, geleitet von einer Schar von Engeln, die ihm jubelnd entgegenziehen. Welchen Jubel mußte Maria empfinden, als sie ihren Sohn in die Herrlichkeit des Himmels auffahren sah, in die noch kein Mensch hatte eintreten können! Der Sohn Gottes war vom Himmel auf die Erde gekommen, um uns die Demut zu lehren; und indem er von der Erde zum Himmel aufgefahren ist, hat er uns jene Herrlichkeit gezeigt, die den Demütigen vorbehalten ist.

Ich freue mich mit Dir, o glorreiche Maria, über die unermeßliche Herrlichkeit deines Sohnes Jesus. Er hat die Tore des Paradieses, die verschlossen waren, weit aufgestoßen. Doch da sie den Hochmütigen noch immer verschlossen bleiben und sich allein den Demütigen öffnen, werfe ich mich hilfesuchend vor Dir nieder, um als Gnade die Tugend der heiligen Demut zu erbitten. Bitte den Ewigen Vater, daß er um der Verdienste Jesu Christi sowie um seiner und Deiner Demut willen mein Gebet erhöre. *Pater noster …*

Drittes glorreiches Geheimnis: Die Sendung des Heiligen Geistes

Betrachte, wie der Heilige Geist in Gestalt von Feuer herabkam, während Maria mit den Aposteln im Abendmahlssaal verweilte, um in ihren Herzen die Liebe zu Gott zu entzünden. Maria wurde mehr als alle anderen vom Heiligen Geist erfüllt, weil sie demütiger war als alle; denn es ist wahr: Der Heilige Geist, den Jesus Christus uns verdient und gesandt hat, kommt nur zu den Demütigen.

Ich freue mich mit Dir, o glorreiche Maria, über jene Fülle des Heiligen Geistes, von der dein Herz ganz entflammt und von Gottesliebe durchglüht wurde. Ach, erflehe auch mir einen Funken dieses heiligen Feuers, damit es in mir alle Eitelkeit verzehre, mich zum Licht der Wahrheit führe und mich in der Liebe entzünde. Bitte den

Ewigen Vater, daß er um der Verdienste Jesu Christi sowie um seiner und Deiner Demut willen mein Gebet erhöre. *Pater noster …*

Viertes glorreiches Geheimnis: Die Aufnahme Mariens in den Himmel

Betrachte Maria, wie sie mit Leib und Seele von den Engeln in den Himmel getragen wird, wo ihr göttlicher Sohn ihr mit königlichem Triumph entgegenkommt und sie empfängt. Das Maß ihrer Herrlichkeit ist ihre Demut. Sie ist im Paradies über alle erhöht, weil sie sich in dieser Welt mehr als alle anderen gedemütigt hat.

Voll Freude wünsche ich dir Glück, o glorreiche Maria, zu jener Höhe unsagbarer Herrlichkeit, zu der Du über alle Chöre der Engel und über alle Heiligen erhoben wurdest – ganz so, wie es das Verdienst Deiner Demut gebot. Ich verehre Deine Größe und bitte Dich um der göttlichen Liebe willen, mir ein wenig von Deiner Demut zu vermitteln. Bitte den Ewigen Vater, daß er um der Verdienste Jesu Christi sowie um seiner und Deiner Demut willen mein Gebet erhöre. *Pater noster …*

Fünftes glorreiches Geheimnis: Die Krönung Mariens im Himmel

Betrachte Maria, wie sie auf einem majestätischen Thron zur Rechten ihres göttlichen Sohnes sitzt und aus seinen Händen das kostbarste Diadem der Herrlichkeit empfängt, zur Königin aller Engel und Heiligen erhoben. Doch der schönste Titel, dessen sie sich rühmt, ist der einer Mutter der Sünder. Es genügt, den aufrichtigen Willen zu haben, ihr nachzufolgen – besonders in der Demut –, und es gibt keinen Sünder, der, wenn er im Rosenkranzgebet zu ihr flieht, nicht gütig von ihr als Kind angenommen würde.

Ich freue mich mit Dir, o glorreiche Gebieterin des Himmels und der Erde, über jene Krone unvergänglicher Herrlichkeit, mit der Gottes und Dein Sohn Dich geehrt hat und Dich in alle Ewigkeit ehren wird. Ich danke Dir für Deine Güte, mit der Du Dich meiner annimmst und meine Mutter sein willst. Laß mich Deine Demut nachahmen! Dies ist die Gnade, um die ich Dich durch die Geheimnisse Deines heiligen Rosenkranzes und um Deiner Liebe zu eben dieser Demut willen anflehe. Bitte den Ewigen Vater, daß er um der Verdienste Jesu Christi sowie um seiner und Deiner Demut willen mein Gebet erhöre. *Pater noster …*

Gebete, die man nach dem Rosenkranz verrichten kann:

Sei gegrüßt, o Königin, Mutter der Barmherzigkeit, unser Leben, unsere Wonne und unsere Hoffnung, sei gegrüßt! Zu Dir rufen wir verbannte Kinder Evas; zu Dir seufzen wir trauernd und weinend in diesem Tal der Tränen. Wohlan denn, unsere Fürsprecherin, wende Deine barmherzigen Augen uns zu, und nach diesem Elend zeige uns Jesus, die gebenedeite Frucht deines Leibes. O gütige, o milde, o süße Jungfrau Maria!

V: Bitte für uns, o heilige Gottesgebärerin.

R: Auf daß wir würdig werden der Verheißungen Christi.

Lasset uns beten!

O Gott, dessen eingeborener Sohn durch sein Leben, seinen Tod und seine Auferstehung uns die Belohnung des ewigen Lebens verdient hat, verleihe uns, wir bitten Dich, daß wir, indem wir die Geheimnisse des heiligen Rosenkranzes der allerseligsten Jungfrau ehren, was sie enthalten nachahmen und dadurch erlangen, was uns in denselben verheißen ist. Durch denselben Christus, unseren Herrn. Amen.

Wir bitten Dich, o Herr, gieße Deine Gnade ein in unsere Herzen, auf daß wir, die durch die Botschaft des Engels die Menschwerdung Christi, Deines Sohnes, erkannt haben, durch sein Leiden und Kreuz zur Herrlichkeit der Auferstehung gelangen. Durch denselben Christus, unseren Herrn. Amen.

Die göttliche Hilfe bleibe bei uns zu allen Zeiten. Amen.

Ablässe:[8]

Das Rosenkranzgebet ist mit einem *vollkommenen Ablaß* versehen, wenn es in einer Kirche, in einer öffentlichen Kapelle, in der Familie, in der Ordensgemeinschaft oder in einer frommen Vereinigung geschieht; in anderen Fällen ist es mit einem *Teilablaß* versehen. Ein *vollkommener Ablaß* kann auch gewonnen werden, wenn man sich mit dem vom Papste gesprochenen Rosenkranzgebet, das über das Fernsehen oder Radio übertragen wird, in frommer Weise verbindet. – Die erwähnten vollkommenen Ablässe können unter den gewöhnlichen Bedingungen gewonnen werden.

Bedingungen, unter denen ein vollkommener Ablaß gewonnen werden kann:

1. Empfang der Bußsakraments;

---

8 Die vom Verfasser an dieser Stelle angeführten Ablässe, die durch das Rosenkranzgebet gewonnen werden können, werden nach der gegenwärtigen Ablaßordnung angegeben.

2. Empfang der hl. Kommunion;

3. Gebet nach Meinung des Hl. Vaters (z.B. ein Vater unser; Gegrüßet seist du, Maria; Ehre sei dem Vater);

4. Freisein von der Neigung zu irgendeiner (und sei es auch nur läßlichen) Sünde.

(Wenn die für den Erwerb eines vollkommenen Ablasses genannten Bedingungen nur teilweise erfüllt werden, wird im allgemeinen ein Teilablaß erworben.)

Anhang

Die Lauretanische Litanei

Herr, erbarme Dich unser!
Christus, erbarme Dich unser!
Herr, erbarme Dich unser!
Christus, höre uns!
Christus, erhöre uns!

Gott Vater vom Himmel,
erbarme Dich unser!
Gott Sohn, Erlöser der Welt
Gott Heiliger Geist
Heilige Dreifaltigkeit, ein einiger Gott

Heilige Maria,
bitte für uns!
Heilige Gottesgebärerin
Heilige Jungfrau der Jungfrauen

Mutter Christi
Mutter der göttlichen Gnade
Du reine Mutter
Du keusche Mutter
Du unversehrte Mutter
Du unbefleckte Mutter
Du liebenswürdige Mutter
Du wunderbare Mutter
Du Mutter des guten Rates
Du Mutter des Schöpfers
Du Mutter des Erlösers
Du weise Jungfrau
Du ehrwürdige Jungfrau
Du lobwürdige Jungfrau
Du mächtige Jungfrau
Du gütige Jungfrau
Du getreue Jungfrau
Du Spiegel der Gerechtigkeit
Du Sitz der Weisheit
Du Ursache unserer Freude
Du geistliches Gefäß
Du ehrwürdiges Gefäß
Du vortreffliches Gefäß der Andacht
Du geheimnisvolle Rose
Du Turm Davids
Du elfenbeinerner Turm
Du goldenes Haus

Du Arche des Bundes
Du Pforte des Himmels
Du Morgenstern
Du Heil der Kranken
Du Zuflucht der Sünder
Du Trösterin der Betrübten
Du Hilfe der Christen
Du Königin der Engel
Du Königin der Patriarchen
Du Königin der Propheten
Du Königin der Apostel
Du Königin der Martyrer
Du Königin der Bekenner
Du Königin der Jungfrauen
Du Königin aller Heiligen
Du Königin, ohne Makel der Erbsünde empfangen
Du Königin, in den Himmel aufgenommen
Du Königin des heiligen Rosenkranzes
Du Königin des Friedens

Lamm Gottes, Du nimmst hinweg die Sünden der Welt:
Verschone uns, o Herr!
Lamm Gottes, Du nimmst hinweg die Sünden der Welt:
Erhöre uns, o Herr!
Lamm Gottes, Du nimmst hinweg die Sünden der Welt:
Erbarme Dich unser!

V: Bitte für uns, o heilige Gottesmutter.
R: Auf das wir würdig werden der Verheißungen Christi.

Lasset uns beten! Wir bitten Dich, o Herr, unser Gott: gib, daß wir, Deine Diener, uns ständiger Gesundheit des Leibes und der Seele erfreuen, und daß wir durch die glorreiche Fürsprache der seligen, allzeit reinen Jungfrau Maria von der Trübsal dieser Zeit befreit werden und die ewigen Freuden genießen dürfen. Durch Christus, unseren Herrn. Amen.

(Die Lauretanische Litanei ist mit einem *Teilablaß* versehen.)